纸币圈那些事

胡晓鹏

上海社会科学院出版社
SHANGHAI ACADEMY OF SOCIAL SCIENCES PRESS

图书在版编目(CIP)数据

纸币圈那些事 / 胡晓鹏著 .— 上海 ：上海社会科学院出版社，2020
ISBN 978-7-5520-3313-7

Ⅰ.①纸… Ⅱ.①胡… Ⅲ.①人民币—收藏—文集 Ⅳ.①G262.2-53

中国版本图书馆 CIP 数据核字(2020)第 179653 号

纸币圈那些事

著　　者：胡晓鹏
责任编辑：应韶荃
封面设计：黄婧昉
出版发行：上海社会科学院出版社
　　　　　上海顺昌路 622 号　邮编 200025
　　　　　电话总机 021-63315947　销售热线 021-53063735
　　　　　http://www.sassp.cn　E-mail：sassp@sassp.cn
排　　版：南京展望文化发展有限公司
印　　刷：上海新文印刷厂
开　　本：710 毫米×1010 毫米　1/16
印　　张：15.25
插　　页：20
字　　数：244 千字
版　　次：2020 年 11 月第 1 版　　2020 年 11 月第 1 次印刷

ISBN 978-7-5520-3313-7/G·1003　　定价：78.00 元

目 录

引　论

本书以“我”为主人公，通过讲述我在纸币圈中经历的事、遇到的人、碰到的“局”、悟出的“理”，试图将纸币圈的世态世相以及我对纸币收藏的一些感悟分享给广大读者。本书不是纸币收藏的专业读物或鉴赏书籍，只是想让大家感受纸币收藏中喜怒哀乐的情感；本书不试图把我对纸币圈的好恶强加于各位藏者，但的确希望对营造健康的纸币收藏生态圈有所裨益。

我以为，纸币收藏圈是一个饱含情感的小社会，里面有几十年如一日孜孜不倦的追求者，也有梦想一夜暴富的投机者，更有不劳而获的欺骗者，还有忙碌奔波的求生者，人生多面，世相百态，纸化的钱币蕴含人生的哲理，考验着我们的心性。那种求真、求实、求美、求全的心，在每一个收藏者心中都将化作永恒的瞬间，并定格在自我记忆的长河。所以，纸币收藏更多是心性的磨炼，要放弃急躁、狂妄、贪婪，并不是拥有纸币就是货真价实的收藏者。收藏的看似物化的纸币，实际却是自己的情感，自己的记忆，那种寻之切、失之悲、错之悔、得之喜的感受。纸币收藏同样考验我们的品行，莫把藏者对纸币的痴爱当作自己财富积累的惟一途径，藏之是币，交之是友，纳之是情，忆之是真，或许这一点对很多人而言需要经受历练方可获得！

我以为，入行深却不受利熏，这是君子风范。量力收藏，诚意正心，这在收藏界的确是一个具有正能量的好素材。其实，这几年来，通过游走市场和微信谈心的收藏之旅，也结交到很多值得信赖的藏友。虽然个性有所差异，但人品却非常认同。虽然职业分工迥异，但心生向往之道却高度一致。虽然年龄相差甚大，但交流障碍却微不足道。有时想，茫茫天地，毫无交集，彼此却能相逢，一切源于收藏，或许这就是币缘！更难得的是，其间学习到很多书本以外的知识，听到发自内心的真诚言语，这种来自精神上的冲击让我得益良多。当然，于我而言，不看到则已，看到不符常理之事必口吐快之，或许得罪人，但我对事不对人、认理不认人的原则不会改变。那种明哲保身之态，和和为贵之行，混迹江湖之能，的确还没有学会。已然奔五朝向知天命之年，恐怕也不愿再去学习这些啦！

我以为，纸币圈见钱见人更会见心见性。各行各业、三教九流汇集纸币圈，天南海北、男女老少共议钱是；谋财者见势而聚，谋趣者见志求同，无论分歧无论逢迎，日久见心。纸币圈之形，犹如中国社会一缩影。纸币圈之性，实乃中国人性之集大成。每每看到求财若渴而大兴骗道之人，愤慨之余便退群了之。后再思之，深感不妥。一则莫把行坏事者等同恶人，或许有其苦衷。良者之士应教化感之，即使感化不动，亦可点破骗局让多数人免受被骗之苦。二则退群乃意气用事，是理屈词穷还是无力抗争，可视为懦夫所为。由此，凡遇恶行之事，必说之教之，虽遭众口诋毁，却不退之。反观纸币圈之内，良师益友者众多，但遇恶人、强人，志同道合者纷纷援我，深感欣慰。

我以为，收藏纸币重在一个“玩”字。资深收藏家往往被戏称为玩家，但这里所说的“玩”，其真实意思并不是“走马观花”的那种意境，而是要抱着玩的心态去看待纸币藏品。有人说，玩物丧志。其实不然，玩家，是玩出名堂的人，是高人。他们或青灯下悉心钻研物件，或游走市场领悟实战，“理论”和“实践”融合统一，纸币和人性浑然一体。在他们心中，纸币是承载个人情感的载体，是和自己一道经历风雨的伙伴，善待纸币，就是善待自己。因此，他们并不是以“占有”为目的。不知有多少大藏家在临终之际将珍藏一生之宝物悉数捐出，不为别的，就是要为这些“默默的相伴者”找寻到一个更好去处。

我以为，收藏纸币，量力理性，是为上策。那种过度以价格论高下、以珍稀谈境界的风气，是收藏界乱象的引爆点。于我而言，每当看到一张张熟悉的纸币图案，都会有一段刻骨铭心的记忆和场景隐约出现，这就是纸币收藏的灵性所在。缺乏灵性感悟的收藏，只是财富的积累。升值则开心，贬值则难过，这样影响心情的玩法还是不要去玩。毕竟人生苦短，何必为外物而过多牵涉心情。

我以为，收藏纸币，切忌执念太深。道家说，心无挂碍，意无所执；佛家说，无挂碍故，无有恐怖，远离颠倒梦想。这是“收藏”的最高境界，也道出了纸币收藏的基本原则，即为“随遇随缘，不可强求”。只有这样，我们才可以戒除一个贪字。若执念太深，贪婪丛生，或骗他们，或被人骗，这总归都是恶事。现世之中，以纸币收藏为名，行贪婪逐利之实者甚多，虽可小发一笔，又当如何？古人讲，积善报富，积恶报怨。骗别人者，难免被骗，圈子坏了，好人也会成为恶人，没有谁会是胜利者。所以，莫以善小而不为，莫以恶小而为之。

在我混迹的纸币圈里，也有很多所谓的收藏者，他们以“占有”和追求“增值”作为收藏的真谛。其实，人生在世，皆为过客，无论是谁，都是纸币藏品的“搬运工”。不同之处在于，玩家注重内心感受，把对纸币的热爱完全融入血脉，和自己的年龄、心智、经历一道成长。相反，占有者一旦拥有或许就要开启一段新的征程，内心的欲望随着纸币数量的增多不断膨胀。这并非是收藏的幸福感，反而是一种累赘。

不觉之间，逗留纸币圈数年有余。每每想起，开心多过伤心，好友多过损友。纸币圈之谊，感念至深。纸币圈之思，感怀颇深。经圈内好友启发，应为纸币圈健康发展尽绵薄之力。将纸币圈之事尽行公布，方有今日之小成。写书之时，幸得币友无私分享精辟观点，并提供珍贵图片乃至案例。有广州张晨、南宁甘彬、都安黄展智、上海邹占伟、上海孙浩、上海张文庆、南京张彦、南阳张东东、商丘王胜利、北京高柯、天津杨四承、吕梁王志强等诸公，在此感谢不尽。书中观点，挂一漏万；书中所说，尽皆自言；书中所断，难免偏颇。但余心存美好，善意正心是作者一贯品行，愿纸币圈健康良好为全书宗旨，故而不惧非议，一意孤行出版之。但有币友愿意共商讨论是与非，余心欢喜并愿意接受。特此，赋诗一首，以为纪念：

币市十余载，冥思两年多；
幸得成一稿，不负苦中乐；
深夜禅入定，币圈见你我；
论道收藏事，且看书中说。

第一回　一纸千金

岁月无情人易老，收藏总留在心间；
看似花绿烂纸头，岂知有价值千金。

纸币，一个和财富天生绑定的专有名词，一个我们天天触摸、人人熟悉的东西，殊不知里面却隐藏着巨大秘密。中国有个成语典故叫洛阳纸贵，讲述的是在西晋都城洛阳，曾经因争相传抄左思的作品《三都赋》，以致一时供不应求，货缺而贵。这一成语后来被比喻成作品为世所重，风行一时，流传甚广。但我们这回要讲的不是普通的绵纸，而是一种象征国家信用，人见人爱的纸币。

一、好奇

我出生于20世纪70年代中期，一路紧跟中国改革开放的步伐成长。在我的青少年时代，兜里几乎不会有什么钱币，即使有，也多是那种金属的或纸质的分币。在那时，壹角和贰角纸币比较普遍，家长偶尔会给些这样面值的钱，每次拿到它们，总会在第一时间去买一些好吃的零食或画片。只有在过年的时候，我才会收到一些大额的压岁钱，如壹圆、贰圆甚至伍圆，那种欢喜之情无以言表。当然，这些钱还没有等到焐热，便会在很短的时间里变成爆竹和烟花，瞬间化成浓浓的烟尘与空气混合在了一起。

每每忆起孩提时代的往事，总有一种莫名的幸福。那时的纸币，虽然只是我用来购买物品的媒介，却承载了整个童年的美好记忆。无论是亲人间爱护和关心的表达，还是小朋友间善意和友好的嬉闹，它都如刀刻火烙般留在脑海之中，也终将伴随我的一生。然而，后来发生的一件事情让我对这些貌不惊人且稀松平常的纸币有了新的看法。

记得那是 2009 年的一天深夜，我当时正在撰写一篇论文，百思不得其解而信手点开互联网网页的时候，突然一张熟悉的壹角纸币从网页上跳了出来。怀着好奇的心，我打开了店家链接，殊不知印象中的壹角纸币竟然标价近万元。我揉了揉眼睛，怀疑是不是多读了几个 0，定睛一看，图片下面赫然写着“背绿水印壹角：8 800 元”。这完全出乎我的意料，无论怎样想象，也无法想到它是如何达到八万八千倍的增值。当时的第一反应就是，这一定是炒作，是商家闹着玩的信息。为了证实自己的想法，我在随后的一个周末前往钱币市场一探究竟。

说起来是钱币市场，其实不光有钱币，里面更多的是邮票。我对邮票不陌生，甚至可以说是相当熟悉。因为在我还不到 10 岁的时候，常常跟随家兄到邮市中伺机寻找心仪的邮票。每每买到一套邮票，回家后便小心翼翼地插入邮册，连续好多天对其爱不释手，得空就会拿出观赏。进入高中之后，我基本是全身心投入到求学之中，2003 年取得经济学博士学位之后，开始了艰辛但富有乐趣的经济学研究之路。或者是研究过程枯燥乏味之故，也或者是经济学本身理应扎根于实践生活的原因，对邮票等一些纸质藏品的关注会时不时在脑海中跳出。当然，尽管我的集邮之路没有持续下去，但邮票可以升值却是早就知道的。现在回忆起来，令我印象很深的邮票有：徐悲鸿的奔马图、桂林山水、庐山风光、脸谱、扇面等一些画工优美、设计精良、气势宏大的邮票。

进入钱币市场后，没走多远便看到一家专营纸币的店家，柜台里平平整整地放着各种花花绿绿的纸币，有些熟识，有些则根本不认识。但图面上印有“中国人民银行”的字样让我确定这一定是中华人民共和国发行过的正规纸币。在橱柜中一堆堆的纸币里，我找到了久违的壹角币，焦急地询问店家，这张壹角纸币卖什么价。店家抬起头来，瞟了我一眼，漫不经心地说道：“一张八毛。”听到这话，我立即懵圈并暗暗沉思：“8 800 元和 0.8 元这可是天地之别啊，网店老板心太黑了吧！”可还没有等我想完，店家又说，这个壹角是普通版，背绿水印要不？如果要的话，9 000 元拿走？听完这句话后，我瞠目结舌，半天没有说话，心里暗想：“9 000 元买一张壹角的纸币？这要么是卖家疯了，要么是买家傻了。”

老板似乎看出了我的疑惑，立即补充解释道：“小老弟，你恐怕对背绿水印壹角不了解吧。我给你讲讲！”老板喝了口茶水清了清嗓子，如数家珍地讲解起来：“背绿水印，看似一般的壹角纸币，但它的特点在于纸币背后的菊花图不是棕色而是绿色，纸币对着光照，可以看到有五星水印。这个券种的纸币从发行到退出只有一二年时间，存世量也就两万张左右。所以你想想，它能不贵嘛？还有，别说我没提醒你啊，现在钱币市场低迷，过些年就不止这价了！”我一脸崇拜却谨慎有加地看着这位中年老板，对于他讲述这枚纸币的特点，我全部记在了脑中，但对于后市还要上涨的判断则心存怀疑。毕竟面值壹角的纸币都快过万元了啊！后面我们又聊些什么，现在基本都忘记了，但背绿水印壹角却是牢牢记住了。

后来听说背绿水印壹角是第三套纸币中的“币王”，行内人都说除第一套、第二套纸币少数品种纸币外，背水的地位绝对无可撼动。然而，在钱币市场溜达的时候，无意间却让我的认知再次发生“短路”。当时，我在柜台中看到一张再熟悉不过的少数民族头像的贰圆人民币（即第四套纸币贰圆），但它的标价竟然达到数十万元之巨。带着满腹的疑惑，和老板攀谈起来，期间试探地询问“为什么这张纸币标价如此之高”。当然，口吻中免不了有“质疑”的意思。老板倒也爽快，冲我笑了笑，毫不客气地问道：“兄弟才接触纸币吧？”这位 30 岁出头的中年男子脸上肌肉轻蔑地抽搐了一下，继续说道：“既然是新入行的，那我就给你讲讲这张纸币贵的道理！”他后面的解答的确让我大吃了一惊，因为我原先理解的纸币收藏就是不同套系版别纸币的搜集，谁知道同套同种的纸币还有更奇葩的收藏思路，那就是“错版币”。正如这张标到天价的“纸币”，乃是因为它比普通贰圆纸币多了一大块未裁切的“边纸”，业界俗称“福耳币”。据说这东西非常少，少到什么程度呢？几乎可以按个位数计算。后来根据这位中年老板的详细解释，我总结了错版币的大致情形。

所谓错版币，其上的错误必定是在印钞厂印刷环节产生的。如果是流通中发生的“裁剪”、“涂抹”等，那就不能认定为错版币，而是被污染的纸币。一般来说，错版币统属于投放前的印刷问题(Print Error)，主要包括“折白”、“福耳”、“油墨”、“漏印”。之所以是这四类，是因为它们被顶尖的第三方评级公司(第三回讲解)认可，并有相应的标识。

首先是“折白”。在印刷过程中，由于偶然原因，纸币纸张产生了折叠后造成一部分没有印上油墨，展开后就出现了一道白印(如图 1.1)。

图 1.1 “折白”错版币

注：此币拍卖成交价为 30 000 元。

其次是“福耳”。民间常说，大耳朵有福，所以“福耳”本意是指耳垂分离、硕大而饱满，拥有这样耳朵的人比较有福气。在印刷或裁切纸币的时候，也是由于纸张折叠等缘故，造成纸币多出一角或数角。当然，业界人士根据“角”的大小、形状、方向的差异还有不同说法。

图 1.2 “福耳”错版币

再次是“油墨”。纸币的色彩是由多种染料印刷而成，如果印刷时染上多余的或错误的油墨，那么，恭喜你，这就是“油墨”错版币。

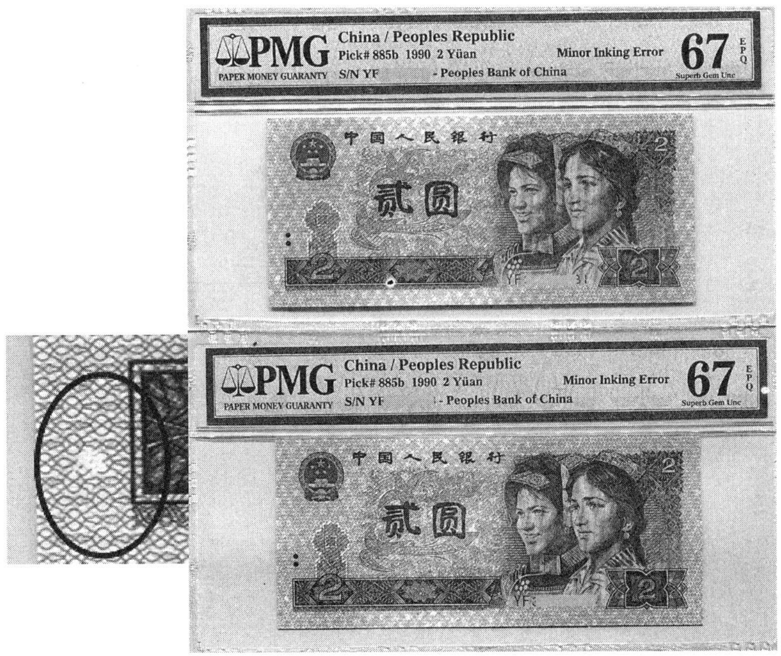

图 1.3 “油墨”错版币

最后是“漏印”。开个玩笑说，或许是印刷厂工人师傅前一天酒喝多了，第二天印刷纸币时酒劲还没有退去，以致调色失误或少印刷了一种颜色，或者票面少印了一块等，这都属于“漏印”。业界有时会把“漏印”和“折白”混同。

图 1.4 “漏印”错版币

总的来说,“错版币”必须是原汁原味,不能有事后人为痕迹,这造成了实践认定和市场交易的困难。当然,错版币数量非常稀少,大家应该相信纸币印刷过程的规范性和严谨性,不能迷信错版,更不能觉得随便找找到处是错版币。但对我来说,由于对纸币的好奇,“背绿水印壹角”把我带进了收藏领域。出于对天价币的疑惑不解,错版币将我引入了纸币研究领域。通过多年的实践和探索,我慢慢领略到纸币收藏魅力。从那天起,一个为之激动、为之癫狂的纸币圈世界拉开了帷幕,成为我人生中一段重要经历。

二、套系

自第一次满怀疑惑踏入币市寻求答案,再到尽是疑惑地从币市归来,我便一头扎进故纸堆和互联网,开始仔细查阅纸币方面的文字资料,逐渐对中国纸币发展历史以及纸币收藏的知识有了一些了解。原来,我小时候用的纸币属于第三套纸币,此前还有中国人民银行发行的第一套纸币和第二套纸币。以第三套纸币为例,虽然它只有 7 种基本面额(不含纸分币),却有 27 个细分品种,仅壹角纸币就有 9 个品种之多,而且市场价格差距非常大。也正是从不经意地浏览到币市的调查再到主动学习,引起了我对纸币的浓厚兴趣,自此之后 10 年里,开始了我各类纸币的收藏之旅。

1. 第一套纸币

第一套人民币是中国人民银行发行的最早的一套统一货币。当时正处于解放前夕，人民解放战争顺利进行，迫切需要将分散的各解放区迅速连成一片。为了适应形势发展的要求，急需一种统一的法定货币替代原来种类庞杂、折算不便的各解放区货币。为此，1948 年 12 月 1 日，在河北省石家庄市成立了中国人民银行，同日开始发行统一的人民币。当时任华北人民政府主席的董必武同志为该套人民币题写了中国人民银行行名。

第一套人民币只发行了纸币。在设计上，第一套人民币纸币(简称“第一套纸币”)统一了版式，扫除了原有其他货币的半殖民地色彩，票面上取消了英文，不再采用行长的签字，而采用印章，正面所印的年号用“中华民国三十七年”，背面使用公元纪年 1948。还有一个很重要的故事，在最初设计中票面上有毛泽东头像，但毛主席再次否决这个方案。之所以说是再次否决，乃是因为在中央苏区时，黄亚冠设计中华苏维埃共和国国家银行货币时就准备用毛主席的像，但是毛主席在审看票样时却说他的像不能用，他没有这个资格(其实在一些解放区也有毛主席头像的流通币，如图 1.5 所示)。这种情况下，图案改为了与经济建设和新社会人们生活有关的图案，如农耕、纺织、交通、运输、工厂和矿山等图景，如壹圆“工人和农民”、贰拾圆“施肥”、壹佰圆“运输”等。这套纸币印制质量参差不齐。为了用最快的速度进行钞票的印制、发行，以满足解放战争需要，当时只得采取应急措施，老厂、新厂一齐上，新旧设备一齐用，工艺上采用了石印、凸印、凹印、胶印、凸凹合印、

图 1.5　1947 年印有毛主席头像的发行东北银行伍佰圆流通券(正面)

凸胶合印、胶凹套印等七种技术，纸张、油墨等主要原料也都是就地取材。因此，钞票的印制质量差别较大、参差不齐。

图 1.6　第一套纸币大全

资料来源：百度图片。

这套纸币的最大特点是面额跨度大，涵盖了从壹圆到伍万圆 10 多个品种。按照折算，壹佰圆相当第二套人民币的壹分，其余面值折算依此类推。此外，与后来发行的人民币不同，当时的中国百废待兴，人民币在那时没有设准备金，不和黄金、白银挂钩，也不和美元、英镑挂钩。可以说，第一套纸币是中华人民共和国具有独立自主性的货币体系，对所有人民老百姓都具有很实在的好处，也促成我们建立起了自成一体的经济体系。

专栏 1.1　第一套纸币介绍

第一套纸币诞生于1948年12月1日，1955年5月10日正式退出流通领域。这套货币共有12种面额，分别是壹圆券、伍圆券、拾圆券、贰拾圆券、伍拾圆券、壹佰圆券、贰百圆券、伍佰圆元券、壹仟圆券、伍仟圆券、壹万圆券、伍万圆券。版别非常多，多达62种，其中壹圆券2种、伍圆券4种、拾圆券4种、贰拾圆券7种、伍拾圆券7种、壹百圆券10种、贰佰圆券5种、伍佰圆券6种、壹仟圆券6种、伍仟圆券5种、壹万圆券4种、伍万圆元券2种。

目前，收集这套币可谓是难上加难。一则价值极高，全套高达600万元人民币。二则珍惜品种难得一见。据统计，第一套纸币中有12个品种最为珍惜，素有“十二珍品”或“十二金钗”的说法，它们是“伍元水牛图”、“贰拾元打场图”、“壹佰元帆船图”、“伍佰元瞻德城图”、“壹仟元马饮水图”、“伍仟元牧羊图”、“伍仟元渭河桥图”、“伍仟元蒙古包图”、“壹万元骆驼队图”、“壹万元牧马图”、“伍万元新华门图”、“伍万元收割机图”。

2. 第二套纸币

1955年2月21日，国务院发布命令，决定由中国人民银行自1955年3月1日起发行第二套人民币，收回第一套人民币，兑换比率是第二套人民币壹圆等于第一套人民币壹万圆。这套人民币纸币主景图案内容体现了中国社会主义建设的风貌，表现了中国共产党革命的战斗历程和各族人民大团结的主题思想。钞票式样打破了原有的固定的四边框形式，采用了左右花纹对称的新规格；票面尺幅按面额大小分档次递增；整个图案、花边、花纹线条鲜明，精密、美观、活泼，具有民族风格。

第二套人民币纸币(简称“第二套纸币”)在印制工艺方面，除了带数字号码的分币外，其他券别全部采用胶凹套印。其中，角币为正面单凹印刷；壹圆、贰圆、叁圆和伍圆纸币采用正背面双凹印刷；拾圆纸币还采用了当时

图 1.7　第二套纸币大全

资料来源：百度图片。

先进的接线印刷技术。要注意,凹印版是以中国传统的手工雕刻方法制作的,具有独特的民族风格,其优点是版纹深、墨层厚,有一定的反假防伪功能,缺点是设计上是单色的,票面不够美观,也不利于防伪。

表 1.1　第二套纸币简要介绍

券别	图　　案		主　　色	发行时间
	正面/背面	防伪水印		
壹分	汽车(长号数字)/国徽等	无	茶、米黄	1955 年 3 月 1 日
贰分	飞机(长号数字)/国徽等	无	蓝、浅蓝	1955 年 3 月 1 日
伍分	轮船(长号数字)/国徽等	无	墨绿、浅翠绿	1955 年 3 月 1 日
壹角	拖拉机/国徽等	空心五星	棕、黄、浅草绿	1955 年 3 月 1 日
贰角	火车/国徽等	空心五星	黑、绿、浅紫粉	1955 年 3 月 1 日
伍角	水电站/国徽等	空心五星/无水印	紫、浅紫、浅蓝	1955 年 3 月 1 日
壹圆	天安门/国徽等	空心五星	红、黄、粉紫红	1955 年 3 月 1 日
壹圆	天安门/国徽等	空心伍角星	蓝黑、橘红	1961 年 3 月 25 日
贰圆	宝塔山/国徽等	实心五星花纹	深蓝、土黄、灰蓝	1955 年 3 月 1 日
叁圆	井冈山/国徽等	实心五星花纹	深绿	1955 年 3 月 1 日
伍圆	各民族大团结/国徽等	实心五星花纹/海鸥	酱紫、橙黄	1955 年 3 月 1 日
伍圆	各民族大团结/国徽等	海鸥水印	深棕、米黄	1962 年 4 月 20 日
拾圆	工农像/国徽、多色牡丹等	国徽图案	黑	1957 年 12 月

这套纸币的特点是,面额小、品种少。第二套纸币共有 11 种面额;按水印区分出 16 种版别;钞票用纸多由苏联代为制造。叁圆、伍圆(红色)和拾圆,也就是后来被称为"苏三版"的"绿叁"、"红伍"、"大黑拾"的三枚。其中,大黑拾收藏价值极高,目前全新参考价格已经高达 40 万元。

3. 第三套纸币

1962 年 4 月起,第二套纸币只收不付,开始进入中华人民共和国第三套人民币纸币(简称"第三套纸币")时代。第三套纸币从1958年开始设计,1960年4月20日开始发行,到2000年7月1日停止流通,前后历时38年,是流通时间最长、使用最为广泛的一套纸币,见证了中国改革开放的全部过程。

可以说,第三套纸币是目前35岁以上人群最为熟悉的纸币。该套纸币不仅图案设计优美、印刷工艺精良,也是我国自行独立自主设计出的首套高质量纸币。其中,由雕刻家吴越大师设计的伍圆炼钢工人,还获得当时"年度世界最佳纸币设计大奖",也是迄今为止惟一获得国际设计大奖的纸币。整体来看,这套纸币在设计时打破了以往的设计思想。比如,主币取消了上边框,下边框也有较大变形,变为富有民族风格的图案。辅币除最初设计的枣红色壹角券仍保留了变形的底边框外,其余全部取消了边框,成为开放式构图。第三套纸币的票面色彩丰富,在一个基本色调之上,采用了多色印刷技术,使得画面色调既活泼、丰富,又提高了防伪性能。特别是调整了四种少数民族文字的排序和印制位置——在第二套纸币蒙、维、藏文的基础上,接受民族事务委员会的建议增设了壮文,并重新按蒙、藏、维、壮顺序排列。

除印刷和纸张以外,水印也是第三套纸币的一大防伪手段特色,27个大类品种中共有实心五星、空心五星和古币三种水印。除无号分币和贰角以外,其余面值的纸币都有水印版别。前面我们提到的那个天价背绿水印壹角,就是兼具背面绿色和五行空心水印两个特征,因其属于试制版而数量极少,成为藏家竞相追逐的币王。此外,第三套纸币的不同品种也都是有迹可循的,除去特定的暗记以外,发行的罗马冠号也可以用来对之识别。如背绿水印的冠号规律是:

(1) Ⅰ Ⅲ Ⅳ(134):只要是这三个冠字,不论顺序,随意结合,都是背绿水印。

(2) Ⅰ Ⅲ Ⅵ(136):与上类似。

(3) Ⅹ Ⅲ Ⅰ(031):这一组与上面有点不同,也最容易欺骗人。这里面有四个冠字背绿水印，有两个不是背绿水印。除Ⅰ Ⅲ Ⅹ（130）和Ⅰ Ⅹ Ⅲ（103），其他的不论顺序都是背绿水印。

关于纸币冠号及其水印特征，大家可以找专业书籍学习。

图 1.8　第三套纸币大全

资料来源：爱藏网。

专栏 1.2　第三套纸币介绍

第三套纸币共有 7 种面额：壹角、贰角、伍角、壹圆、贰圆、伍圆、拾圆。可细分为 27 个品种(大全套)，包括：壹分、贰分、伍分各 1 张，壹角枣红(红一角)、壹角背绿、壹角背绿水印、壹角蓝字2罗马、壹角蓝字3罗马、壹角红字2罗马、壹角红字3罗马、壹角红字凹凸2罗马、壹角红字凹凸3罗马、贰角平版2罗马无水印、贰角平版3罗马无水印、贰角凹凸3罗马无水印、伍角凹版国旗伍角星水印、伍角平版国旗伍角星水印、伍角平版无水印、壹圆空心伍角星古币混合水印(三冠子七号码)、壹圆国旗伍角星水印(三冠子七号码)、壹圆国旗伍角星水印(二冠字八号码)、贰圆空心伍角星古币混合水印、贰圆国旗伍角星水印、伍圆2罗马国旗伍角星水印、伍圆3罗马国旗伍角星水印、拾圆2罗马国旗伍角星水印、拾圆3罗马国旗伍角星水印。

4. 第四套纸币

20世纪90年代,是中国经济快速发展的时代,原先最大面值为拾圆的人民币渐渐不能适应中国经济发展的需要。从1987年4月27日起。中国人民银行开始发行一套新货币,并增设了伍拾圆、壹佰圆的大额面值币种。

相对于第三套纸币,这套人民币纸币在设计思想、风格和印制工艺上都有一定的创新和突破。主景图案集中体现了在中国共产党领导下,中国各族人民意气风发,团结一致,建设有中国特色的社会主义的主题思想,后来人们将其视为“与中国一道富起来”的纸币。

1997年4月1日,第四套纸币中的1980年版伍拾圆、壹佰圆等部分币种停止发行,开始在原有版别基础上印制1990年版。2018年5月1日,第三套纸币壹佰圆、伍拾圆、拾圆、伍圆、贰圆、壹圆、贰角纸币和壹角硬币宣布停止流通。从收藏角度讲,业界有一种流行说法“三套看水印”、“四套看荧光”。这表明第四套纸币在防伪方面取得了重大进展,不仅使用了手工雕刻凹版印刷、凹印接线技术、套印对印技术和平凸版接线技术等,而且在印钞纸中埋入安全线。所谓安全线是一种金属材质的细线,用仪器检测有磁性,

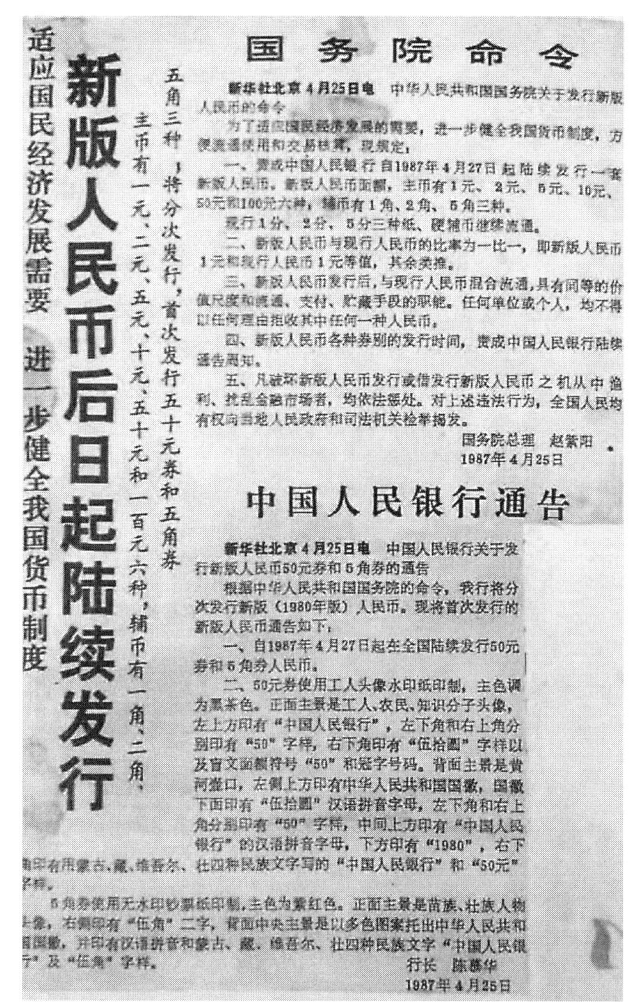

适应国民经济发展需要 进一步健全我国货币制度

新版人民币后日起陆续发行

主币有一元、二元、五元、十元、五十元和一百元六种，辅币有一角、二角、五角三种，将分次发行，首次发行五十元券和五角券

国务院命令

新华社北京4月25日电 中华人民共和国国务院关于发行新版人民币的命令

为了适应国民经济发展的需要，进一步健全我国货币制度，方便流通使用和交易核算，现规定：

一、责成中国人民银行自1987年4月27日起陆续发行一套新版人民币。新版人民币面额，主币有1元、2元、5元、10元、50元和100元六种，辅币有1角、2角、5角三种。

现行1分、2分、5分三种纸、硬辅币继续流通。

二、新版人民币与现行人民币的比率为一比一，即新版人民币1元和现行人民币1元等值，其余类推。

三、新版人民币发行后，与现行人民币混合流通，具有同等的价值尺度和流通、支付、贮藏手段的职能。任何单位或个人，均不得以任何理由拒收其中任何一种人民币。

四、新版人民币各种券别的发行时间，责成中国人民银行陆续通告周知。

五、凡破坏新版人民币发行或借发行新版人民币之机从中渔利、扰乱金融市场者，均依法惩处。对上述违法行为，全国人民均有权向当地人民政府和司法机关检举揭发。

国务院总理　赵紫阳

1987年4月25日

中国人民银行通告

新华社北京4月25日电 中国人民银行关于发行新版人民币50元券和5角券的通告

根据中华人民共和国国务院的命令，我行将分次发行新版（1980年版）人民币。现将首次发行的新版人民币通告如下：

一、自1987年4月27日起在全国陆续发行50元券和5角券人民币。

二、50元券使用工人头像水印纸印制，主色调为黑茶色。正面主景是工人、农民、知识分子头像，左上方印有“中国人民银行”，左下角和右上角分别印有“50”字样，右下角印有“伍拾圆”字样以及盲文面额符号“50”和冠字号码。背面主景是黄河壶口，左侧上方印有中华人民共和国国徽，国徽下面印有“伍拾圆”汉语拼音字母，左下角和右上角分别印有“50”字样，中间上方印有“中国人民银行”的汉语拼音字母，下方印有“1980”，右下角印有用蒙古、藏、维吾尔、壮四种民族文字写的“中国人民银行”和“50元”字样。

5角券使用无水印钞票纸印制，主色为紫红色。正面主景是苗族、壮族人物头像，右侧印有“伍角”二字，背面中央主景是以多色图案托出中华人民共和国国徽，并印有汉语拼音和蒙古、藏、维吾尔、壮四种民族文字“中国人民银行”及“伍角”字样。

行长　陈慕华

1987年4月25日

图 1.9　第四套人民币发行公告的通知

它是在造纸时加入的、埋在钞票纸中，而不是直接印在票面上，用肉眼迎光透视，即可看到安全线贯穿于票面右侧的印钞纸中。更具特色的是，第四套纸币还使用了多种防伪油墨，如无色荧光油墨、同色异谱油墨、磁性油墨等，这也使得纸币在紫光灯下出现了很多荧光特征。根据荧光特点，人们也命名了很多有意思的名字，如“青天白日”、“绿幽灵”、“苍松翠柏”、“中国梦”等。

图 1.10　第四套纸币大全

资料来源：百度图片。

由于第四套纸币刚刚退市不久，加上人们的收藏意识较 10 年前有了极大提高，因此，纸币市场中第四套纸币一时交投买卖活跃，价格一路攀升。但好景不长，没有几个月的时间第四套纸币多数品种一泻千里。现在人们谈论起第四套纸币，基本都持以贬义的态度，不少人甚至激愤地认为第四套纸币过去 1 年多的上涨幅度已经透支了未来 10 年的上涨空间。

5. 外汇券

外汇券，是中国改革开放之初特有的阶段性产物。当时中国处于短缺经济时代，为了满足来华外国人、归国华侨和港澳台同胞的物质生活需要，中国兴建了一批宾馆和商店。在那时，外币是不能在中国内地直接使用的。为此，国务院于 1980 年 4 月 1 日授权中国银行发行外汇兑换券。通常情况下，境外人士须将所持外币在中国银行或指定的外汇代兑点兑换成外汇券，并在指定范围内与人民币等值使用。离开中国内地时，他们可以选择将外汇券换回硬通货或留着以备下次来华时使用。很多外国人当时都把外汇券叫作“旅游货币”。

在那个商品短缺的年代里，外汇券可以说是红极一时。当时一户家庭每个月只能领到四包香烟。新婚家庭才能领到糖吃，更不要说电视机、自行车、高档食品等。你拿着钱也不卖给你，要凭票才可以。但是，有了外汇券就完全不同，在友谊商店里你可以凭外汇券购买任何商品。在外汇券使用期间，它给予人们太多的联想，那是比人民币更具“特权”的购买力。20 世纪 90 年代之后，中国告别了短缺经济。1995 年 1 月 1 日，历史性的票证——外汇券，最终退出市场，成为那一代人共同的集体回忆。

今天来看，外汇券的纸质优良、印制精美，正面有郭沫若先生书写的“中国银行”四个俊朗潇洒的大字，图案选用的都是祖国的美丽河山，背面均为中英文对照的“本券的元与人民币元等值；本券只限在中国境内指定的范围使用；不得挂失”的说明，且有冠年号。

全套外汇券共有壹角、伍角、壹圆、伍圆、拾圆、伍拾圆、壹佰圆 7 个券

图 1.11　外汇券全套

别,10 个类型。其中,伍拾圆和壹佰圆分别有 1979 年版和 1988 年版,壹角分为五星水印和火炬水印两个类型。在今天的收藏领域,这些外汇券无疑是纸黄金,全套市场价格曾经高达万元之巨。但就在外汇券宣布退出使用的前夕,曾发生过使用外汇券疯狂消费的事情。现在看来,这些持券朋友要后悔好几天的了!

专栏 1.3　外汇券退出前的疯狂

1993 年 12 月 30 日大清早,数十位外国驻华大使、大使夫人以及来华的外商蜂拥进入北京的一家免税店,焦急地把他们看到的货架上的一切东西尽量塞满他们的购物包。

这次疯狂的购物并非是为了迎接新年的到来,而是因为前一天晚上央行的一纸公告:12 月 29 日晚间,中国人民银行宣布从 1994 年 1 月 1 日开始停止发行外汇兑换券(简称"外汇券")。尽管央行的通告非常清楚地说明现存的外汇券仍然可以暂时流通,但外汇券的拥有者还是觉得越快花完手中的外汇券心里越踏实。

这家位于北京建国门附近的免税店毗邻使馆区和许多外商办公的写字楼。在 30 日这一天,营业额比平时多了 9 倍。该店一名姓董的经理在当天接受《中国日报》记者的采访时说:"生意比圣诞节的时候都红火,看来我们元旦的假都不能放了。"

资料来源:百度。

6. 纪念钞

纪念钞是为了纪念重大事件而特别发行的钞票,通常可被分类为两种:① 单纯的纪念钞,完全独立设计;② 流通钞改制,加印上一些特殊的标记来加以区分。截至目前,中国共发行过 5 种不同的纪念钞,具体见图 1.12、表 1.2。

图 1.12　中国发行的纪念钞

表 1.2　中国发行的纪念钞类别

事　件	年份	俗称	面值	发行量	特　征
中华人民共和国成立 50 周年	1999	建国钞	伍拾圆	6 000 万	红色是主色调。正面是开国大典。背面是(左)太和殿前的铜狮、(中)和平鸽、(右)华表
迎接新世纪	2000	龙钞	壹佰圆	1 000 万	红色是主色调。正面是北海九龙壁上的升龙。背面是中华世纪坛,敦煌壁画“飞天”
第 29 届奥林匹克运动会	2008	奥运钞、绿钞	拾圆	600 万	绿色为主色调。正面是国家体育馆,背景为天坛。背面是(左)掷铁饼者、(中)奥运会运动员
中国航天	2016	航天钞	壹佰圆	3 亿	蓝色为主色调。正面是(左)东方红一号卫星、(中)神舟九号飞船与天宫一号交会对接、(右)嫦娥一号卫星。背面是(由上至下)嫦娥一号卫星、2020 年中国空间站“天宫”、喷气式客机、冯如 2 号双翼螺旋桨飞机、飞禽海东青
人民币发行 70 周年	2018	70 钞	伍拾圆	1.2 亿	金黄色为主色调。正面是树木年轮与第一套至第五套纸币代表性局部图案。背面是中国人民银行大楼,辅以牡丹花、中国人民银行旧址、第一套人民币发行布告及城市建筑剪影图案

注:本表未列入中国香港、中国澳门、中国台湾发行的纪念钞。

通常认为,纪念钞具有纪念意义且发行量不大,因此有着一定的收藏价值。但从升值潜力来讲,还需要辩证看待。在上述五种纪念钞中,奥运钞尽管面值最小,但发行量只有 600 万枚,是所有纪念钞中发行量最小的一种,目前其市值达到 3 000—4 000 元一枚。相对而言,后期发行的几乎是天量纪念钞,价格自然要低很多。比如,航天钞的市价大约只要面值之上加 1—5 元钱就可以轻松购得。后市来看,我以为,不是所有的纪念钞都具有强劲的升值能力,主要原因在于纪念钞的发行目的不是流通所用,其存世量几乎等同于发行量。

7. 国家经济建设公债券

国家经济建设公债是指国家为了经济建设的需要以信用方式为财政筹措的资金。这类公债券可以用“国家经济建设”的字样标明，有的没有直接标明，但可以根据其实际用途来判断其是否属于经济建设公债。1954—1955年票面使用的是第一套人民币币值，最大面额为壹佰万元。1956—1958年，票面使用的是第二套人民币币值，最大面额为壹佰圆。

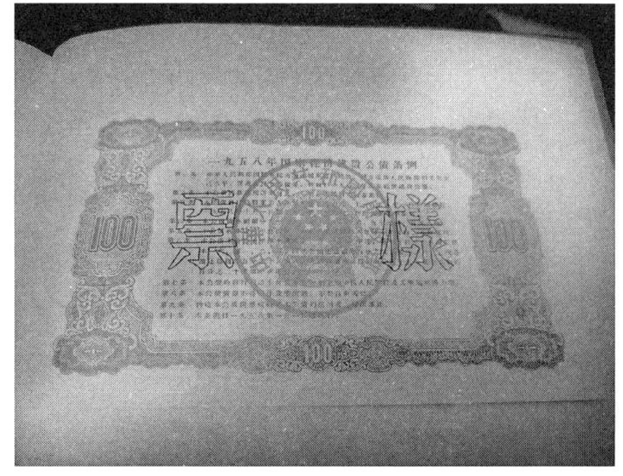

图 1.13　1954—1958 年国家经济建设公债样本

1954—1958年，我国中央人民政府发行的国家公债属共筹措到62.17亿元(以第二套人民币币值计)。除1954年发行的分8年偿还外，其余各年发行的分 10 年偿还。至 1968 年,公债本息已全部还清。由于时间久远,1954—1958 年的国家经济建设公债券存世量已经很少,偶尔可以在收藏市场看到小面值的实票或者已经兑换利息后的废票。要集齐全套实票,几乎是不可能的(小面额的散票收藏价值不大)。然而,在正式发行国家经济建设公债之前,财政部向各个地方性财政部门下发了一批"样票",目的是在实际认购时,让执行部门懂得分辨真假,以防出现假冒。这些样票多半被销毁,但也有一些被保存下来,后来流入收藏领域。目前全套 53 张样票市场价格为 1.3 万～1.5 万元。

8. 国库券

国库券(Treasury Securities)是指国家财政当局为弥补国库收支不平衡而发行的一种政府债券。1979 年以来,我国重新开始发行国库券,从支出用途看,也属于经济建设公债。

百度百科显示,国库券自 1981—1997 年计发行 17 年,17 套,共计 79 枚。1981 年版全套 5 枚,是收藏难度最大的一套,拾圆、壹佰圆对社会公众发行,壹仟圆、壹万圆、拾万圆对国企发行。面额最小的是 1982 年全套,壹圆、伍圆、拾圆、壹佰圆各 1 枚。1983—1989 年套比较统一,分别是伍圆、拾圆、伍拾圆、壹佰圆面额各 1 枚。1990 年、1991 年为伍圆、拾圆、贰拾圆、伍拾圆、壹佰圆面额各 1 枚。1992 年第 1 期 3 枚,伍拾圆、壹佰圆、伍佰圆各 1 枚;第 2 期 4 枚,伍拾圆、壹佰圆、伍佰圆、壹仟圆各 1 枚。1993 年、1994 年都是分两期发行,壹佰圆、伍佰圆、壹仟圆各 1 枚。1995 年壹佰圆、壹仟圆、伍仟圆各 1 枚。1996 年分两期发行,壹佰圆、壹仟圆、伍仟圆各 1 枚。1997 年壹佰圆、壹仟圆、伍仟圆各 1 枚。

国库券主景主要在正面,画面精美,颜色靓丽。有工矿类,如 1981 年拾圆、壹佰圆,1982 年壹圆、伍圆等;有油、汽田类,如 1982 年拾圆;有山水风景类,如 1991 年贰拾圆黄果树瀑布、伍拾圆云南风光、壹佰圆桂林山水等;有桥梁类,如南浦大桥等;有草原农业类,如 1996 年壹仟圆牧马等。目前,要想集齐国库券 78 枚实票大全套几乎不太可能,因为仅面额就达到

145 401元。能够集齐废票(兑换利息后加盖有“字”)或者票样,已经是一件浩大的工程。实践中,除去1981年只对国企而未向社会公众发行的三枚票券(1981年面向企业发行的拾万圆券存世量仅10枚),75枚也被视为大全套,其市场价值为20多万元。

图1.14 国库券部分票样

三、价值

纸币知识,重在实践而非理论。纸币学问广博而艰深,需要深入学习并加以实践钻研。说起来,我也是经历了“心理疑惑—市场感知—理性学习”之后,才算是半个“入门者”。对于纸币市场,很多人基本是一无所知,本能地感到疑惑,一张“纸”又不是金子,咋就值几千元甚至几万元呢?对于这个问题,我刚踏入纸币圈的时候,也感到迷茫。后来的一些经历让我渐渐明白了纸币的价值所在。

这些年，相信大家打开电视就会看到一些鉴宝类的节目。那些瓶瓶罐罐在许多人的眼里是不名一文的泥胎瓦片，但看久了节目以后，诸如什么元青花、宋钧瓷、官窑等词汇深入到了心里，也知道了这些东西少之又少。既然数量很少，那就会被视为宝贝，不管你喜欢不喜欢，总有愿意出价的人，结果这些东西的市场价值就出现了。如果说这些“泥瓦瓶罐”从不被重视到被视为珍宝，是身份的变化，那么，身份的尊贵就带来市场价值的突变。在最近的 10 多年里，从各类收藏市场和拍卖会传出来的信息可以发现，任何具备一定精稀度的东西，都会通过市场中介变得有价可循、有价可依，经过口口相传、网络传播以后，潜移默化地把你原本认识不到位的想法彻底颠覆。

纸币也是如此。以第一套纸币为例，就经历了从 20 世纪 90 年代街边难以交易甚至无人问津，到今天几乎难得一见且争相抢夺。根据当年的报纸信息，1999 年的第一套纸币中“牧马”的出售价是 20 000 元，今天这枚纸币的价格却达百万元以上。这种“昨天的我你爱理不理，今天的我你高攀不起”的巨大转折，在收藏界太过平常，几乎每过 3—5 年，就会有“黑马”蹦出。再以第三套纸币的背绿水印壹角为例，1999 年，收藏界并没有对壹角币进行深入细分。虽然大家知道背绿是好东西，但背绿水印仅仅获得了和背绿一样的市场待遇，市场价和背绿完全相同，不过 80 元一张。即使到了 2005 年，背绿水印依然没有被细分出来，价格也就 240 元。然而，之后短短几年时间，背绿水印被发现并被成功定义为一个单独稀缺品种，其身份和地位远远超过了背绿壹角。目前，背绿水印的市场价值已经是其“孪生兄弟”——背绿壹角的 15 倍之多。这种突变式价值倍增，虽然有商人炒作之嫌，但也不得不说“物以稀为贵”的基本原理在纸币市场依然奏效。

从另外一个角度看，收藏品只要有涨就必定有跌，价格的剧烈波动是纸币收藏常有的现象，也是其投资风险的体现。这种情况在近两年表现得尤其明显，我也目睹了很多这种“白马变黑马，黑马变白马”的事情。2018 年 5 月 1 日第四套纸币退市后，人们争相抢买第四套纸币，市场上一时人头攒动，好不热闹。其中，1980 年的贰圆被细分为两大品种，一个是绿钻、一

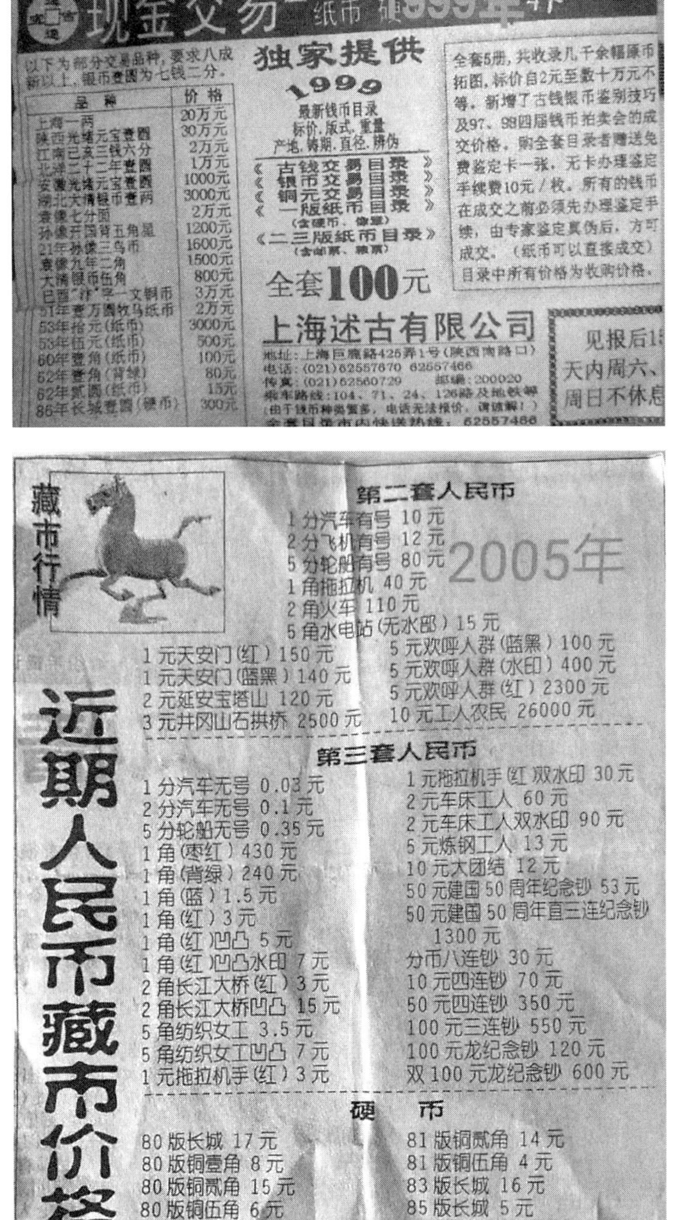

现金交易—银币 纸币 1999年 轩

以下为部分交易品种，要求八成新以上，银币壹圆为七钱二分。

品种	价格
上海一两	20万元
陕西光绪元宝壹圆	30万元
江南己亥三钱六分	2万元
北洋二十二年壹圆	1万元
安徽光绪元宝壹圆	1000元
湖北大清银币壹两	3000元
袁像七分圆	2万元
孙像开国背五角星	1200元
21年孙像三鸟币	1600元
袁像九年二角	1500元
大清银币伍角	800元
巳酉"汴"字一文铜币	3万元
51年壹万圆牧马纸币	2万元
53年拾元(纸币)	3000元
53年伍元(纸币)	500元
60年壹角(纸币)	100元
62年壹角(背绿)	80元
62年贰圆(纸币)	15元
86年长城壹圆(硬币)	300元

独家提供

1999

最新钱币目录
标价.版式.重量
产地.铸期.直径.辨伪

《古钱交易目录》
《银币交易目录》
《铜元交易目录》
《一版纸币目录》
（含硬币、像章）
《二三版纸币目录》
（含邮票、粮票）

全套**100**元

全套5册，共收录几千余幅原币拓图，标价自2元至数十万元不等。新增了古钱银币鉴别技巧及97、98四届钱币拍卖会的成交价格。购全套目录者赠送免费鉴定卡一张，无卡办理鉴定手续费10元／枚。所有的钱币在成交之前必须先办理鉴定手续，由专家鉴定真伪后，方可成交。（纸币可以直接成交）目录中所有价格为收购价格。

上海述古有限公司

地址：上海巨鹿路425弄1号（陕西南路口）
电话：(021)62557670 62557466
传真：(021)62560729 邮编：200020
乘车路线：104、71、24、126路及地铁[illegible]
（由于钱币种类繁多，电话无法报价，请谅解！）
全套目录市内快送热线：62557466

见报后1[illegible]
天内周六、
周日不休息

藏币行情

近期人民币藏币价格

2005年

第二套人民币

1分汽车有号 10元
2分飞机有号 12元
5分轮船有号 80元
1角拖拉机 40元
2角火车 110元
5角水电站（无水印）15元
1元天安门（红）150元
1元天安门（蓝黑）140元
2元延安宝塔山 120元
3元井冈山石拱桥 2500元
5元欢呼人群（蓝黑）100元
5元欢呼人群（水印）400元
5元欢呼人群（红）2300元
10元工人农民 26000元

第三套人民币

1分汽车无号 0.03元
2分汽车无号 0.1元
5分轮船无号 0.35元
1角（枣红）430元
1角（背绿）240元
1角（蓝）1.5元
1角（红）3元
1角（红 凹凸 5元
1角（红 凹凸水印 7元
2角长江大桥（红）3元
2角长江大桥凹凸 15元
5角纺织女工 3.5元
5角纺织女工凹凸 7元
1元拖拉机手（红）3元
1元拖拉机手（红 双水印 30元
2元车床工人 60元
2元车床工人双水印 90元
5元炼钢工人 13元
10元大团结 12元
50元建国50周年纪念钞 53元
50元建国50周年直三连纪念钞 1300元
分币八连钞 30元
10元四连钞 70元
50元四连钞 350元
100元三连钞 550元
100元龙纪念钞 120元
双100元龙纪念钞 600元

硬币

80版长城 17元
80版铜壹角 8元
80版铜贰角 15元
80版铜伍角 6元
81版长城 4元
81版铜壹角 1元
81版铜贰角 14元
81版铜伍角 4元
83版长城 16元
85版长城 5元
85版铜壹角 1元
85版铜伍角 5元

图1.15 1999年和2005年报纸刊载的纸币收购价格对比

个是绿幽灵，特别是绿幽灵的价格可谓是直线上涨。即使是一般的品种，也从最初的百元领跑到400—500元之高。收藏市场有着强烈的“羊群效应”，哪儿人多，人就越往哪儿挤。一时之间，绿幽灵风光无限，就像中国股市一样，过了4000点就望5000点，过了5000点觉得6000点是小意思，过了6000点简直就不再会下跌了，如果到不了10000点那简直是对自己自信的侮辱。事实上，绿幽灵经历了不到半年的狂涨，2018年10月后开始猛跌，现在只有200多元，而且市场关注度很差。由此来看，纸币无论作为收藏还是作为投资，都是有风险的。回望过去几十年的经历，许多纸币的确有很大的上涨幅度。但展望未来几十年，我们还能憧憬它们重复过去的道路吗？

前面谈到是价格波动，但经济学原理告诉我们，价格和价值是不同的两个概念。对于纸币而言，价值到底怎样界定？收藏者如痴如醉地收藏纸币，其内在的冲动到底是什么呢？这当然不是什么学术问题，因此很难套用经典理论来回答。我们将在后文专门讨论这个问题，这里先把我和一个老友的交流心得作为初步的理解，分享给大家。

我曾经和一位70多岁的无锡邮票藏家交流过邮票的类似问题。我问这位孙老师，为什么一枚发行于1980年的生肖猴邮票可以从原价8分钱一路攀升到12 000元，而且很多买者还千方百计地想得到它。孙老师笑眯眯告诉我，从现象上看，邮票价格高低的主要因素与其发行量有关。这张“猴票”当年发行了600万张，而且很多都被用于邮寄，因此，有一张全新的“猴票”非常难得。玩邮票的人都知道，600万枚发行量实在是不多。但这不是惟一的解释原因。他补充解释道，这里还有一个重要的因素是市场需求大。在集邮界有这样一种说法：“你玩邮票是否专业，衡量标志之一就是是否拥有‘猴票’！”因此，买到“猴票”成为众多集邮爱好者的梦想，许多人甚至不惜出高价买这张邮票。结果，一票难求的现象成为常态，大多数人根本都看不到这张令人神往的邮票。其实，这里面道出了一个有意思的道理，这就是在藏品可供应数量保持一定的前提下，收藏者的需求规模就成为惟一主导这个藏品均衡价格的因素，这个均衡价格就是这个藏品的价值所在。这则规律适合所有藏品的价值确定，也道出了藏家的冲动所在。因为，只要相应收藏群体持续扩张，该藏品的价值就会不断提高，早一点拥有永远好过迟一点拥有。

孙老师的这番话让我沉思良久，也让我想到了经济学的供求决定价格的原理。一方面，许多藏品确实具有供应量固定的特征，特别是那些“老精稀”的纸币。在距离我们相对久远的时代里，物质奇缺加之收入微薄，人们不会刻意地把纸币保存下来作为收藏。所谓“仓廪实而知廉耻”，由此引申出“物充盈自觉收藏”，盛世收藏讲的就是这个道理。人们一旦有钱了，就会去寻求一些具有文化愉悦感、满足自己好奇心的兴趣点，纸币收藏非常符合这种需求。一方面，真正好的藏品永远是稀缺的，因为具有不可再生性，藏品的供应量一定是固定的，甚至是减少，如图 1.16 中 S 曲线一样。另一方面，人们的收藏意识不断增加，收藏群体会不断扩大，需求水平会迅速提升，如图 1.16 中的 D1 曲线。

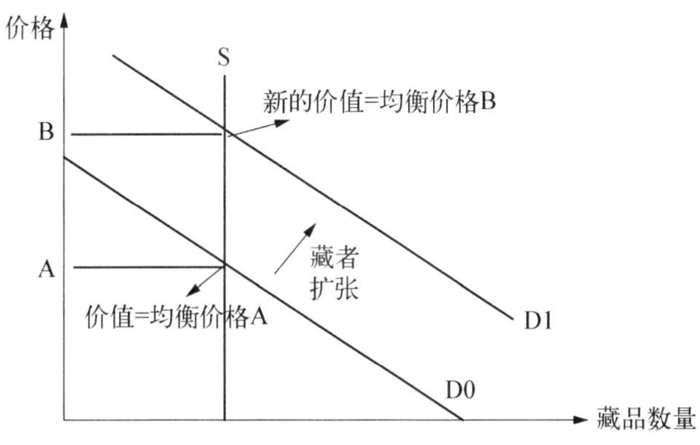

图 1.16　藏品均衡价格的决定模型

之所以发生这样的变化，既和刚才说到的人们有了更多余钱有关，也和人们看到别人从收藏中赚了不少钱有关，还和很多人内心对自己曾经使用但现在和以后永远见不到的那种眷恋之情有关。事实上，一张张图案精美、设计精良的纸币，其背后寄托着一代人甚至几代人的共同记忆，对它的热爱不可能一下子全部抹去。当然，也有朋友会说，现在的年轻人都没有用过第三套纸币壹角，他们不可能有记忆和怀念的情怀。但是，这种理解是不对的，因为纸币收藏大多是从一个类别或者一个品种开始，当你一旦踏入这个圈子，你就会被一种不可抗拒的吸引力带入其中，并且“越陷越深、欲罢不能”！比如，也许你一开始只专注第四套纸币，但时间久了，进军第三套纸币甚至第二套纸币就是必然的事。或许你说，我收入有限，无力拥有它们。但我要告诉你的是，每一个纸币收藏爱好者心中都有一个收藏梦，虽然这个梦想可能遥不可及，但没有人会愿意放弃梦想。这恰恰就是纸币需求扩大的真正原因。

这里讲一个自己的亲身经历事情。我在网络上认识一位山西藏友，微信名叫“鸡哥”。他对第一套纸币和第二套纸币的认知水平很高，对市场行情非常熟悉，几乎只要让他看一下某张纸币，他就能判断出它合理的价格区间。

经过一段时间的“热聊”之后，他敞开心扉，告诉我，他曾经拥有很多第一套纸币，但在过去几年间，为了给新生的孩子治病，只能割舍自己心爱的藏品，将之在短时间内低价一售而空。谈到这段往事时，我能够感受到他的那种无奈的心情。后来他告诉我，自己现在最大的梦想就是能够拥有一张第一套纸币的“牧马”(见图 1.17)。如今，他只是一名普通的打工仔，微薄的收入中八成用来支撑家庭开支，其余的钱都被他在业余时间用作“倒腾”纸币。他自己也算过，照这样的赚钱方式累计，即使到退休也难以买到一张 6 品的牧马，但他始终没有放弃对自己梦想的期待！始终念念不忘那张“牧马”。

正因为看到许多这样令我感悟颇深的事情，我对纸币收藏的前景充满信心。我坚信，纸币收藏者是最为幸福的群体之一，因为在“查阅—寻找—获得—欣赏”的过程中，他们不仅收获了心灵上的愉悦感，而且也让自己的财富获得了积累和扩张！这种精神和物质的双重快乐是纸币收藏的最大价值！也正是因为一直存在一大批用心热爱纸币的人，纸币收藏才有了健康发展的基础。

图 1.17　第一套纸币壹万圆的牧马(第一套纸币王)

资料来源：选自赵涌在线拍卖品。

注：略有修补(resroration)的35分牧马于2019年8月6日以141.7万元价格成交。

四、投机

在精神层次上，纸币收藏可以为个人带来愉悦感，这不仅是欣赏纸币设计之美的感受，更是那种急切寻找却不得踪迹的心情突然被满足的幸福感觉。在物质层次上，纸币收藏是一种保值、增值的手段，可以让你的财富得到扩张。如果你在很久以前偶然储存或低价购买了诸如背绿水印那样的品种，这很可能意味着你将一夜暴富。正是因此，纸币收藏越来越背负投机的色彩。在这里，分享我身边的币商投机案例两则供大家思考。

第一个案例讲述的是一位方姓币商。在20世纪90年代初，其父属于典型的“流窜型倒币者”。当时邮币市场还没有正式建立，人们会在某个特定日子里，约定俗成地在一个固定地方见面，每个人的黑色提包里尽可能多装些邮币。由于邮票更受人们喜欢，所以纸币反倒是冷门。人们见面讨论最多的也是邮票。对于纸币，多数人的态度认为是不太值得收藏，因为纸币太过直白，只是用来买卖东西的工具，似乎缺少了纪念等特殊意义。虽然那时候大家也都知道第一套纸币是稀少品种，但绝大多数人没有这方面的知识储备。不像今天，网上一搜，就知道纸币的前世今生。很多人甚至认为第一套纸币是假币，因为中华人民共和国是 1949 年 10 月 1 日成立的，怎么可能在 1948 年就发行中华人民共和国货币呢？

或许正是源于这样的特定原因，老方属于慧眼识宝的第一批人。他当时主要收集纸币，卖出的邮票钱都被他全部买回第一套、第二套纸币。那时候老方的年龄是 40 多岁，小时候使用过这些纸币，自然也能辨得出真假。有一天接近黄昏时分，一位老先生出现在这个固定交易场所。他边走边问要不要纸币，可大家都在忙于邮票交易，竟然没有人去接茬。上天从来都是眷顾有准备的人，老方在听到这位老先生问出收不收纸币的第一句话后，就马上跟进，询问老先生准备卖啥纸币。老先生不紧不慢地先询问价格，主要是关于第二套纸币的。老方一脸诚恳的表情，对老先生说，自己是收集纸币的，只要品相好，一定会让对方满意。聊了将近 10 分钟以后，老先生说，自己随身带了几张，看能不能收，并很快从上衣内口袋里取出了一个用报纸折叠的四方小包。一层层地打开报纸之后，进入老方眼帘的是几张第二套的叁圆、伍角等。老方不动声色地把这些纸币要过来，拿在手里对着夕阳照了半天，然后缓缓地说，老哥啊，你这些钱都发潮了，如果诚心出的话，这个叁圆的，我 30 元收……老先生似乎觉得价位不满意，忙说，这个价太低了，我不卖了。这时，老方连忙抓紧这些纸币说道，老哥别急啊！我们可以再商量商量。你看这天都晚了，旁边有个生煎馒头店，我们去吃点东西吧，生意不成友情在嘛！经过你来我往的一番拉扯，他们去了小饭店。饭后，老方把这些纸币买了下来，而且得知这位老先生是一位退休老干部，家里还有一些纸币。可能是第二天，老方去了老先生家，以当时较为低廉的价格把他所有的纸币都打包买回来。后来老方告诉我，那一次他总共买到了22张九品以上的第二套纸币叁圆，还有其他的第二套纸币30多张，总共花费了1 800元不到。他收回这些纸币后并没有立即出手，直到2006年自己开店后才摆了出来。现在是他的儿子小方在经营这家钱币店，但就是早年的这次收购，让他的财富得以在后来迅猛增加。9品以上的"苏三"，现在价格已经突破8万元以上。

小方经营的钱币店在当地非常有名，店里展示的纸币种类、数量令人叹为观止。熟悉他们的人说，这父子俩很精明，不过对纸币也是非常精通，不得不服！你可别小瞧这间不足20平方米的店铺，仅仅店里的纸币价值就达到2 000万元以上，这还不算人家家里藏的稀有品种。

另一个案例的主人公则没有这么幸运，可以说他是一个"倒霉蛋"。这个人叫小徐，大学本科学历，有10多年藏币经验，不过收藏的纸币多是一些便宜货。小徐原本有正常的朝九晚五工作。他入市很早，所以点滴积累下来，10多年购入低档次纸币也花费了近5万元。据他自己说，10多年前他主攻第三套纸币，主要购买一些普通的角币、壹圆的五星拖拉机、伍圆的炼钢工人和拾圆的大团结。因为自己的钱少加上自己舍不得，第一套、第二套纸币没有买过一张，第三套纸币里的背绿水印、背绿等珍品也没有碰。他手里没有珍贵的品种，但他利用结余的工资大量囤积了低档次的第三套纸币。他买下的普通纸币价格比较低，就拿伍圆炼钢来说，他以十来元的价格就买了回来。2010年市场火爆，他把这些货全部出掉，算下来净赚30万元。

事情有时就这样，如果没有理性的思考而是一味照搬过去成功的经验，等待的往往不是成功，反而是噩梦的开始。2012年下半年开始，各类币种全面上涨，他觉得时机来了，于是狠下心拿出50万元做纸币投资。他这次的重点是市场上疯抢的那些品种，理由很简单，这些东西之所以有人抢，一定是有原因的，至于原因对错无所谓。为了降低风险，他把资金分为两部分，一部分投入生肖硬币中，另一部分则全部购入纪念钞，包括龙钞和建国钞。2013年时，龙钞价格涨到5 000元左右，建国钞价格也涨到了近1 000

元,生肖套币是 900 多元。他买入的价格比市价稍低,只要见到就吸入,即使有人以市场价购卖,他也不会放掉。他心里想的是,过几年翻倍后,再狂赚一笔。

天有不测风云,2013 年到 2018 年期间纸币品种中跌得最惨的都被他买入了。龙钞跌到 1 600 元附近,建国钞跌到 300 元左右,生肖币即使成套也不过 600 元。就算是这样的价格,市场成交量还很少。此时的小徐彻底傻眼,看到自己手中价格已经缩水近 5 成的纸币,天天唉声叹气。后来,小徐告诉我,纸币收藏拼的是知识,不能天天想着投机。自己原来之所以赚钱,既是因为碰上好运气,也是因为那时是以收藏的心态对待纸币。这一次的投资遭遇“滑铁卢”,根本原因是自己从收藏为主、投资为辅的理念转向了投机理念。在我看来,不管小徐怎么亏损,毕竟这些纸币是真品,比起一些买到假货的人而言,算是好很多了。另外,小徐被曾经的成功冲昏头脑,选择了最不该选择的品种,犯了纸币收藏的最大忌讳——投机追热! 关于投机的问题,后面的章节中还会继续谈到。

总之,纸币可以承载起巨额的财富回报,也可以让你败尽身家。培养一个正确的纸币持有心态,是我们进入纸币收藏领域的起点,更是贯穿于纸币收藏始终的主线。无论你是否在纸币收藏中获得了财富积累,也无论你能否从中获得某种人生感悟,但纸币收藏的确会不时地试探你的人性,考验你的心智,品评你的精神。纸币收藏恰如“一半是海水、一半是火焰”,收藏者对自己钟爱的纸币只有从容淡定、理性决策,才能从收藏中感受到那种“面向大海,春暖花开”的幸福感觉。

附录 1.1　常用的基本术语

一、币面

品相： 特指纸币票面的完好状态，按高低排序分为绝品、上品、中品、普品、差品。由于裸币的品相是依靠买卖双方确定，因此，主观性较强。通常来说，达到绝品的标准有以下共识：一是票面干净挺直，二是纸张无折无痕，三是票面尺寸足，四是四角尖尖如针。

评级币： 经第三方评级公司认证的纸币，评级币上会有各种具体标识，如纸币的版别、印刷技术（如凸版、凹版、平版等）、防伪特征、面额、分数、问题等。

样币： 人民币发行前印制的检验纸币，用于检验人民币印制质量和鉴别人民币真伪的标准样本，由印制人民币的企业按照中国人民银行的规定印制，通常会打上"样币"二字。

冠字： 也称冠号，是人民币票面上罗马字母或者英文字母的标示。

双冠： 冠号是两个相同的罗马字符或者英文字母。

数字冠： 冠号字母形如数字，如 OI、OO、IO 等。

夹字冠： 冠号的两个字母中夹杂数字，如 C5P，这种冠号常见于第五套纸币较晚发行的壹圆纸币。

首发冠： 纸币投放市场时，最先发行的冠号。

关门冠： 纸币推出市场时，最后发行的冠号。

流水： 冠号之后的用 0—9 数字组成的序列号码。纸币的流水通常是 8 位数字，但个别情况也有 9 位数字。

冠年印：纸币票面的年份数字。

补号：替代纸币印刷中因特殊原因毁坏的单张纸币，在包扎成刀时可以填补充数。补号纸币的冠号比较少见。

腰带：人民币出厂流通时，包扎在整刀上的环形包装纸。

签：俗称币签，是成捆的纸币包装时封贴在最上面的一张用来介绍的纸，包括封签人姓名、时间、捆的冠字流水、注意事项等。

二、单位

散张：指不连号的单张纸币。

标十：尾号从1—0连续冠号的十张同品种纸币。

滚十：尾号从非1数字开始的连续十张同品种纸币。

整刀：尾号从001—100数字开始的连续百张同品种纸币。

滚刀：尾号从非001开始的连续百张连号同品种纸币。

跳连刀：百张连号纸币中存在个别冠号缺失并用补号替代的刀。

捆：1 000张连号纸币。

条：5 000张连号纸币。

箱：大约等于五条。在第五套纸币中，壹圆的是40 000张连号纸币，壹角、贰角、伍角的是50 000张连号纸币，伍圆、拾圆的是25 000张连号纸币，伍拾圆、壹佰圆的是20 000张连号纸币。

原捆：原包装，包装皮破裂小。

整捆：保证千连，而且刀签未断裂，并用塑料袋重新包装。

原箱：铅封未开。

整箱：原箱的铅封打开但内部未动。

三、号码币

无4、7：流水数字中不包括数字4和7的纸币。

双尾：流水数字中双叠数字的纸币，如00等。

豹子号：流水数字中三叠数字的纸币，如 000 等。

狮子号：流水数字中四叠数字的纸币，如 0000 等。

老虎号：流水数字中五叠数字的纸币，如 00000 等。

大象号：流水数字中六叠数字的纸币，如 000000 等。

恐龙号：流水数字中七叠数字的纸币，如 0000000 等。

通天号：流水数字中八叠数字的纸币，如 00000000 等。

镜子号：趣味号码币的一种，如 12 * 21，这里数字 * 是镜子，12 和 21 对称。

雷达号：趣味号码币的一种，特点是流水两头的数字一样。

生日号：趣味号码币的一种，流水是年份数字＋生日，如 19880123 等。

爱情号：趣味号码币的一种，流水尾三位数字是 520、521。

纪念号：趣味号码币的一种，流水数字刚好和自己的某个纪念日期相同。

四、币名

第一套纸币：1948 年 12 月发行到 1955 年停止流通兑换的人民币纸币，面额从壹圆到伍万圆，共计 62 种不同版别。

第二套纸币：1955 年 3 月 1 日发行到 1964 年 5 月 15 日停止兑换和流通的人民币纸币，共计 11 种面额，13 种版别。

第三套币：1962 年 4 月 15 日发行到 2000 年 7 月 1 日停止兑换流通的人民币纸币，共计 7 种面额，27 种版别。

第四套纸币：1987 年 4 月 27 日发行到 2018 年 5 月 1 日停止流通兑换的人民币纸币，共计 9 种面额，14 种版别。

第五套纸币：1999 年发行到目前（1999 版停止流通兑换）尚在流通的人民币纸币，共有 6 种面额，多种版别。

苏三版：第二套纸币的黑拾圆、红伍圆、绿叁圆的统称，是 1955 年苏联帮助中国印制的纸币。

大黑拾：第二套纸币拾圆。

红伍：第二套纸币红色的伍圆。

绿叁：第二套纸币叁圆。

红壹圆：第二套纸币天安门图案的红色壹圆。

黑壹圆：第二套纸币天安门图案的黑色壹圆。

宝塔山：第二套纸币贰圆。

水坝：第二套纸币伍角。

火车头：第二套纸币贰角。

长号分币：纸质的带有流水号的壹分、贰分、伍分纸币。

大团结：第三套纸币拾圆。

炼钢：第三套纸币伍圆，又细分为深版炼钢和浅版炼钢，区别在于炼钢工人图案的黑色程度、两者分布的冠号不同。

古币车工：带有古币水印的第三套纸币贰圆。

五星车工：带有五星水印的第三套纸币贰圆。

古币拖拉机：带有古币水印的第三套纸币壹圆。

五星拖拉机：带有五星水印的第三套纸币壹圆。

纺织工人：第三套纸币伍角，按照印刷技术差异，又细分为平水纺织（平版印刷带有五星水印）、凸版纺织（凸版印刷带有五星水印）和无水纺织（没有水印）。

大桥：第三套纸币贰角，按冠号数量分为两罗大桥（两个罗马字符）和三罗冠号（三个罗马字符）；按印刷技术差异，也分为凹凸版、凸版等不同的种类。

红三凸：第三套纸币壹角，特征是三个红色的罗马字母，且带有五星水印。

枣红壹角：1960 年的第三套纸币壹角，票面呈红色。

背绿：1962 年的第三套纸币壹角，背部花形呈现绿色。

背水：1962 年的第三套纸币壹角，背部花形呈现绿色，并带有五星空心水印，主要分布在少数几个冠号。

80100：冠年印为1980年的第四套纸币壹佰圆。

90100：冠年印为1990年的第四套纸币壹佰圆。

8050：冠年印为1980年的第四套纸币伍拾圆。

9050：冠年印为1990年的第四套纸币伍拾圆。

802：冠年印为1980年的第四套纸币贰圆。

902：冠年印为1990年的第四套纸币贰圆。

801：冠年印为1980年的第四套纸币壹圆。

901：冠年印为1990年的第四套纸币壹圆。

961：冠年印为1996年的第四套纸币壹圆。

8005：冠年印为1980年的第四套纸币伍圆。

961：冠年印为1996年的第四套纸币壹圆。

8005：冠年印为1980年的第四套纸币伍角。

8002：冠年印为1980年的第四套纸币贰角。

8001：冠年印为1980年的第四套纸币壹角。

无号分币：只有冠号没有流水的纸币分币，包括壹分、贰分、伍分三种。

荧光币：在荧光灯下呈现荧光图案的纸币。这类纸币常见于第四套纸币和部分第五套纸币，目前发现的有百余品种。最知名如，902部分冠号流水中的绿幽灵、绿钻，801部分冠号流水中的金龙王、中国龙等。

99版：冠年印为1999年的第五套纸币。

05版：冠年印为2005年的第五套纸币。

19版：冠年印为2019年的第五套纸币。

龙钞：冠年印为2000年的世纪千禧年纪念纸币。

建国钞：冠年印为1999年的中华人民共和国50周年纪念纸币。

绿钞：冠年印为2008年纪念中国举办奥运会的纪念纸币。

70钞：冠年印为2018年纪念中国人民银行成立70周年的纪念纸币。

红9：第五套纸币伍圆，冠年印最后一个数字“9”明显红色，且无成块连片区域。

紫9：第五套纸币伍圆，冠年印最后一个数字“9”明显紫色。

钻石伍：第五套纸币伍圆，正面“伍”起笔一撇空白，完全无竖线留存。

五水五红：第五套纸币中1999版拾圆的10个由流水和水印组合产生的品种。按水印“1—0”之间的间距和“0”的大小分为大圆水、小圆水、中水、宽水、窄水五种，按照水印和流水中第二个数字是否为“1”(红色)分为，大圆水红一、小圆水红一、中水红一、宽水红一、窄水红一。

五、问题币

水洗币：用清水对币面进行清洗后重新上色和压平后的纸币，这种纸币颜色发白，在荧光灯下有明显水渍荧光。

修补币：用书画修复手段采用切割、挖补、黏贴、裱糊等方式对残缺币或者普通币进行改造。这种币放久以后，一旦遇潮就散开。

裁切币：对纸币边缘进行裁切，票面尺寸明显缩小的纸币。

药水币：用化学药水进行清理的纸币，这种纸币在紫光灯下往往呈现深紫色片状荧光。

改号币：对流水数字进行挖补或者描绘后的纸币。

潮斑：曾经受潮甚至发霉的纸币，这种纸币即使晒后也不可能去除潮斑。

学习币：非真币，个人印刷出的模仿币，类似彩色复印机复制的纸币。

六、印刷版式

凹版印刷：模具是用钢板雕刻而成的，模具上的线条是凹下的，立体感很强。

凸版印刷：和凹版刚好相反，印版着墨部分上凸，印版上的图纹高于版面。印刷时，在图纹部分涂墨后，复纸加压，油墨即从印版转移到纸面上。很多人说第三套纸币有“凸版”，其实是与“凹版”混淆了。这些人所说的纸币的“凸版印刷”和“凹版印刷”，其实是同一种印刷方式，就是“凹版印刷”。

平版印刷：又称胶版印刷，是通过滚筒式胶质印模把粘在胶面上的油墨转印到纸面上，没有立体感，缺乏防伪性。

接线印刷：采用特制机器印刷，特点是钞标的图案花纹能够完成多种颜色的接线，而且多色线条十分准确的衔接，不同颜色交接处，既无空白又不重叠。

胶版迭印：这是一种比较先进的、有较高精确度的印刷技术，即在一次套印几种油墨的基础上，再用几种颜色迭印，这样就形成了多种颜色。

双面对印：在印制钞票时，正背面对印规矩精确，这也是比较高的印刷技术。这种方法目前仅限于胶版、凸版印刷。

花纹对线：这是底纹印刷的一种新工艺。一种是全版（上下左右）印刷到边，如果将两头边际对接，印有彩色的璇形花纹或其他形状的图案，完全可以对线。

第二回　北马南卢

纸币收藏寻去处，北马南卢是归途。
而今圣殿无不在，手指轻弹便可触。

纸币收藏是一个不断寻找、发现，直至拥有、欣赏、研究的过程。但对收藏者而言，这些被作为收藏的纸币应该到哪里去寻找呢？一直以来，在收藏者心目中都有两个纸币圣殿，那就是北京的马甸和上海的卢工这两个全国性的邮币卡交易市场。在那里，你可以寻找到心仪已久却不得的藏品实物，也可以发现你闻所未闻的新品种。对很多外地收藏者来说，卢工和马甸是有机会就必须去的地方。没有来过这两处，很难说你是一个资深的纸币玩家。

一、卢工

1983年，原卢湾区总工会和卢湾区工人体育场共同发起成立上海卢工集邮品交易市场经营管理有限公司，公司位于上海市黄浦区局门路600号的卢湾区工人体育场内，并通过出租柜台的方式吸纳了一大批从事邮票、田村卡、钱币交易的商人，这就是后来大家说到的卢工。说起来，卢工虽然是卢湾区工人文化宫，但不会有人把它当作工人文化宫，因为这个名字承载了一批集邮迷和收藏爱好者的梦想。今天，这里已经成为中国纸质收藏界的一块圣地。也正是因此，即便是上海将卢湾区和黄浦区合并成立黄浦区，这里依然被人称为卢工，不过全称前面加了几个字，现在叫做黄浦区卢工体育场。

卢工名气之大，关键在于这里是最大的全国性邮币卡市场之一，可与北京的马甸市场媲美。但对我而言，卢工的魅力则是让我看到了令人惊叹的场景、难以忘怀的故事、真善丑恶的人性、实实在在的生活……

因为在上海工作的缘故，我对卢工非常熟悉。印象最深的一次是在2007年夏天。那一次卢工向我呈现的是萧条与破败。许多摊位老板高高竖起“免战牌”，纷纷躲在一旁娱乐或者乘凉；一些女雇员漫不经心地在编织毛衣，说着家长里短；一些男同志干脆抡起臂膀聚集在一起打起扑克；市场里也很少有顾客光顾。但这些丝毫不影响我的兴致，每每看到橱柜里哪些大大小小的方寸纸片，都会勾起我许多少年时代的回忆。2010年以后，我几乎每周都要去卢工溜达，几年时间下来经历了从最初对橱窗内商品的惊叹到审美疲劳后的毫无新鲜感，但对纸币收藏的执着热爱却与日俱增。

图 2.1　黄浦区卢工体育场

我曾经非常好奇币商究竟是从什么地方弄来的这些纸币，有些纸币甚至是一捆一捆（捆：指连号 1 000 张）的新钞。一个朋友后来告诉我，币商手里的老货大多是从藏家或者老百姓手里买回来的，而新钞则主要是通过两个途径获得：一个是一尘钱币交易网站，这个网站属于 B2B；另一个则是通过币商和银行内部人员的人脉关系。当然，后者渠道现在比较少了。

漫步卢工，随处可见各种眼熟的纸币，但珍品纸币却凤毛麟角。毕竟好的藏品人人喜欢，即使是币商也会把最好的、最珍稀的东西放在家中、藏在箱底，他们要么等待时机猛赚一把，要么就是流传子孙以求财富增值。多年往来卢工的经历，让我结识不少币商。他们虽然是以纸币买卖为挣钱手段，但也有不少是纸币收藏爱好者，开店主要以广结藏友为目的。在卢工之内，我结识很多币商，并和他们私交甚好，他们既有商人狡黠的一面，也有作为朋友真诚的一面。所以每每来到卢工，这些老友看到我便远远招呼，来到小店之中，便茶水伺候，一起讨论“币事”，倒也爽朗自在。

图 2.2　笔者和卢工某币商

生意人与常人无异。陌生之时，防备心理颇重，总担心对方欺骗自己，说起话来也是谨小慎微。一旦彼此熟悉起来，就可以做到无话不谈，甚至讲起一些内幕真实消息。某个周六下午，我来到经常购币和交流的某商店中，当天市场没有什么人，店主也闲得发慌，看我来到旋即泡上一壶好茶，邀我坐在店中聊天。他面露得意之色地告诉我，自己的老家是江西萍乡，来上海已经16年，目前有车有房，全家都定居上海。最初来到上海时，就靠着摆地摊、“打游击”赚点小钱，可谁知一次偶然的机会让他咸鱼翻身。这个故事和前面老方的经历非常相似，可能常年游走于“江湖”的商贩都有过类似的经历吧。

那是在20世纪90年代后期，他在上海肇嘉浜路邮币自由交易集市摆地摊。眼看一天下来没有什么收成，集市的摊友相继离开，他也开始慢慢收拾散乱一地的旧币。忽然，一个女人的声音传来，“你收不收旧币?”当时他没有想太多，毕竟这种情况经常碰到。“你带来没有？卖东西要看货说价。”他头也没抬地回答道。或许该着他发财。多数时候，卖东西的人碰到这样的买家都会自行离开。但那天，这个女人摸索半天，从包里拿出一沓钞票，递了过去。他喝了一口茶水，两眼放光地告诉我：“你知道吗，老胡，就在纸币被拿出的那一瞬间，我一下子意识到馅饼从天上掉下来了。因为，她拿出的纸币很大，虽然天色有些发暗，但纸币颜色是黑乎乎的，直觉告诉我就是第二套大黑拾珍币。”他迅疾伸手把这沓纸币接了过来，首先证实了自己的直觉，的确是第二套纸币拾圆。接着，他凭着多年玩纸币的经验，确定是真币。于是，商人狡黠的一面迅疾暴露出来。他数了数张数以后，竟然有32张，便死死捏住这些纸币，盘算起来。其实，他心里很清楚，这笔买卖一定要做下来，但首先要做的是降低卖家的心理预期。他开始按套路出牌，诸如什么品相不好、行情不好等，说出一堆问题。然后就是豪情壮语，表明自己是如何愿意高价收购，颇有一副救世主的模样。其实，无论我用怎样的语言去描述当时的场景，你只有和这些混迹江湖的币商打过交道之后才能感受到，他们不仅是谈判高手，而且深谙消费心理学。

一开始，这个女人觉得天晚了，想要收回纸币，打算明天再找其他币商看看价格。顺便说明一下，这位老兄明确告诉我，这些纸币在当时可以按 2 000 元/张售出。但他一开始却并不急着出价，而是按照惯用的手法让对方先出价。在纸币市场上让持有货的一方先出价是最常用的捡漏方法，如果持货人拒绝出货，他会明确拿出“谁的东西谁出价”这样的理由。当时查阅纸币价格行情没有现在这样方便，多数不玩纸币的人并不了解实时行情。双方僵持一段时间之后，女人小心翼翼地挤出话来：“你实在想要，至少得 500 元一张。”

“500 元！这太贵了吧！大姐啊，这样的老币没人要的，到银行都是面额兑换。您不能这么狠心开价吧！”

女人迟疑了一下，说：“那你还给我吧，明天我再去问问别人。”

“大姐，您看您来都来了，再跑一趟不方便啊。我给您出个高价吧，您要能卖就卖，120 元吧！”

“120 元！不行的，我家人说这种纸币很贵的！你还是还给我吧。”

“大姐啊，这就是您不懂了，人家卖得贵，的确是这样，但人家几年还卖不出一张啊！您这一下子卖这么多，我可是一手全部现金给您啊。啥也别说了，140 元一张可以吧！”

……

反正那一天不知两人说了多久，这位老兄费劲九牛二虎之力终于把东西拿下。要知道，从谈价开始，他始终牢牢攥着这沓纸币。最后，他们谈妥的价格是 200 元/张。在 20 世纪 90 年代，身上踹着几千块钱可真的算是一笔巨资了。但读者可能难以想到，这些游走于街头的“邮币贩”，都是把全部的家当揣在身上，目的就是为了备足资金，防止错失捡漏机遇。

说完这个精彩的片段后，他又得意地告诉我，就在第二天，他拿出其中的 10 张按 1 900 元/张的价格售给了卢工币商，剩下的 22 张则一直保留着。他坚信“大黑拾”的价格还会升得更高。果不其然，在捂盘惜售的 10 多年后，一张大黑拾售价高达 7 万—8 万元。2011 年，他在积累了一定的财富之后，从地摊游击转入卢工柜台，开始了自己稳定的币商生涯。2012 年，他又出售了 13 张，价格是 9.5 万元一张。2016 年他又拿出 5 张在某网站拍卖，

图 2.3　第二套纸币大黑拾(第二套纸币王)

资料来源：选自赵涌在线拍卖品。

注：本张 55 分“大黑拾”于 2015 年 11 月 10 日以 18.868 万元价格成交。

每张平均价格是 15 万元。现在他手里还有 5 张，就存放在自己的柜台里，标价是 26 万元。讲起这段经历时，可以用眉飞色舞来形容他的表情，用亢奋异常来描述他的心情。他同时说到，此后再也没有这样大的捡漏机会，这也许是他人生中最大的一桶金，但这已经足够了。说完这些，他咂巴咂巴嘴，把剩下的茶水喝完。

作为听众，我自是惊叹他的奇遇，同时为那位女人而惋惜。她是因为不懂得纸币收藏，不懂得行情，才导致巨额财富被丢弃。或许这就是知识和信息的成本，但这个成本实在有些高。卢工大厅内，有数百个摊位。如果一一和他们交流，或许每个人身上都有类似的故事，足以写成一部敛财奇遇小说。这样的故事，几乎过段时间就会上演，财富的得与失、聚与散的传奇不断续写。这里，我再介绍一则最近发生在卢工的案例。

2019 年的 8 月，一位年迈体衰的老太太携带丈夫生前留下的集邮册来到卢工，一位邮商热情地招呼老太太，并将其引领到自己的店中。听明白老人是来出售老伴留下的生前邮票时，邮商拍着胸脯承诺一定给个好价钱。接过邮票册子之后，这位邮商多少有点失望，因为眼前的这些邮票并不珍贵，基本上就是 1992 年后的编年邮票。他胡乱地翻看着邮票册子，在不经意间看到了一张印有“1951 年”的崭新红色纸币。因为他是邮商，并不精通纸币，所以只是隐约感觉到，如果这张钱是真币，应该有赚头，但他也没有往深处想。后来，他拿出《北京邮声》报纸，按照比收购价高出一点的价格把老太太的邮册买了下来，这张纸币按一张民国法币的价格也一并收购，当时作价 25 元。

交易 3 天后，他想起那张纸币，就取出来交给旁边的币商，请教他真伪。

图 2.4　第一套纸币伍佰圆瞻德城

资料来源：选自赵涌在线拍卖品。

注：本张 53 分有小修复（minor resroration）“瞻德城”于 2019 年 8 月 20 日以 92.65 万元价格成交。

令他没想到的是，这位专业币商仔细鉴定后郑重告诉他，自己愿意花 2 万元买下来，并顺带说，真假有争议，买下来就是赌一把。说到这里，不得不强调一下，卢工里聚集的商人可谓是五花八门，有学历较高的专业玩家，也有混迹社会底层的无业人员，但他们有一个共同的特点，那就是精明！这位邮商在第一时间就反应过来，意识到这张纸币必真无疑，而且价值远远高于 2 万元。他立即笑着婉拒了对方。后来的结局是，邮商把这张纸币卖给了一位藏家，售价是 65 万元人民币，零头 5 万元则作为回报分给了那位币商。这张纸币就是发行于 1951 年的第一套纸币伍佰圆券，俗称“瞻德城”。

二、马甸

马甸邮币卡市场位于北京西城区福丽特商业街，当时是亚洲最大的邮币卡市场，市场营业面积达 8 000 余平方米，主营邮票、钱币和电话磁卡，现有近 1 000 个摊位。营业时间为 8:30—16:30，坐落在北三环中路马甸桥东 100 米路南。

马甸市场的前身是 1987 年创办于月坛公园内的“月坛邮市”。1997 年 5 月经北京市有关领导批准，当时的中国第一邮市月坛集邮品市场整体搬迁至西城区黄寺大街 23 号北京广播器材厂六号厂房内，由露天交易变为室内大厅交易，软件硬件和交易环境得到了质的飞跃，并更名为北京福尼特月坛邮币卡市场。

1999 年 9 月福尼特工贸集团退出经营，宜美嘉商贸中心接管，市场更名为北京宜美嘉月坛邮币卡市场。

2001 年 11 月市场搬迁至大钟寺，市场改名为大钟寺月坛宜美嘉邮币卡市场，市场承办方为北京申讯富林邮币卡市场有限公司。

因为经营不善等种种原因，2003 年 4 月大钟寺月坛宜美嘉邮币卡市场关闭，商户自发搬迁西城区黄寺大街 23 号北京万家马甸小商品市场。同年 5 月 14 日，北京万家马甸小商品市场改名为北京万家马甸邮币卡市场，承办单位为北京万家马甸邮币卡市场有限公司。

2003 年 6 月 1 日北京万家马甸邮币卡市场正式营业。2003 年 7 月北京万家马甸邮币卡市场兼并隔壁福丽特观赏鱼市场，将之改建装修为磁卡厅。2003 年 8 月 24 日，马甸邮币卡市场二楼的磁卡区迁入磁卡厅营业。

2011 年马甸再度兼并隔壁的花鸟市场，扩大经营面积，改名为万家马甸邮币卡市场。不过在广大资深邮迷心里，它永远叫马甸。

由于邮币市场具有极强的“江湖习气”，所以抱团成为市场币商联合的主要特征。在马甸市场做生意的以浙江人、广东人和东北人为最多，其次才是北京当地人。据朋友介绍，马甸市场抱团最厉害的是东北人群体，他们一旦遇到出售纸币的人，往往不会一拥而上，而是互相帮抬，这样的话，交易总归局限在东北人群体内部。如果捡了大漏，群体内按贡献大小还可以进行分配。但凡有其他地区的币商介入，则多会被排挤出局。所以，有人感叹地说，相比于卢工，马甸的生意比较难做，如果势单力薄很难在北京马甸混下去。当然，商人是无利不起早的，按地区划分进行抱团是再正常不过的事。但有一点也要指出，所有币商倒也遵从基本的职业底限，虽然价格有高有低，但这里的东西却不假。虽然大家见了漏有投机心理，但绝不强买强卖。

图 2.5　北京马甸市场一瞥

三、赵涌在线

随着互联网的普及以及各种消费终端App的上线，收藏市场大有“线上化”发展趋势。要说线上大众收藏的始作俑者，那就非赵涌在线莫属。

据百度百科介绍，“赵涌”品牌始创于1985年，在2000年正式推出“赵涌在线”网站，主打艺术收藏品网上交易。赵涌在线在上海设有总部，在北京、香港、台北、德国塞尔策、广州等地开设有办事处。目前，已开通5大收藏品类网上交易。

赵涌在线最大的一个优势就是足不出户就可以网罗天下藏品，据说线上活跃用户达到30万人。具体交易流程是，用户首先要进行线上实名注册，交付一定的保证金后可确定拍卖时的竞价额度。保证金和拍卖额度是1∶50的放大关系，即交付100元保证金，最大出价可以达到5 000元。具体拍卖时，用户首先要根据自己的收藏偏好，选择已经进入拍卖倒计时的藏品，可以点击关注按钮保存下来。待到拍卖当天特别是要进入倒计秒数时，需认真出价。竞价成功的标准是价高者得，但每个人也可以根据自己对藏品行情价的了解事先出个最高价（这个最高价是隐藏起来的，只有竞拍者自己知道）。待到拍卖结束时，如果没有人出价高于他的最高价，那么就以当前显示的价格（一般会低于他的最高价）成交。如果有人出价高于他的最高价，那么，他的最高价将被自动覆盖并显示新的高于他最高价的当前价格和中拍人注册的名字。

图2.6 赵涌在线App首页

在微信和网拍App普及之前，赵涌在线是藏家钟爱的购买藏品方式。在赵涌网站上展示的藏品都会明确标示出细节，图片的精度也比较高。但这种拍卖方式最大的缺陷有两个：一是佣金比较高，有些藏品仅购买方需要支付的佣金就高达10%。二是缺乏线上交流，也就是说你永远不能在第一时间分享对藏品的看法，也无法获得同行藏家对藏品的评价信息。说到底，赵勇在线是通过屏蔽藏家的交流，让你凭着感觉出发。如果你非常懂行或者在拍前做过深入细致调查，那么，你就具备了可能捡到小漏的基础条件。但根据我的观察，竞拍者很少能碰到一些特别不易察觉细节或暗记的品种，捡到大漏。绝大多数情况是没有什么漏可捡的。当然，赵涌在线的成交价格要比直接与币商交易尤其是在缺乏讨价还价能力时的购买价格低一些，最多低10%。这种让价空间对于资深藏家来说，不算什么，因为他们往往都有自己熟悉的购买渠道，低于市场价20%也是常有的事。

赵涌在线还有四个方面的问题引起我的好奇。

第一，是否有抬价的问题。赵涌在线明确规定不允许送拍藏品的卖家自己抬价，一旦发现将永久取消送拍人参拍资格。但几个比较了解内情的藏友告诉我，他们身边有不少人经常向赵涌在线送拍，如果说一点不抬价，那是绝对不可能的。因为，有些东西不是人人都喜欢，也不会一直有人在哪儿守候着出价。所以，自己通过其他注册账号抬价是比较容易的，实际成交不了的话，最多就是出点佣金，不至于东西被贱卖出去。

第二，关于出价的纠错机制问题。和大多数藏品拍卖一样，赵涌在线没有纠错机制。也就是说，只要你出价并且成交，不得以任何理由或个人原因拒绝交易，否则保证金就会被没收，并永久被取消参拍资格。在我看来，这样的做法虽然保证了网站的权威性，但缺乏纠错机制的弹性也是值得怀疑的。因为，在正式拍卖的时候，参拍者的出价往往都是在倒数20秒开始发力，一些人会意气用事出价，一旦出好了价，后悔的心情立即产生。所以，从情理上讲，应该给每个参拍者账号1—2次的纠错权。当然，超出这个范围就永远不能再纠错了。

第三，关于藏品争议的问题。每个拍卖网站对纸币藏品的品相都有自己一套清晰的定义，需要参拍者仔细阅读。赵涌在线也是如此，他们对藏品品相的有些定义超出业界普遍认可范围。比如，根据网络上交流的帖子来看，在赵涌在线中参拍的邮票，边联情况不影响邮票品相分值的认定，这一点对很多集邮的人来说是不能接受的。通过赵涌在线竞拍，无论你对标的是否有争议，一旦成交，就得按时付钱。若是展开所谓的复议程序，一般最多需 3 天时间，客服会答复你是否接受复议。如果他们接受复议，则将钱款全部退回你的账户里。如果不接受复议，那么，你面临的就是强制接受藏品或者重新上拍。在我的经历中，只发生过一次藏品复议情况。整个复议过程令人满意，回复和退款速度之快彰显品牌大平台的处事态度。为了让读者清楚了解事情经过，我略加赘述如下：

2020 年 2 月 22 日晚，我中标了一枚拍品，名称为"第一套纸币军舰壹万圆菱花水印"，经过付款邮寄之后，我拿到了该枚 PMG 评分为 55 分的纸币。由于对赵涌在线的信任以及本人当时正处理手头之事，所以并未对纸币仔细检验。大概过了一个月的时间，3 月 19 日我拿起拍得的评级币进行观察，却发现评级标签注明无水印，这与拍品名称完全不符。我进入互联网搜索，这才恍然大悟。"壹万圆军舰"分为五星水印、菱花水印和无水印三种版式。前两种是业界公认的真票，唯独这个无水印品种争议很大。普遍认为，无水印是当时中国台湾印制的假票（俗称老假票），主要目的在于扰乱中国大陆正常的经济秩序。由此，纸币界资深人士认为，凡是被认定为假票壹万圆军舰的均无水印，但无水印的壹万圆军舰却也可能不是假票。更让人纠结的是，这些老假票印制精良，肉眼很难与真票区分开来，所以作为国家知名权威评级公司的 PMG 也评级了不少这种老假票。赵涌在线是一家非常谨慎的网站拍卖平台，在最近 10 年的拍品中，凡是无水印的壹万圆军舰均表明老假票字样，唯独这一枚成为漏网之鱼。顺便说一下，第一套纸币老假票也有收藏价值，通常是同品相分值真票价格的 60%。了解到这些信息之后，我迅速致电赵涌在线，并在第二天将物品邮寄回公司。大概两天时间内，赵涌在线完成了站内回复、复议通知、钱款退回的工作。这的确让我增加了对它的信任。如果说有不满意之处的话，那就是我为了这枚纸币还额外支付了邮寄和保价的费用，这些支出都是因为赵涌在线的填写错误给我带来的损失，对此，赵涌在线却没有丝毫的补偿。

要重点说明的是，赵涌在线不会以中拍者任何理由和借口退货，这次的经历督促我仔细研读了它的服务条款和免责协议（见附录 2.3）。其中。第十六条收藏品保真定义的第一款明确地指出，赵涌在线对收藏品实物与“收藏品名称”一栏定义的一致性保真，除此之外的任何内容，均为辅助说明，赵涌在线不承担任何责任。第十七条也说明“除第十六条定义状况外，其他内容若存在误差，买受人不得作为取消交易的依据”。

第四，关于重复上拍的问题。对于收取佣金的拍卖平台来说，纸币被重复上拍原本是合理之事，但同平台且时间间隔短地重复上拍，却耐人寻味。如图 2.7，同样一张绿叁评级币，在 2019 年 7 月 30 日和 2019 年 4 月 23 日被

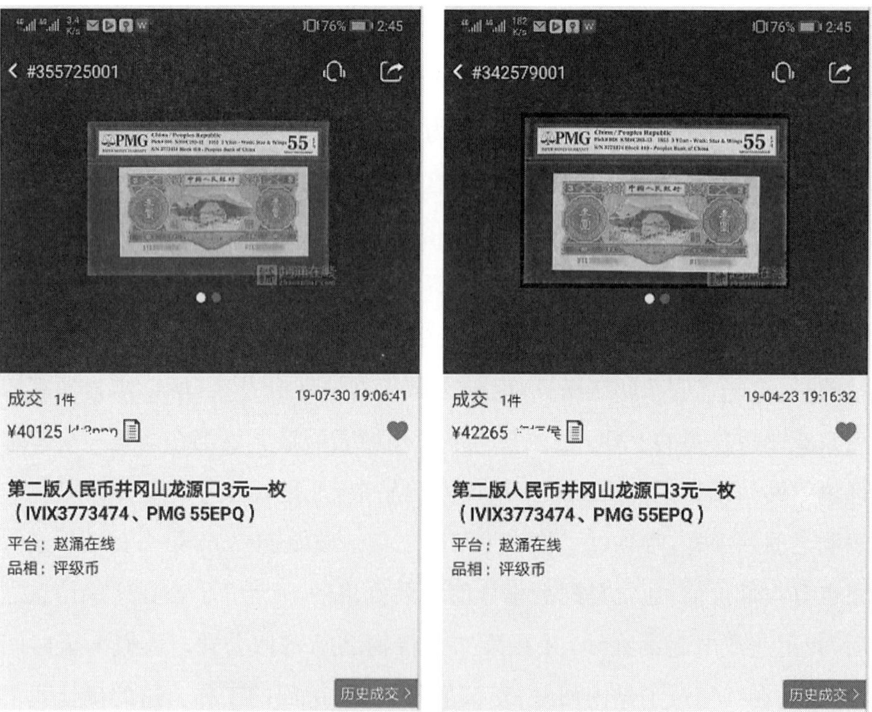

图 2.7　赵涌在线重复出现的“绿叁圆”成交记录

重复拍卖。成交价格分别是 40 125 元和 42 265 元。究竟是什么原因导致同一张纸币在仅仅相隔 3 个月后又被拿出竞拍呢？而且这两次的竞拍时点刚好是第二套纸币逆势上扬的阶段，但新成交的价格竟然低于前次 2 000 元。当然，合理的解释会有很多。比如，也许是送拍者自己拍下来以后造成假成交的价格，过 3 个月又来送拍。也可能是竞拍成交后，中标者不想要了，再次委托赵涌在线竞拍。但对于广大钟爱赵涌在线的纸币收藏者而言，这种重复竞拍给人的感觉很不好。因为，如果新成交价格比前次低，那么，新中标者一定对这张纸币产生疑惑，即为什么前面中拍者不惜亏本，急于送拍，难道这张纸币有什么不可告人的秘密，以至于被贱价出手。如果新成交价格比前次成交价高，那么，中标者直觉上会认为这张纸币已经被人恶意哄抬。在我的观察中，短期内重复竞拍现象在赵涌在线并不少见，它就像是给收藏者设定的一个“谜”，你永远无法辨明是否自己一不小心就掉入某个圈套。

作为专营邮币拍卖的线上“老大”，赵涌在线还是赢得了不少“粉丝”的青睐。很多藏家整天与赵涌做伴，或在电脑旁或在手机上，浏览着一幅幅藏品图片，试图满足自己寻而不见的那种期待。但作为一个专业收藏品拍卖平台，赵涌在线不仅仅是一家中间撮合平台，它更应是专业鉴评机构。人们之所以喜欢并参与赵涌在线的竞拍，除了便利以外，还在于赵涌专业评级师给出的品相定级和细节描述是值得信赖的。可以想象的是，在利益至上的时代里，当藏品开始向炒作品转变的时候，鉴定师职业素养的维持和专门化的管理就显得特别重要。根据网上显示的一些案例来看，我们无法判定它未来发展前途如何，但在各种藏品拍卖 App 异军突起的背景下，赵涌在线的确需要思考自己的定位、管理以及特色等问题，依然我行我素保持高额的佣金标准，依然采用禁止社群交流的竞拍模式，这是否可取，只有时间可以证明一切。

作为赵涌在线的“铁杆粉丝”，我自然是期望它的未来是越来越好，越办越精彩。但根据和一些人士的深入探讨以及搜寻网络上的评论来看，赵涌在线也的确需要与时俱进。这里截取一些网络社区关于赵涌在线的讨论，或许有些言过其实，但初衷都是好的，所以在这里供读者审阅并思考。

表 2.1　赵涌在线的用户口碑好不好?

评论 1	还不错啊,每年他们家都要卖出去不少艺术品,但是也没有听说其中有假的,而且不少人都会第二次再来买的。
评论 2	保真,品相啥的自己看。
评论 3	就是佣金要算算,有时候加上去就高过市场价了!
评论 4	不要买裸币。
评论 5	他家的就是保真,手续费高,另外很多评级币评级钞拍之前也要仔细看图,品相往往有问题,不能光看分,很多人都是把品相有问题的评级钞扔到老赵这拍。
评论 6	我觉得还可以,常年在老赵买邮票和钱币,心态要好,不要有捡漏心理。只是都保真,不用讨价还价。手续费逐年在涨,头几年还可以。
评论 7	服务和售后跟不上,迟早要淘汰,要是有个好的拍卖公司像 NGC 评级公司一样的,纪念币的日子会好很多,主要是正规了,会吸纳很多新人。
评论 8	下手前最好先去看看实物(状态),白斑银币忒多。不做足功课贸然下手会很容易掉进坑里的,已有不少新手都在赵家网拍上吃过亏。币商也喜欢把手里品相不好有问题瑕疵的金银币(含评级币)都送到老赵家去套现。最后再提醒下,币托儿也多,钓鱼,呵呵!
评论 9	银币不清楚,但是买到的邮票都是品相不好的,拍的时候标的都是上品。
评论 10	我听到的情况是保真,不保品,分数有些就是摆设。自营的不清楚。
评论 11	就是处理垃圾的地方,把有问题的扔上去卖。评级币有问题的都不会说清楚。碰到过几次鼓盒的,也没法退,手续费太高。说实话不如去市场买,或者淘宝找个靠谱卖家。

资料来源:http://tieba.baidu.com/p/5538937146。

这些年来,不知有多少个夜晚我都与赵涌在线为伴,总是不自觉地浏览网站上各种精美的图片,执着地参与各种心仪藏品的拍卖。其间有过激动兴奋的时刻,也有过懊恼后悔的一瞬。但赵涌在线终究给我带来的快乐更多。业界同人都认可赵涌在线是线上邮币交易领域的龙头老大,但我更期望的是,赵涌在线可以和时代一道成长,故步自封只会贻误时机,妄自尊大只会被后浪拍死在沙滩上。以上列举的网上言论虽然有些言过其实,但也表明某种危机正在悄悄来临。在"指尖点击"的网络时代里,我祝福赵涌在线越走越好,但这种好的结果需要它自己争取!

四、群雄迭起

如果说赵涌在线是典型的 C2C 模式的话，那么，有一个类似 B2B 的网站在同时期快速崛起，它就是中国投资资讯网（http://www.xx007.com/），又称一尘网。该网站的会员多数是币商（也有少数散户），主要撮合的是币商间的交易。目前，网站吸纳会员总数是近 60 万人，累积发布求购和交易帖近 1 500 万篇。应当说，一尘网在币商心目中已经成为藏品定价、藏品挖掘的网络圣地。但这个网站的主要问题是，用户主要局限在币商范围，网页栏目比较繁琐且形式单一，看的时间久了会比较累。如果一个发布者每天不停发布某个品类的帖，购买者就很难搜索到该品类的其他新信息，有点类似微信刷屏的现象。

近几年，随着微信用户的急速扩张以及网购平台技术的成熟，各种新型移动终端交易平台或者拍卖平台如雨后春笋一般纷纷出现。目前，从事纸币收藏的人数没有官方数据。但根据各类拍卖网站和微信群竞拍人数的规模加总，500 万的铁杆“粉丝”还是有的。如果把下载各类纸币收藏 App 的数量作为一个潜在规模的话，核心的收藏爱好者人数可以达到 1 000 万。与此伴随的是各种互联网交易平台的崛起，所谓群雄迭起，讲的就是这样的格局和趋势。

第一类是独立的移动终端 App 购拍平台。

目前，比较知名的购拍平台有爱藏、全民、闲鱼、7788 等，可谓不胜枚举。先说国内的龙头老大——爱藏，它是一家钱币评级公司，有自己的纸币评级标 ACG。在笔者看来，爱藏公司成立购拍平台，不仅可以为自己带来巨大的潜在客户流量，而且可以利用该平台宣传和推广爱藏的评级标。当然，通过这个平台，爱藏公司也可以获得拍卖佣金等收入。全民收藏是一个邮币卡商业服务平台，从事收藏品的中介服务，类似淘宝。闲鱼则是在二手物品交易中增设了古董钱币交易品类。7788 也是典型的 C2C 服务平台，通过二手物品的分类撮合买卖双方交易，其商品范围种类繁多，几乎涵盖了所有的二手物品，又被业界称为“杂货铺”。需要指出的是，7788 平台的管理比较松散，不存在所谓的信用背书，对旧物真伪一般不给予保障，但交易时却需要收取佣金。因此，很多消费者对该网站这样评价："体验感觉不好！假货多到只能自己把握，买到假货自己承担一切费用。虽然可以退赔，但需出具专业机构的鉴定证明，拍物要押金，储值要手续费，提现要手续费！一进一出，都要花钱，买的还都是假货。"

最近，笔者的主要精力放在了移动终端的微信群藏品交流交易圈，偶然机会和身边几位藏友聊天时才得知，这些独立的移动 App 平台，日渐式微。爱藏平台的竞拍原本很火热，特别是 2017—2018 年间，大有玩收藏的必须下载爱藏 App 的趋势。但由于拍品"托儿"实在太多，该平台的竞拍现在冷冷清清、无人光顾，加之线上交易和提现开始额外收费，不少人逐渐放弃爱藏并卸载了这个 App 软件。全民收藏网的情况也不太好，因为这个网站可以挂一些第五套纸币，所以也有不少人光顾，成交量则一般。2019 年 12 月 1 日起，全民收藏网也开始要求藏品出售者缴纳费用，结果退出者甚多，截至本书发稿时，全民收藏平台已经宣布退出。令人意外的是，"闲鱼"的发展形势倒是不错。很多人通过闲鱼进行交易，主要是因为闲鱼上交易可以免交手续费。另外，闲鱼直接和支付宝链接，因此大家对它比较信任。

第二类是微信群拍卖和竞价平台。

微信群这个称谓特别符合中国的文化特色，在概念上非常契合费孝通先生眼中的社群。一般而言，一个"群落"中总有几个关键人物与群员都比较熟悉，他们要么是藏界大佬，要么是专业人士，但总归处于核心地位。按照和他们的远近关系形成了一个涟漪般扩散的圈层格局。这些权威人士并不一定是群主，但必然是非常活跃且具有一定亲和力和号召力的人，他们可以制定群规，让大家在统一的轨道上交流。相反，与群相对应的是"团体"，他们具有更正式和更具有约束力的规则，团体内有着统一的宗旨和章程，并受到法律保护。团体内的权威者并非依据关系亲疏来确定，而是通过正式法定程序赋予权力并承担对应责任。对于各种竞拍 App 平台聚集的钱币电商，你很难说他们是某个群，但可以定义他们为"团体"。

微信，看似是一个社交平台，但稍微创新加以利用，就会衍生出多种商业模式。在钱币收藏领域，这几年微信钱币群可谓风头出尽。2015 年之前，QQ 钱币交流拍卖群盛极一时，很多现在玩微拍的人都是从 QQ 群转过来的。2015 年后，微信得到推广，加之微信的功能更为强大，一批以钱币知识交流为目的的微信群纷纷建立。这些群相继开展钱币拍卖会，并出现群内钱币团购。通常来说，建群之初是比较困难的，因为你不可能认识五湖四海的钱币收藏者和爱好者。这些群主或者关键人物非常耐心，他们或者在某些 App 平台开设网店，通过钱币交易零散地加对方为微信好友；或者向收藏平台购买纸币收藏者信息，一一加为微信好友。他们还通过熟识的藏者不断"发展下线"的方式间接导入群友。当然，这些群主或者关键人物也会游走于线下实体收藏市场，以面对面的方式添加资深藏家或者币商。总之，我们能够想象到的各种"拉人头"的建群方式，被他们用到了极致。建一个大微信群不易，所以每一个钱币收藏群的群主最讨厌两类行为：一是某些群友不顾别人感受，肆意乱发广告或者不合时宜的内容，引发被封群的风险。二是某些群友带着"拉人头"的目的入群，并不失时机地分流群内收藏爱好者。为了杜绝这些现象，群主或者关键人物大多制定严格的规则加以管理。但时间一久，这些现象仍会时不时发生。如果疏于管理，这个群最终会沦为"僵尸群"。

在我手机里就有不少类似的群，诸如"纪念币交易群"、"钱币爱好收购群"、"秘籍群"等。我被朋友拉进群后就发现，群内除了每天不断发售钱币广告以外，几乎没有人愿意交流，你问话也基本没人回应。出于好奇，我坚持待在里面，想看看接下来到底会发生什么？经过近两年的观察，我发现，这些"僵尸群"里依然是广告天天刷屏，但令人奇怪的是，群内一些人在另一些交易比较活跃的群里出现，并一度成为购买和竞拍的主力。后来，我有幸得知，这些所谓"僵尸群"的出现另有目的。一般来说，在一些比较活跃的交易群中，总有不少观望者和"沉睡者"，他们多是刚刚入行纸币收藏领域。随着群员数量的扩张，这些沉睡者会挤占有效交易空间。群主不愿意放弃这些人，于是会让某些人充当"伪群主"重新建立一个新群，美其名曰"长期不参与竞拍者移至别群”。在这个新群中，也有一些资深玩家或者币商，他们通过广告宣传方式不断灌输某个币种具有价值的观念。经过长期的洗脑，一些“沉睡者”被成功唤醒，他们甚至要求主动加入某专题币种的交易群，进而成为购买主力军。所以，很多的钱币微信群就是一个“小江湖”，利益驱使下，江湖中的局自然也就很多(后文会专门讨论“做局”)。

与此同时，也有一些拍卖群成功凤凰涅槃——从草莽的社群转变为正规的社团，如“红群”。姑且不论这个群曾经拍出藏品的价格是否合理，但从我对群内拍卖信息的观察以及和群主张晨先生的交流来看，在众多竞拍群中，这个群算是有着较好的管理水平和长远规划。一方面，红群在开展竞拍的同时，拥有自己的独立网站。在那里，纸币收藏爱好者可以搜集到自己需要的价格信息以及藏品种类的基本介绍。另一方面，群主张晨先生始终认为微信群拍只是一阵让人好奇的“风”，好奇心没有了，风也就停了。特别是群拍建立在软约束的交易规则之上，松散的买卖双方会出现很多售后无法保障问题，最好的办法还是同步建立自己的 App 拍卖平台。红群希望发展的模式是“赵涌在线＋微群竞拍”的有机结合，即“社群交流＋社团管理”模式。2019 年 8 月 26 日，公司团队经过 2 年多努力，精心研发的“微藏汇”微信小程序问世，它的出现打破了传统微信群拍模式的局限性。在这里，笔者衷心祝福红群越来越红，成为众多拍卖群中杀出的“黑马”。但红群也要保持清醒：无论自己走向哪里，都要对竞拍者负责，这不仅包括成交价格，也包括藏品品质。它必须加大自己的服务水平和能力，最大化增强收藏爱好者的体验感。

总而言之，群雄迭起意味着诸侯林立，这既为做大事者提供了乱中求胜的可能，但也增加了破局而出的难度。一个钱币拍卖群既是一个小社会，也是一个“小江湖”。虽然绝大多数收藏爱好者只是跟随者，如何操纵价格似乎与作为群员的藏友没有任何关系，但在用嘴拉票和用脚投票的信息时代里，藏友却可以轻易地摧毁辛苦积攒下来的平台流量。所以，用心经营、长远规划、做好服务、保障品质，才是币商惟一可走的康庄大道。

附录 2.1 “扬中华之文化,德壹品之传承”:红群壹品文化传播有限公司

红群壹品文化传播有限公司成立于 2014 年 2 月,是一家以高档钱币(已退出流通市场的钱币)拍卖为主,高端古代、现代艺术品、工艺品收藏、投资、鉴定、评估等业务并存的综合性专业公司。公司成立五年多以来,始终坚持“诚信、务实”为企业根本,着眼于艺术的广度和深度,以传承和弘扬中华文化为己任,提升中国艺术品世界地位影响力,全力打造高层次、高品质的文化交流空间。依托雄厚的专家队伍、精湛的拍品质量、畅通的网络平台及遍及海内外的客户资源,在业界获得了广泛的知名度和良好的信誉与口碑。尤其是 2019 年 8 月 26 日,公司团队经过 2 年努力,精心研发的“微藏汇”微信小程序问世,它的出现完美打破了传统微拍模式的局限性。凭借后台的稳定和强大的数据分析、运算功能,现在已打造成为能及时解决客户安全、便捷、共享、高效、娱乐、交易等多元化需求的强大拍卖生态平台。作为微拍 2.0 时代的“领跑者”,“微藏汇”在短短两个月时间内,拍卖总成交额突破 600 万元,再创业界历史新高,被群友们形象地比喻为“拍卖中行业中的加速神器”,获得了无数好评!

公司正在开发的“微团汇”团购小程序和“大数据”软件也在紧锣密鼓地研发当中。“微团汇”在 2019 年问世。和“微藏汇”一样,它的出现再次在业界掀起一股巨浪,引领团购领域新方向,向大数据时代进军。

如今,公司已发展成为行业内拍卖成交率、珍稀拍品数量、诚信度领先的综合文化交流服务平台,平均年总成交额突破 5 000 万元。

第三回　标准评级

你说好来他说差，众说纷纭相互掐；
西方巨头南北翅，怎耐人言又倾轧。

线下实体店所发生的纸币藏品交易是买卖双方面对面的交易。特定实体场所的交易可以缓解买卖双方的互不信任感觉，买方可以更为直观和细致地观察纸币，言语交流以及纸币触摸过程还可以让买方深刻体会到“淘”的快乐。相反，互联网上的纸币交易带有随机性，因为不是面对面的熟人或者店铺信用背书的交易，纸币藏品的标准化就显得非常重要。说到底，纸币藏品标准化就是让素未谋面的手机或者电脑背后的人增强对交易标的的安全感。由此，线下讨论裸币，感受收藏乐趣！线上讨论评级币，避免争议麻烦。目前，在纸币评级领域中，最具权威的国际机构是美国 PMG 公司，国内则有影响较大的 ACG(南方爱藏)和颇具特色的钱坤(北方 QKPG)。另外，还有诸多发展中或颇具争议的评级公司。在这回中，我将围绕藏品的评级问题展开交流。

一、标准

任何一家纸币评级公司首先要确定的就是评级规则和打分标准，它是评级币的立命之本。由于 PMG 公司是全世界纸币评级的先行者和行业老大，因此，它所使用的国际公认的谢尔顿等级(The Sheldon Scale)70 分已经成为纸币评级分值的通行准则。说到谢尔顿等级,其最早是被用在硬币评级打分上。1979年,由美国钱币学家谢尔顿著述的《美国早期一分币》正式出版。该书通过详细的数据分析,将硬币品相从1—70进行分级,分值越高,品相就越好。谢尔顿之所以花这么大工夫将钱币进行分级,一是因为他早年就有此构想,希望钱币市场的交易有规律可循,不要为所谓品相好坏的主观认定喋喋不休地争论;另一方面是因为美国钱币市场也不是从一开始就规范有序,各种问题币在当时非常普遍。美国钱币协会采纳了谢尔顿标准,并从1978年将之确立为美国国家钱币标准。其实,即使在美国,纸币收藏也是近几十年才流行起来。全球知名的PMG公司最早追溯至2005年,它与NGC同属于CCG(Certified Collectibles Group)集团。该集团是全球首家纸币封装评级机构,也是目前全球影响力最大的钱币评级机构。要注意的是,纸币评级打分标准虽然沿用了谢尔顿的基本框架,但在一些打分标准的设定和具体细节考量上却与硬币标准差异很大,特别是在纸币评级上引入了EPQ、NET等。这也算是一种创新发展的结果。

关于PMG不同评级分值对应的具体解释,大家可以参考附录3.1。顺带说一下,在纸币收藏爱好者心目中,获得越高分值的纸币,其市场价值以及预期的升值潜力就越大。若仅仅从评级分值的角度来进行档次认定,70分属于极高档次,67—69分属于高档次(其中67 EPQ是性价比最高的类型),64—66分属于较高档次,60—63分属于中档次,50—58分属于次中档次,40—50分属于中低档次,35分以下的属于低档次。除此之外,PMG还使用数种标识,有针对性地对部分纸币提供额外辅助说明。这些标识最常见的有纸张品质(EPQ)、PMG星标(★)及NET等。具体解释如下:

1. EPQ

PMG评级认为,特殊纸张品质(EPQ)的纸币,即是完全原始的纸币。EPQ评级强调纸币未经任何物理、化学或材质上的触摸,具有高等级的外观;纸币若有自然(非人工)的磨损痕迹,也有可能获得EPQ评级。所有被评为VF25及以上分值的纸币都必须进行EPQ评估。符合EPQ条件的纸币，才能被评定为 Gem Unc 65 及更高的分值。

2. PMG 星标（★）

PMG 给同分值中格外有吸引力的纸币颁发星标（★）。视觉吸引力是纸币具有的最客观的特点之一，钱币学家使用通用标准来定义非同寻常的视觉吸引力。获得 PMG 星标（★）的纸币，必须具有明显的模板或套印压花、充满活力的墨色和达到既定 EPQ 及以上标准的原始纸张品质。实践中，PMG 会自动对所有送评的美国纸币和世界纸币进行星标（★）评估，不符合 EPQ 标准的纸币无法获得星标。值得注意的是，星标（★）的获得与否与纸币的评级结果无关。例如，一枚评级为 PMG Gem Unc 65 的纸币，可能带有星标（★），也可能不带有星标（★）。当然，评级为 PMG Gem Unc 70 的纸币，必须获得星标（★）且符合 EPQ 标准。

3. NET

“NET”标识表示纸币上存在人为改动问题，该张纸币比获得同分数等级而未标“NET”的纸币低一个或者数个档次。如果一张纸币获得了“NET”标识，那么该张纸币上的一处或数处严重问题将会列明。PMG 保证中的评级内容不适用于被 PMG 标识“NET”的纸币。PMG 只保证带有“NET”标识的纸币为真币。

在上述标识中，最让收藏爱好者头疼的是 EPQ 和原票的关系，以及 NET 是否具有收藏价值的问题。很多藏家认为，凡是没有标注 EPQ 的纸币都不是原票。所谓原票，是业界对未经任何人为改动纸币的称谓，指的是纸币本身没有经过任何人为的处理。其实，在 EPQ 和原票之间画等号是一个误区，因为纸币不能标注 EPQ 的原因很多，甚至原票有时也无法标注 EPQ。从英文字面上讲，EPQ 代表纸质优良，它的重点在于纸张本身，包括纸张的清洁度、韧性，以及天然状态。人们收藏的纸币即使在出厂的时候，也并非全部是优良纸张。比如，一些早期纸币，纸张不仅粗糙而且夹杂太多杂质，是很难获得 EPQ 评级标识的。更有意思的是，在一些币商那里，一张没有 EPQ 标识的评级纸币经反复送评后，也有可能获得 EPQ 标识。有藏友认为，PMG 55 分是一个分界点，即 55 分以下的一定不是“原票”，必然存在水洗的问题。事实上，从我和一些币界资深人士交流中获得的认知来看，有些低分如 45 分的纸币也有可能获得 EPQ 标识。说到底，EPQ 就是反映纸张质量（特别是硬度）的标准，与所谓水洗没有必然联系。实践中，用棉签沾清水轻微清洗纸币表面并不影响纸张质量，这也是很多送评者清洁纸币的常用方法。然而，如果对纸币表面施以纤维素上浆并使用专用工具重压，这一定会破坏纸币本身的纸张结构，此时不仅不能获得 EPQ 标识，还会获得 NET“殊荣”。还有一种常见情况是，纸币获得了较高的评级分数如 66 分或 64 分，但没有 EPQ 标识。发生这样的现象，主要取决于评级公司的认定标准。高分不具 EPQ 标识多是因为纸币表面可能有手纹，或者纸币的居中度不够，这自然与是否原票也没有必然联系。

由此来说，如果纸币纸张有人为涂抹痕迹，或者被轻微裁剪，或者被化学清洗，是不可能获得 EPQ 标识的，但那种认为没有 EPQ 的纸币一定被化学制剂处理或者被重新修补的观点也是错误的，实际上这样的纸币将被标识“NET”，同时辅之详细说明。另外，关于标识“NET”的纸币是否有收藏价值，也是应当区别对待的。对于时下常见的第三套纸币、第四套纸币、第五套纸币而言，有这类标识的评级币尽量少碰。但对于数量极其稀少的第一套纸币、第二套纸币的珍品而言，“NET”的出现并不能完全否定该张纸币的收藏意义和价值，当然具有这类标识纸币的价格要低很多。

另外，PMG 还提供一种特殊服务，即归属记录标识。按照 PMG 官方解释，所谓归属记录，是描述一张纸币目前和/或过去的所有权归属。PMG 公司一般会根据提交者的要求，在评级币认证标签上注明归属信息。如果有充分的证明文件，PMG 会在归属记录中注明知名收藏家或藏品系列。另外，提交者也可以要求将他们自己的名字或藏品名称列在 PMG 认证标签上。这样做的好处不仅可以让纸币藏品传承有序且可检索查询，而且如果是名人背书将让纸币实现更高的收藏价值、更具吸引力——尽管并非总是如此。

国外评级公司中，除 PMG 以外还有 PCGS，但因为它的主流评级领域是硬币（虽然最近开始涉足纸币），这里就不再做重点介绍。PCGS的评级标准可参见附件3.2。相对而言，国内纸币评级起步比较晚，信誉度和权威性都不够高。截至目前，在众多鱼龙混杂的评级公司中，爱藏是最具影响力的国内纸币评级公司，钱坤可以视为国内纸币评级界的后起之秀之一，也有可圈可点之特色。这里综合对比两家评级公司的特点，以供读者参考。

专栏3.1　爱藏评级

广州爱藏艺术品鉴定有限公司，简称“爱藏评级”，英文AI CANG GUARANTY（缩写ACG）；隶属广州爱藏网电子商务有限公司。爱藏网（www.airmb.com）创建于2005年12月，每天有近20万独立访客，是国内较有影响力的收藏资讯门户网站；爱藏网公众号（airmbcang）是微信端专业的钱币拍卖平台，拥有100多万精准粉丝；爱藏网App已有近50万下载用户。爱藏评级服务中明确写明，2019年1月1日前送评的，假币入壳将以入壳时评级费用的20倍比例赔偿。此日期之后送评的高赔付金额不超过1 000元。

资料来源：http://pj.airmb.com/index.php?r=move%2Farticle&id=78。

专栏3.2　钱坤评级

钱坤评级——QKPG成立于2017年，注册地是吉林省白山市。公司前身“钱坤典藏礼品有限公司”，成立于2010年。2016年公司创办首个钱币论坛网站，同年，“钱坤钱币”App上架各大应用市场。因为版块简洁、方便、资讯准确，获得广大收藏爱好者的一致好评。钱坤评级以个性化服务为基础，全面满足藏友对于标签个性化的要求，特别推出各种文化系列的特色标签和标识。公司网站明确标示，一旦假币入盒，如果当时收100元鉴定费，公司将赔2 000元。目前，钱坤评级的标签已经达到了16种防伪，有效杜绝了市场仿造QKPG的可能性。

资料来源：http://www.qkpgcoin.com/。

一个共同的特点是，这两家评级公司前期都从事过与钱币收藏有关的业务，且都熟悉互联网商业经营模式，这是国内评级公司的普遍情况。根据业界藏家的感受，爱藏和钱坤两家公司虽然同为钱币评级服务，但有些许不同。比如，爱藏的成立时间较早，受众面比较大，客户服务体验感比较强；钱坤成立的时间晚，业务量增长迅猛，但主要局限在新版纸币，评级服务亟待完善，但它的评级标签更加美观。再比如，爱藏评级公司涉及钱币收藏产业链各个环节，并拥有自己的竞拍与购物移动终端 App(尽管现在势头有些下滑)，而钱坤评级目前还仅限于钱币评级，影响力非常有限。

图 3.1 三种评级标签

在评级认定时，国内评级公司基本沿袭了 PMG 标准，但也有少许不同之处。爱藏(ACG)有两个方面不同于 PMG：一是评级分值最低为 25 分(PMG 最低为 4 分)，二是对于不适合细节评分的藏品，可以标注“真品”字样，即只对纸币藏品的真伪做出权威背书。钱坤(QKPG)的最低评级分值为 2，这是一些有过“严重的流通痕迹，污渍和折痕很多，票面缺角或者 50% 以上面积的缺失，或者完全裂开，看起来已经惨不忍睹”的纸币。与爱藏类似，钱坤也提供只标注“真品”的鉴定服务。

由于国际认可程度的差异，特别是被 PMG 认可的纸币还可以独立编码并纳入克劳斯目录，从而获得国际身份认证，因此，PMG 收费非常高。相对而言，国内评级公司的评级收费保持相对一致且比较低的标准。平均来看，国内评级收费价格还不到 PMG 收费价格的十分之一，具体见表 3.1。

表 3.1　三家评级公司收费标准对比

<table>
<tr><th colspan="2">PMG</th><th colspan="2">ACG</th><th colspan="2">QKPG</th></tr>
<tr><td rowspan="2">特等珍品(Unlimited WalkThrough)，价值不限</td><td rowspan="2">最低收费 4 000 元</td><td rowspan="2">单张纸币</td><td rowspan="2">每张 15 元。星级服务加收 3 元，高于 20 张免费</td><td colspan="2">1949 年前的，标准型 15 元每张，最低 10 张；1949 年后的，标准型 15 元每张，最低 10 张</td></tr>
<tr><td colspan="2">1949 年前的，批量型 15 元（连号、断连号），最低 100 张；1949 年后的，批量型 14 元（连号、断连号），最低 100 张</td></tr>
<tr><td rowspan="2">高价值珍品(High Value WalkThrough)，上限价值为 330 000 元的纸币</td><td rowspan="2">1 900 元</td><td rowspan="2">整刀纸币，综合分</td><td rowspan="2">每件 80 元。星级服务加收 20 元</td><td colspan="2">1949 年前的，高档型 100 元，1 张起；1949 年后的，高档型 100 元，1 张起</td></tr>
<tr><td colspan="2">不分时间，换盒 10 元，1 张起</td></tr>
<tr><td rowspan="2">珍品(Walk Through)，上限价值为 165 000 元的纸币</td><td rowspan="2">1 250 元</td><td rowspan="2">整刀纸币，明细分</td><td rowspan="2">每件 120 元。星级服务加收 20 元</td><td colspan="2">1949 年前的，大型盒 30 元，1 张起；1949 年后的，大型盒 18 元，1 张起</td></tr>
<tr><td colspan="2">1949 年前的，双连体盒 50 元，1 张起；1949 年后的，双连体盒 45 元，1 张起</td></tr>
<tr><td rowspan="2">精品(Express)，上限价值为 62 500 元的纸币</td><td rowspan="2">630 元</td><td rowspan="2">整捆纸币（仅限第四套纸币壹角、伍角）</td><td rowspan="2">每件 80 元</td><td colspan="2">1949 年前的，三联体盒 60 元，1 张起；1949 年后的，三联体盒 55 元，1 张起</td></tr>
<tr><td colspan="2">不分时间，四连体盒 80 元，1 张起</td></tr>
<tr><td rowspan="2">标准(Standard)，上限价值为 18 750 元的纸币</td><td rowspan="2">315 元</td><td rowspan="2">套装纸币</td><td rowspan="2">每件 60 元。星级服务加收 20 元</td><td colspan="2">1949 年前的，八连体盒 120 元，1 张起；1949 年后的，八连体盒 100 元，1 张起</td></tr>
<tr><td colspan="2">超小精品盒 15 元，1 张起</td></tr>
<tr><td>超值型(Value)，上限价值为 9 375 元的纸币</td><td>250 元</td><td>退回/重评、换标</td><td>原价</td><td>整刀纸币（分币）</td><td>50 元(小)</td></tr>
</table>

（续表）

PMG		ACG		QKPG	
特殊经济型（Economy Special），上限价值为 1 875 元的纸币	225 元	仅换盒	半价	整刀纸币（第三套、第四套、第五套）	60 元（大盒）综合分；90 元（大盒）明细分
经济型（Economy），上限价值为 1 875 元的纸币	190 元	纸币保分服务	半价	整刀纸币（第三套、第四套、第五套）	60 元（小盒）综合分；90 元（小盒）明细分
现代纸币（Modern），（1960 年至今）上限价值为 1 875 元的纸币	160 元	评级过程提出不继续	半价	封装服务	标准型（16 厘米×8 厘米以内），10 元，最低数量 5 张；非标准型（20 厘米×15 厘米以内），20 元，最低数量 5 张；较大型（22 厘米×18 厘米以内），40 元，最低数量 5 张；超大型（22 厘米×18 厘米以上），50 元，最低数量 5 张

注：1. 特殊经济型（Economy Special），纸币上限价值 1 875 元，所有错币，美国造币和印钞局发行的债券、样钞、试印钞、试样钞，以及在 Friedberg、Haxby、Criswell、Schwan、Charlton 或《世界纸币标准目录》中未收录的纸币。

2. 经济型（Economy），纸币上限价值 1 875 元，不包括错币，美国造币和印钞局发行的债券、样钞、试印钞、试样钞，以及在《美国纸币》（Arthur 和 Ira Friedberg 合著）、《美利坚 1782—1866 废弃钞票标准目录》（James Haxby 著）、《联邦和南部州份货币》（Grover Criswell 著）、《军用钞票》（Fred Schwan 著）、《加拿大纸币标准目录》（R. J. Graham 编写，Charlton 出版）、《世界纸币标准目录》（Tracy Schmidt 编写）中未收录的纸币。

3. 现代纸币（Modern）（1960 年至今），纸币上限价值 1 875 元，包括 1960 年至今发行的所有纸币，但不包括错币，美国造币和印钞局发行的债券、样钞、试印钞、美国试样钞，以及在 Friedberg、Schwan、Charlton 或《世界纸币标准目录》中未收录的纸币。

4. 封装服务只是把收藏品保护起来，不提供鉴定真伪的服务。

要格外注意的是，PMG 官方网站的“PMG 纸币归类和参考书籍”里写得很清楚，美国纸币主要参考 Friedberg 目录，其他世界纸币则主要参考 Pick 目录。对于人民币，PMG 公司指出，中国纸钞参考 Pick 目录及 Ward

Smith 和 Brian Matravers 1970 年合著的《中国纸钞》(*Chinese Banknotes*)。其中,“Pick”指由 Albert Pick 创立的系统,并在《世界纸币标准目录》(*Standard Catalog of World Paper Money*)进行阐述,由 Krause Publications 出版。出版社名称的中文翻译就是克劳斯,所以也有人叫“克劳斯目录”。根据“纸研所”公众号文章显示,国内的藏友对克劳斯目录趋之若鹜,很多国内币商推出的新品种也以被克劳斯目录收录为荣,仿佛克劳斯目录就是纸币的最权威背书,只要进入克劳斯目录,纸币的价值就可以飞黄腾达。但实际上两者还是有较大差异,“纸研所”以大家最熟悉车工为例,发现克劳斯目录上五星车工和古币车工分别是 875a 和 875b(见图 3.2),而 PMG 标签上的编号则分别是 875a2 和 875b2。

875	2 Yüan	VG	VF	UNC
	1960. Black and green on multicolor underprint. Machinist working at lathe at center. Back: Arms at right.			
	a. Watermark: Large star and 4 small stars. Serial # prefix: 2 or 3 Roman numerals.	7.50	65.00	400.
	b. Watermark: Stars and ancient *Pu* (pants) coins. *(S/M #C284-106).*	7.50	[illegible]	[illegible]

图 3.2 车工的编码

资料来源:纸研所:《PMG 目录和克劳斯目录是一回事吗?》,http://baijiahao.baidu.com/s?id=1648015980279675822&wfr=spider&for=pc。

对此“纸研所”作出的回答是令人信服的,即 PMG 现行使用的目录是在原有 Pick 基础上做了优化调整,逐渐形成了自有特色的“PMG 目录”。加之由于历史存量原因,两套系统已经不太可能再合并。目前,克劳斯发行的 Pick 目录仍不断在做更新，虽然都以最初的 Pick 目录为基础，但已经是事实上的两套体系。对于 PMG 目录已经细分的品种和多出来的 Pick 编号，是否会被纳入克劳斯目录，2015 年 PMG 官方明确表示不一定。因为两者的更新周期不一样，克劳斯出版的目录是每年更新，PMG 目录似乎是不定期更新。需要指出的是，细分后的 PMG 目录也不可能完全覆盖人民币民间收藏的所有版别，藏家大可不必把“克劳斯目录”或者“PMG 目录”绝对神化。

二、争议

评级公司不可能仅仅依靠智能化机器就评出分值结果。归根结底，评级的质量取决于评级师的职业精神、专业素养和道德自律。有时候，即使评级师具备上述要素，也可能会出现偶然差错。这恰恰是引发评级争议的关键所在。

按收藏爱好者对评级币的态度，我们可以分类两大基本派别。一派主张凡是纸币最好都进行评级。究竟选择哪家评级公司，则主要是由纸币的价值来决定的。换句话说，纸币价值越高，如第一套纸币、第二套纸币、第三套纸币，可以选择 PMG 公司，而大多数第四套纸币和第五套纸币则可以选择收费相对便宜的国内评级公司。另一派认为，纸币收藏的乐趣在于近距离观察纸币和直接触摸纸币，这样才能够提高鉴赏水平，感知纸币收藏的乐趣。他们认为，对纸币进行评级不仅是多余的，更是浪费钱财的事情。我认为，无论是出于纸币更好保存还是将来更好交易，评级都是上好选择。特别是对于一些争议品种而言，评级是获得市场认可的更好方式。然而，随着近年来纸币收藏热的兴起，纸币评级中也产生了诸多争议的问题。这里我重点讨论四个方面。

1. 居中度

各评级公司对纸币评级分数的认定都必须观察纸币的票面整洁程度、四角尖锐程度、纸张优良程度以及无人为痕迹的自然程度等。但相较于国内评级公司，PMG 评级有一个核心理念的差异，即 PMG 非常重视票面的居中度。所谓居中度，实质是强调纸币边缘露白处长度的均衡。因此，在 PMG 评级中票面图案特别对称的纸币往往可以获得较高分数。在我看来，PMG 看重居中这个标准，主要是针对美元的，因为美元的正反面是左右完全对称结构，而且双面都有空白边框（见图 3.3），居中度非常容易区别。但对于人民币来说，大部分图案不仅是铺满整张纸币，而且图案对称的也不多，所以人民币获得极高评级分，几乎是不可能的事情。为了直观显示人民币居中的概念，这里以第三套纸币伍圆为例（见图 3.4）进行介绍。很明显，

图 3.3　美元的居中度

图 3.4　人民币的居中度

PMG最初的居中度标准不太适用于这种图案分散的布局。PMG现在对中国现代纸币的评级标准有所调整，经验上是按图3.4中箭头判定是否居中。

2. 尺寸

正是由于居中度是获得PMG高分认定的关键因素，所以越来越多的币商开始在居中度上下功夫，也衍生出一些专业处理纸币的手法，其中较为常见的就是裁切，即通过裁切纸币边缘获得更高的居中度。此外，裁切纸币还有其他的原因。比如，除少数珍藏的情况，品相最上乘的纸币往往选自整刀。但整刀纸币最大的问题是，币面边缘或者纸张侧棱有遭受磨损和污染的可能。因此，一些币商为了达到以次充好的目的，会对有磨角的纸币进行修饰。最常用的方法之一是用裁切刀直接把边缘切割掉。上述情况在纸币圈并不少见，且有普遍化的态势，以至于现在很多藏家特别重视纸币幅面的尺寸是否充足。

按理来说，评级公司应该高度重视尺寸问题，它是纸币评级分数的基本原则之一，一定要做到绝对严格。然而，很多朋友惊奇地发现，PMG公司在过去很长一段时期里，对边缘裁切问题没有给予高度重视，或者说由于某些客观因素的干扰，他们未曾注意到这一问题。其实，这也怪不得PMG公司，因为凡是规则中有些许"漏洞"的地方，中国的钱币商人都会不断开发并加以利用，这是美国评级公司始料不及的问题。然而，收藏爱好者也不应该过度放大裁切问题，有时或许只是认知上的偏差导致的虚惊一场。专栏3.3仅介绍一个案例。

专栏3.3　一封致群友的公开信

本月×日，本人团购拍卖群第三十一期：黑壹圆+各品种拼团。

其中，王先生拍走了一张黑壹圆，号码为83×-2323×××，团购价3 918元。

拍之前，王先生过来问我，宽度多少。因为黑壹圆的价值不是一般小品种可比，本着为客户负责的态度，我当时测量之后答复是大于67

毫米，67.5 毫米不到。然后，王先生问：67.25 毫米够不够？本人回答：够。后来，团购的这张黑壹圆于 22 日发往××，王先生收到币之后，用自己的胶尺测量。在测的时候，故意将胶尺刻度向右放，刻度线超过纸币边线测量，测出来是 67 毫米。他否认 67.25 毫米的真实尺寸，并且以此理由要求退货。此后，在不答应退货的情况下，王先生在各群转发这种明显错误的量尺寸视频，其意无非是指责我忽悠他。有何居心就不作评论。

在此，本着客观公正的原则，我恳请王先生把这张评级币拿出来。我们双方共同邀约几位圈中大佬，选一个公共地点，当面来测量这张纸币的宽度。量具不采用我的胶尺，也不采用王先生的胶尺。我们当场共同去五金机电城买一把专业量具——电子游标卡尺，给这张黑壹圆的宽度量出一个公认的准确的尺寸，看看到底是谁在忽悠，是谁在扭曲事实，制造谣言！若最终尺寸是 67 毫米，我愿意赔偿这张黑壹圆团购价的十倍给王先生。如果够 67.25 毫米，请王先生遵循同样的规则。

最后不管谁胜谁负，赔偿资金除支付在场大佬的车马费以及辛苦费之外，剩余金额全数以红包形式发放给群内所有藏友共享。

此事最终不了了之，购买者最后没有应赌。事实上，导致尺寸不足的原因不排除人为因素。但从另一个角度来说，人民币中的第二套纸币、第三套纸币多数都是五六十年代印刷裁切后出厂的，当时的机器裁切没有那么精确，再加上几十年的干燥失水，纸张收缩在所难免，差异在 0.5—1 毫米之间，都属于正常情况。对此，大家可以去测量一下第二套纸币黑壹圆，第三套古币车工贰圆、古币壹圆这几个品种，尺寸不一致是非常普遍的现象，而且这些纸币的尺寸与专业书籍上讲的尺寸也存在显著差异。

业界普遍认为，纸币的公差一定会存在，越早期的纸币，公差越大。对此，公众号“纸研所”有文章指出，第三套纸币的公差估计至少是 0.5 毫米，甚至很可能达到 1 毫米，因为逻辑上能长一毫米就能短一毫米。到了第四套纸币、第五套纸币，由于工艺和技术的提升，差异就很小了。为了让广大爱好者对各版纸币的尺寸有一个清晰了解，表 3.2 摘录了相关权威资料以供参考。

表 3.2 第二套纸币、第三套纸币、第四套纸币的尺寸

第二套纸币	尺寸(毫米)	第三套纸币	尺寸(毫米)
长号壹分	90×42.5	枣红	113.5(114)×52
长号贰分	95×45	背绿	105×50
长号伍分	100×47.5	背水	105×50
黄壹角	115×52.5	红三凸	105×50
火车头贰角	120×55	红二凸	105×50
水坝伍角(深、浅)	125×57.5	红三平	105×50
红壹圆	150×67.5	红二平	105×50
黑壹圆	150×67(67.5)	蓝三平	105×50
宝塔山	155×70	蓝二平	105×50
绿叁圆	160×72.5	大桥三罗凸版	110×50
红伍圆	165×75	大桥三罗平版	110×50
海鸥伍圆	165×75	大桥二罗	110×50
黄伍圆	165×75	纺织凸版	115×50
大黑拾	210×85	纺织平水	115×50
第四套纸币	尺寸(毫米)	纺织平版	115×50
8001(2、3、4 冠)	115×52	拖拉机古币	131×57
8002	120×55	拖拉机二罗	131×57
8005(2、3 冠)	125×58	拖拉机三罗	131×57
壹圆(801、901、961)	140×63	五星古币	135×57
802	145×63.5	五星车工	135×57
902	145×63	炼钢三罗	142×63(63.5)
8010	155×70	炼钢二罗	142×63(63.5)
伍拾圆(8050、9050)	160×77	大团结三罗	157×72(72.25)
壹佰圆(80100、90100)	165×77	大团结二罗	157×72(72.25)

资料来源：《当代中国货币印刷与铸造》和《当代中国印钞造币志》。
注：灰色是两本书中存在差异的地方。

3. 号码

号码是纸币的身份标识,印有受欢迎号码的纸币往往是同类一般号码纸币的数十倍甚至数百、千倍。拿第四套纸币拾圆来说,一般号码裸币的价格在30元左右,即使获评65E也是在120—130元间。但有一张第四套纸币拾圆却在一场拍卖会上被拍到59.8万元人民币(不排除人为炒作的可能),原因就在于其号码的稀缺性——它是一张号码为ES00000001的号码币。正是因为纸币的号码可以带来纸币增值,一些无良商家以篡改号码方式获取暴利,甚至寄希望于把修改号码后的纸币送评后以获得权威背书。根据PMG官网显示,一张被提交至PMG上海办公室的纸币便是非常典型的改号案例。

从图3.5左上第一张来看,这张纸币与普通的第四套纸币贰圆没有什么区别。即使有经验的藏家用肉眼仔细查看冠号,也不会发现什么问题。要引起注意的是,在局部放大以后的右上图看,字母J上的绿色安全线比字母Z要暗很多,且和纸币上的线条不能精确对上。线条的不吻合在很大程度上是因为造假者去掉了纸币上原有字母,并从一张更为常见的纸币上裁切下字母J补进去。造假者对字母J的嫁接,也改变了该字母中油墨的荧光。这在左下

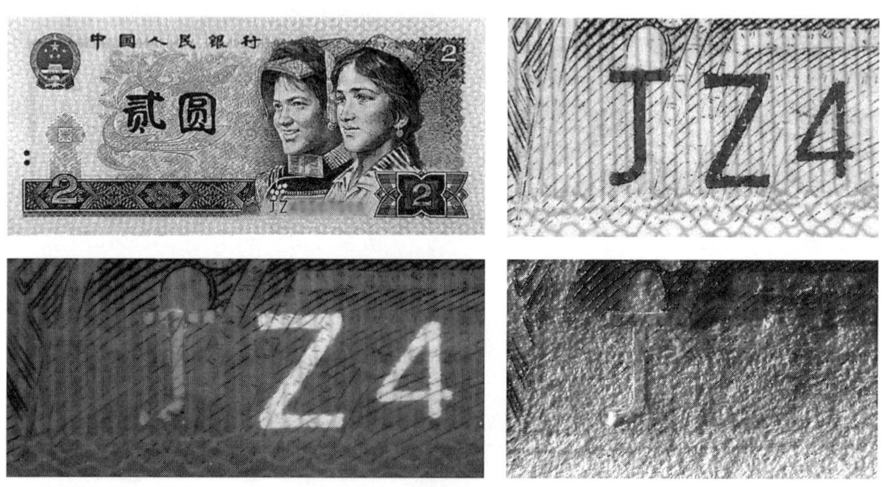

图3.5　PMG官网公示的改号纸币

资料来源:PMG官网。

图看起来很明显，比起 Z 和 4，字母 J 的荧光要弱得多。当两种在可见光下看起来一样的油墨却在特殊光照下如此不同时，就要高度警觉，很可能纸币的冠号被动过手脚。从右下图可以看出这张纸币的确有过人为改动。因为，字母 J 是浮在纸上的，而不是纸的一部分。相比之下，字母 Z 则是印入纸中的，这是冠号的本来样子。

如果说这个案例借助仪器可以发现改号，那么，前段时期发生的一则案例则成为悬案。根据知情人透露，一张流水"77777777"的建国钞获评 PMG 标，但熟悉纸币的人都知道，建国钞最大发行量也就是 6 000 万枚，理论上的流水号最大不会到"60000000"，那么这张全同号的建国钞到底是不是改号而来呢？直到目前，PMG 官方没有给出答案，但时间会证明一切。

图 3.6　超过最大流水数字的建国钞

尽管每一家评级公司对改号都深恶痛绝，都在自己评级的规则中明确对改号币不给予评定。但在实际评级过程中，改号问题仍会出现。我搜集到的一张评级纸币（见图 3.5），经放大就可观察到的确有改号问题。即便如此，该币不仅入壳获评，而且分数高达 64 分。同样的情况也发生在国内的评级公司。如图 3.8，一张获得爱藏评级的 67 分第四套纸币，剪壳重新送评 PMG 后，直接被标注 VOID（无效）字样。

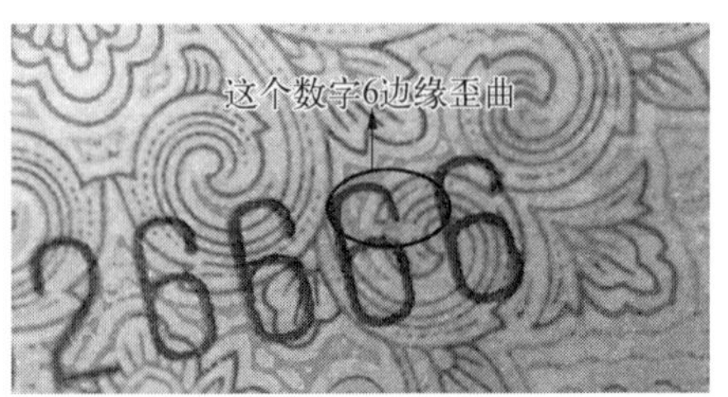

图 3.7　疑似改数字的纸币

图 3.8　换评后被证实改号的纸币

我个人的看法是，不排斥号码币的玩法，但我更坚信每一张纸币的号码都具有惟一性的事实。本质上讲，号码币的出现，进一步满足了人们的猎奇心理，属于趣味纸币收藏的内容。但过度追求纸币号码，则有喧宾夺主之嫌。为什么？因为，在追逐号码币的人眼里，纸币本身的价值不再重要，年代历史不再重要，甚至纸币本身的存世量也不再重要。因为过度追求号码，使得纸币市场产生被操控的风险，纸币过度的溢价让收藏者丧失了热爱并收藏它的动力。因此，前面天价拍卖案例被一些朋友认定为号码纸币圈的人为炒作，只不过是一群人围拢在一起制造出一个号码币的神奇传说而已。过去几年里，号码币的确是市场藏家追求的热点，价格走势也非常坚挺，但今后的市场很难说在高额利益的趋势下不会出现篡改号码泛滥的问题，以致打压号码币收藏的积极性。也正是因此，评级公司对号码币的评定应格外重视，一个小小的遗漏很可能就意味着购买者成千上万元的巨额损失。

4. 错标

错标虽然是评级公司发生的小概率事件，但我看到的错标倒也不少。

即使是国际性的权威大公司，也出现过一些明显疏漏的错标。比如，把纸币冠号写错，或者把纸币的版别、面额等基本信息标错；更有甚者纸币入壳时还会把正反面装错，出现许多令人啼笑皆非的情况。以国际权威公司的PMG为例，诸如冠号流水、面额标识错误的评级标如图3.7所示。

S/N流水多写1个6

贰圆误写成壹圆

图3.9 评级币的错标

资料来源：朋友圈。

大公司情况如此，一些小评级公司出现错误的概率更高。当然，按照评级公司的说法，一旦出现错标，公司可以召回并免费重新上标。但现在纸币界有一个比较奇葩的现象是，出现了错标就像得了宝一样，错标的纸币可以获得成倍溢价。在我看来，这也属于收藏中的畸形心理。要知道，我们收藏的是纸币而不是评级标，把评级标当作收藏物品，远远偏离了纸币收藏的初衷。

最后，我还要补充说明的是，PMG公司评级中国纸币的数量已经达300多万张，后续还会持续增长。国内评级公司的爱藏和钱坤也驶入发展的快车道。与此同时，国内还有几十家尚在成长中的钱币评级公司，如国鉴、天印、九州、源泰、中钞、双鼎、光华、云钞、华夏、华龙盛世、众城、宝诚等，它们通过各种市场宣传吸聚着中国的纸币藏家。其中，有些以硬币或古金属钱币为主营业务（公博是国内最权威的古钱币评级公司），但它们也参与纸币评级。就市场份额来说，这些评级公司还需进一步成长壮大。我个人非常希望国内评级公司能够做大做强，但也有些所谓的国评只不过是两三个人组成的“皮包公司”，既没有正规的管理制度和规则，也没有真正的评级师，所谓的保真确认电话也是私人电话。说白了，这些评级公司是冲着钱来的，业界将它们统称为“垃圾评级”。很难想象的是，这些公司的评级师，其可靠性到底如何？收藏者一旦购入这些公司的评级纸币，若后续发生真假争辩及索赔，藏家的正当权益又怎样得到保障？

三、异化

纸币评级是依托权威机构的信用背书，评级机构的权威度、可信度非常重要。撇开前面谈到的一些误评、错评乃至遗漏等主观事件，随着当下评级币规模和评级公司数量的迅速增长，许多评级公司的行为短期化、过度重利化、圈子江湖化、打分人情化的“异化”事件时有发生。这些事件经互联网发酵传播后转化为评级纸币圈的舆情事件，一次次地冲击着藏家对评级币的信任。

1. 代理问题

从业界普遍反映的情况看，评级代理商适应并加快了评级币快速发展的趋势，不仅可以更好拓展评级公司的非属地业务，有的代理商还可以充当评级师角色，扩大评级公司的纸币评级品种范围。目前，无论国际性的 PMG 等评级公司，还是国内的各种评级公司，都设有代理商制度。但要注意的是，如果说国内评级公司的代理商只是在拓展国内地区业务，那么 PMG 公司的中国代理商则是扩张了跨国业务。这当然源于中国国内市场庞大，以及国内纸币收藏热情高涨。由于 PMG 的国际权威度更高，加之 PMG 中国代理商非常熟悉中国国情和文化特色，因此国内评级公司的发展日益遭到来自国际大公司的竞争压力，现在剩下的惟一优势不过是评级费比较低。

先以国内的爱藏和钱坤为例，它们的评级代理业务已经覆盖了全国各大省份。藏家送评时，除了填好必要的藏品清单以外，还需要写明代理商称谓。这样操作的好处是，送评者可以获得 8—9 折的优惠。比如，原先 15

元/张的评级费，有了代理商的推荐以后，可以获得 1.5—3 元的优惠。通过对比国内两家评级公司的代理商制度不难发现，在代理商获牌门槛方面，爱藏特别注重代理商送评累积数量而不论代理商的自身情况，钱坤是把代理商的圈子规模和声誉作为首要的考察条件。就折扣而言，爱藏采用按照代理商送评数量逐渐提高折扣的优惠模式，钱坤虽然在门户网站上没有明确折扣力度多大，但根据本人送评的经验，折扣一般是 8 折，有时还可以更低。这也反映出钱坤急剧扩张业务规模的意愿和努力。从微信群推广来看，钱坤的优惠力度更大，推出的宣传措施也更多，比如评级广告连续不间断转发 30 天，可免费获评 100 张纸币等。

表 3.3　爱藏和钱坤评级代理规则的差异

	爱　藏	钱　坤
申请条件	累计送评达到一定数量	爱好收藏，有客户基础、有固定客服群体、有良好客户口碑；无造假等不良记录
折扣力度	满 2 000 件 9 折优惠，累计 5 000 件 85 折优惠，累计 1 万件 8 折优惠	未明确，一般是 8 折
优先条件	无	有收藏实体商铺、收藏市场摊位
考　　核	每 12 个月考核一次	对代理商暂时没有任务要求，但对代理商不定期培训

PMG 的跨国代理是纸币界最具有争议性的话题。虽然中国代理商的出现让中国纸币收藏爱好者可以近距离和便捷地获得纸币评级，甚至获得按照国情和文化特色出品的中文标，但不少藏友在纸币圈的吐槽也颇有另一番意味。比如，中国代理商的 PMG 中文标是中国人为适应中国市场推出的特色化标签，其国际权威度到底如何？是否可以和非中文标的美国本土评级币获得同样的国际认可？这个问题也许可以轻松做出回答：不存在差异。但这种担忧却不无道理，因为中文标签和英文标签分属两种语言，毫无疑问，前者是更具区域化的国别语言，打个比方说，国内藏家可以去接受

和购买英文标的 PMG 评级币，但很难接受用日语或者韩语标示的 PMG 评级币（如果有的话）。所以，中文标的出现是本土化纸币和国际化公司结合的产物，但其国际性的影响力乃至推广力却受到了很大局限。

再比如，中文标的推荐者主要来源于中国代理商及其团队，虽然评级师是美国专业评级人员，但他们要接受这个币种必定要与中国代理商磋商，双方达成一致意见后出具最终的统一认定标准。让收藏者颇为不安的是，中国人特别擅于“搞关系”，在利益驱使下有没有人情通融因素，会不会产生代理方的“道德风险”问题。

专栏 3.4 什么是道德风险

在经济活动中，道德风险问题相当普遍。获 2001 年度诺贝尔经济学奖的斯蒂格里茨在研究保险市场时，发现了一个经典的例子：美国一所大学学生自行车被盗比率约为 10%，有几个有经营头脑的学生发起了一个对自行车的保险，保费为保险标的 15%。按常理，这几个有经营头脑的学生应获得 5%左右的利润。但该保险运作一段时间后，这几个学生发现自行车被盗比率迅速提高到 15%以上。何以如此？因为自行车投保后学生们对自行车安全防范措施明显减少了。在这个例子中，投保的学生由于完全不承担自行车被盗的风险后果，因而采取了对自行车安全防范的不作为行为。这种不作为行为，就是道德风险。由此引申，当某公司拿下评级代理权以后，它所需要考虑的就是如何做大评级数量，至于是否违背最初签订的承诺协议以及是否损害委托方利益，它就不会非常认真对待了。

资料来源：百度百科。

从近两年 PMG 的各种中文标来看，主力标集中在第四套纸币和第五套纸币，可谓是五花八门，品种名称之多令人咋舌。谦友堂的博客统计显示，截止到 2018 年 12 月底，PMG 第四套纸币评级独立中文标共计 16 种。

到2019年底据本人不完全统计,PMG评级第四套纸币独立中文标达到21种。如果把各种中文标加总,就有近40多种,而且还有很多中文标正在筹备之中。面对如此深奥的中文词汇,美国评级师果真能够在短时间里完全理解这些品种?这的确让人费解。同时,中国代理商的宣传团队也存在刻意放大宣传或者混淆概念的问题,比如把某种纸币录入克劳斯目录说得天花乱坠,把PMG中文标说得神乎其神,等等。

表3.4　PMG部分中文标

套　系	标　　名
第三套纸币	伍角：中国魂;贰角：纤云;贰分：祥云
第四套纸币	拾圆券：五彩凤凰;贰圆券：荧光之王、绿钻;伍圆券：苍松翠鹤、多彩苍松;壹圆券：红金龙、金龙王、中国龙、天蓝之星、天蓝;伍角券：特强双边红、满堂红、纤云;贰角券：幼线体·混码、幼线体、玉勾国、纤云;壹角券：至尊祥云、霸王云、金牡丹、纤云
第五套纸币	拾圆券：五水五红(10种细分);伍圆券：钻石"伍"、黑九、绿美人
纪念钞	奥运钞王、建国钞、纪念钞(70钞)、飞天梦(航天钞)

注：本表统计截止于2019年12月。

国内的爱藏和钱坤在中文标名方面有过之而无不及,很多标名美轮美奂,带有极强的诗情画意和文学特色,让人浮想联翩。例如,爱藏的红霞鹤影、金光神鹰等,钱坤的燕子桃花、金星碧浪等。但我的看法是,国内评级公司的市场定位就是中国,评级师也是中国人,至少他们当前考虑的重点是如何获得国内藏家认可,进而获得国内评级的权威性。PMG就不同了,它本身具有极高的国际权威认可度,开拓中国市场虽然需要本土化的评级标名,但这些标名一旦过多、过于复杂、过度炒作,反而会显得急功近利,也就由不得圈内一些藏友对中国代理商操作PMG评级业务进行吐槽。毕竟,美国评级师难以真正了解中国文化的精深之处。既然无法确切了解标名,又何来精确鉴定评级呢?

这中间还有一种特别奇怪的"中国特色标"——签名标(见图3.10)。所谓签名标，就是把某种纸币的设计者邀请出来，在评级币的标识上签署设计师个人名字。这种纸币推出后，若进行团队的宣传和炒作，诸如签名标数量很少、个性化十足等，会让这样的评级币市场价值倍增。有藏友的评论一针见血："评级币就是对纸币品相的第三方背书，搞出这么多的花头，无非是让收藏者多花钱而已。这还不是肥了评级公司和炒作团队嘛！"

图 3.10　签名标的纸币

说到底，评级公司应以长期利润最大化为目标，代理只不过是短期的商业操作手法。经济学的委托-代理模型告诉我们，评级公司作为委托人与承接业务的代理方的目标不完全一致。评级公司不仅要追求自己的财富最大化，也要保护自己的权威认可度不受损害。相对而言，代理方重点追求自己的短期评级业务量和眼前的利润最大化。这必然导致两者目标定位和切身利益的冲突。在没有有效监督管理的条件下，特别是委托方和代理方存在信息不对称情况时，评级代理方的行为很可能会损害委托方权威认可程度，进而损害其长远利益。

2. 担保赔偿问题

假币入壳是所有评级币收藏者普遍担心的问题，虽然这种事件发生概率极小，但也不是绝对没有可能。按照评级公司的规则，出现评级的假币，公司将给予赔偿。钱坤公司的赔偿标准分为两种情况，一种情况是当藏品价值在 2 000 元以内，则赔付一枚相同或类似的藏品；另一种情况是当藏品价值大于 2 000 元,则按当时钱币评级鉴定费用的 20 倍进行赔付。如果按代理商优惠后的评级费为基准,一张假币的最大赔付金额是 240 元。爱藏的赔付标准有些令人费解:在 2019 年 1 月 1 日前,送评出现假币的按评级费的 20 倍赔偿,而在 2019 年 1 月 1 日后,送评的最高赔付标准是 1 000 元。显然,新的赔付标准有所提高,但对于珍稀纸币的保真来说则不值一提。由此,业界不少藏友猜测,会不会是因为爱藏的评级业务扩张过快,担心后续出现错误,出于自我保护才确定了更有利于自己的赔付条款。

相对而言,高评级费对应着更高额的赔付标准。PMG 出现假币等问题,是可以和 PMG 谈赔偿的。申请者首先把买到的假票使用高精度扫描仪扫描,之后在图片上附注假票的破绽,最好也附上真假票券的对比图及详细的文字叙述,再拍照购买或送评时的明细及收据,之后将所有资料统一发给 PMG 客服。剩下的就是等待对方进一步回复。要注意的是,申请者不需要将纸币寄到 PMG 公司,除非是 PMG 要求将纸币寄去。一旦 PMG 认同所提出的证据,便会开始协商赔偿金额,整体流程走完并收到赔偿可能需要近半年的时间。至于赔偿标准,通常是以市场价格为基础(会询问 PMG 的中国纸币顾问或是参考各家拍卖会的价格),但当初送评时的报价和买方的买入价也会成为协商时的考量因素。

这些赔付规则,看起来完善,但实际操作却是难上加难。根据纸币圈群友交流获得的信息,国内纸币评级错误基本是通过重新免费评级来解决问题;PMG 则因为处理流程复杂,耗时长,对于价值不高的纸币,收藏者往往都会放弃申诉权力。所以,赔付规则多数会变成一纸空文。为了清晰展现申请赔付的困难,我在网络上搜集到一则国内评级铜币的投诉案例,以供大家参考。

专栏 3.5　投诉案例

2019 年×月初,出于对××评级公司的信任,我在某正规网站花重金买了一枚××评级的 80 分隆庆通宝。由于对钱币的热爱加之观察细节后产生怀疑，本人打开了盒子。在把玩过程中，我发现“隆庆”两字掉色。于是，我用清水刷了一下，证实这枚钱币是用别的“古币”改制而来。我立即联系××评级公司协商理赔，并把钱币发到该公司确认。大概等了一个多月，其间客服以公司搬家等缘由拖延时间。今日客服打电话给我，告知我自行打开盒子不予赔付。但我的想法是，如果不是这次我上手把玩，怎么会发现假的问题？如果我不打开盒子，又怎么看真假？难道要隔着盒子再去别的鉴定公司鉴定一下吗？

注：为了让读者更好地了解事件，我对文字进行了通顺修改；同时对一些激愤用词做了删减。

评级币状态

取出清洗后状态

图 3.11　引起争议的铜钱

必须看到，真假问题首先是一个原则性问题，是最能反映评级师职业素养和道德水平的一个问题，出现真假问题之后的赔付则是检验评级公司诚信态度的核心标准。实践中，我们还会碰到很多评分“过虚”的情况，甚至有业界好友告诉我，有人花钱买分、搞关系提分。这种情况一旦发生，购买者往往只能自认倒霉，毕竟关于评分的争议很难进入赔付议题。

3. 炒作

有句话说得好，林子大了，什么鸟都有。这几年纸币收藏大热，评级币前所未有地受人欢迎。于是，出现了一些奇葩的评级种类。说它是收藏品，它实际是市场化的现代商品；说它是商业纪念品，却被冠上收藏品保值增值的旗号。说到底，这些东西是一股时下收藏热浪中孕育的炒作品，是纸币收藏界的“怪胎”。比如，图 3.12 中这款 PMG 公司发行的纪念自己成立 15 周年的纪念券，就遭受众多资深藏家的诟病。2019 年 8 月 PMG 公司纪念自己成立 15 周年，发行了“银龙”和“麒麟”两张纪念券，并将其入壳评分。从事钱币收藏的朋友都知道，只有国家权威机构如中国人民银行或者造币厂限量发行的纪念券，才应该受到藏家的青睐。但这两张纪念券是由纽盖蔻实业(上海)优先公司和上海恩颉藏商务信息咨询有限公司发行，其实质就是企业纪念券。从最近市场情况来看，这种由评级公司自行研制发行的高分银质“券”越来越多，甚至为纪念 2020 新年的到来，还发行了“鼠年券”。

图 3.12　PMG 的银龙和麒麟券正反面(5 g 银)

让人费解的是，银龙券的价格竟然从 288 元一路飙升到 1 000 多元，麒麟券的价格则从 388 元飙升到 1 500 多元。上涨幅度之大、购买热情之高，令人称奇。类似的纪念券还有一些，图 3.13 展示的是 PMG 发行的另一对银质“纪念券”——龙凤券。虽然图案设计精美，艺术感很强，但这些纪念券毕竟不能和法定信用的货币相比，充其量只是纪念品而已。面对这种奇特壮观的景象，很多纸币界的资深人士感到忧虑，认为今天的纸币收藏已经变味了。商业化的过度炒作正在把纸币收藏带入一条不归路。

图 3.13 PMG 纪念的龙凤券(5 g 银)

在这里，有必要说一说什么是收藏？字面上看，收藏是收集保藏的意思，核心是“收”字。我所理解的收藏，不是一个简单的“收”的过程，它的重点在于“集”，也就是情感化、主旨化藏品的一个过程。见什么买什么或者藏而不研的人，只是一个纸币藏品的保管员，这种行为只需有足够的钱就可以办得到，当然不是收藏的本质。我以为，一个藏家首先要对某种藏品具有某种感情，无论是出于个人回忆，还是出于自己喜爱，这种浓厚的情感是爱好者正确开启纸币收藏的起点。其次，对纸币藏品的收集要讲求主旨概念，如老精稀套系币种、荧光币系列、冠号大全等。在我看来，只有具有主旨化分类的目的，收藏才会变得有迹可循，而不是人云亦云地无限制购买。真正的爱好者是可以将上述纪念券纳入个人收藏题材的，但它毕竟不是纸币，当下很多出售此券的人是把它们当作钱币来宣传的，而且多数的所谓藏者并不是为了长期持有，他们希望的只是借助市场炒作狂赚一笔。这样的收藏变了味道，过度商业化的玩法，只会把真正的纸币收藏爱好者引向歧途，即尝到赚到钱的甜头后加入商业炒作大军，一旦蒙受损失便彻底丧失对纸币收藏的信心。

四、冷思考

评级币的出现，扩大了纸币收藏群体的规模，但产生的各种新问题却正在撼动收藏者的热情。一些藏友闲来聊天时常说，纸币收藏的时代看来要结束了，接下来的玩法只能用“炒”来形容了。我对此不敢苟同，纸币是承载一代又一代人记忆的物品，无论其设计图样还是印制水平，都堪称是极具观赏价值的精良艺术品。我们要看到评级币的优点，这种藏品标准化的方法推动了市场交易和流通，流通必然彰显和提升藏品价值。与此同时，我们也需要对评级币进行一些冷思考，只有这样才能够让纸币收藏回归到良性发展轨道。

1. 我们到底藏什么

微信藏友群中经常会有纸币赌分团的出现，这颇有点类似赌石。具体来说，就是某人(往往是群主)不知是从什么地方收购到一批(通常是一刀连号)某一品种纸币。他把其流水号码全部誊录入 EXCEL 表格，同时按照号码的差异标出不同价格。最后，他将表格发至微信钱币群中，并告知大家几月几日将把这刀纸币送往某评级公司，如果有人感兴趣可以出价认购。在这里，每一张纸币的价格都会设定较低的起始价和较高的封顶价，参与“赌分”的人可以一口出到最高价将纸币锁定，也可以只出一个起始价。在规定时间内，其他人可以加价覆盖这个起始价，直到达到封顶价为止。这种“赌分”团购最吸引收藏者之处有两个：一是品质有保障。“赌分团”预先认购的是裸币，但拿到手的是评级纸币，因此纸币的品质有保障，价格也比直接购买同样的评级币便宜一些。二是评级分数有预期。在“赌分”认购时，群主会设定纸币评级的保底(最低)分，即如果选中的纸币得分低于 66EPQ，那么，认购者可以得到一定的补偿(一般是原始价格的一半)。如果赌分获得非常高的评分，那么恭喜，你捡到漏了！

在押宝心理的驱使下，赌分团变得十分流行，很多拍群的“赌分”都是一哄而上(当然不排除有托儿)。这种销售纸币方式的最大问题是将大家

微拍团购第9期：《豹子号万拆》五版精品靓号，惠让群友配号

始时间于：201年月日(星期)12点30分开始—201年月日12点00分结束，爱藏赌分，出价报爱藏赌分，包爱藏评级费，不足爱藏66E全额退款，2张包邮，爱藏赌分

序号	冠号	起步	封顶	当前价	预定者
'0550					
1	05910111	108	158		
2	05910222	108	158		
3	05910333	108	158		
4	05910444	78	98		
5	05910555	108	158		
6	05910666	108	158		
7	05910777	88	118		
8	05910888	128	188		
9	05910999	108	158		
10	05911000	108	158		
11	05911111	188	288		
12	05911222	108	158		
13	05911333	108	158		
14	05911444	78	98		
15	05911555	108	158		
16	05911666	108	158		
17	05911777	88	118		
18	05911888	128	188		
19	05911999	108	158		
20	05912000	108	158		
21	05912111	108	158		
22	05912222	128	188		
23	05912333	108	158		
24	05912444	78	98		
25	05912555	108	158		
26	05912666	108	158		
27	05912777	88	118		
28	05912888	128	188		
29	05912999	108	158		
30	05913000	108	158		
31	05913111	108	158		
32	05913222	108	158		
33	05913333	128	188		
34	05913444	78	98		
35	05913555	108	158		
36	05913666	108	158		
37	05913777	88	118		
38	05913888	128	188		

序号	冠号	起步	封顶	当前价	预定者
39	05913999	108	158		
40	05914000	78	98		
41	05914111	78	98		
42	05914222	78	98		
43	05914333	78	98		
44	05914444	88	118		
45	05914555	78	98		
46	05914666	78	98		
47	05914777	78	98		
48	05914888	78	98		
49	05914999	78	98		
50	05915000	108	158		
51	05915111	108	158		
52	05915222	108	158		
53	05915333	108	158		
54	05915444	78	98		
55	05915555	128	188		
56	05915666	108	158		
57	05915777	88	118		
58	05915888	128	188		
59	05915999	108	158		
60	05916000	108	158		
61	05916111	108	158		
62	05916222	108	158		
63	05916333	108	158		
64	05916444	78	98		
65	05916555	108	158		
66	05916666	128	188		
67	05916777	88	118		
68	05916888	128	228		
69	05916999	108	158		
70	05917000	88	118		
71	05917111	88	118		
72	05917222	88	118		
73	05917333	88	118		
74	05917444	78	98		
75	05917555	88	118		
76	05917666	88	118		
77	05917777	108	158		

序号	冠号	起步	封顶	当前价	预定者
78	05917888	108	158		
79	05917999	88	118		
80	05918000	108	158		
81	05918111	108	158		
82	05918222	108	158		
83	05918333	108	158		
84	05918444	78	98		
85	05918555	108	158		
86	05918666	108	158		
87	05918777	88	118		
88	05918888	228	588		
89	05918999	108	158		
90	05919000	108	158		
91	05919111	108	158		
92	05919222	108	158		
93	05919333	108	158		
94	05919444	78	98		
95	05919555	108	158		
96	05919666	108	158		
97	05919777	88	118		
98	05919888	128	188		
99	05919999	128	188		
100	05920000	128	188		
	055号码币				
102	88866999	188	388		
103	88867000	58	78		
104	88898111	68	88		
105	12111112	158	208		
	0510号码币				
108	88818222	68	98		
109	88818333	68	98		
110	88819000	68	98		
111	88898111	68	98		
112	88898222	68	98		
113	88898333	68	98		
114	88898555	68	98		
115	88899000	158	388		

序号	冠号	起步	封顶	当前价	预定者
	0550号码币				
117	88890000	158	208	人3	
118	23700000	108	158		
119	23800000	188	258		
120	55988888	588	788		
121	53288888	588	788		
122	55588888	1388	不封顶		
123	55599999	588	1088		
124	99995555	688	1088		
125	22908888	188	218		
126	22868888	188	218		
127	22828888	258	388		
128	22928888	188	218		
129	22838888	188	218		
130	22898888	188	218		
131	23188888	188	218		
132	35368888	188	218		
133	33598888	188	218		
134	55588666	158	208		
135	99988999	588	1088		
136	39288111	88	108		
137	39288333	88	108		
138	39288777	68	88		
	05100号码币				
140	93588888	458	688		
141	53188888	458	688		
142	91388888	458	688		
143	59388888	458	688		
144	HC59388888	458	688		
	15100号码币				
146	11011111	588	888		
147	11155111	288	388		
148	11177111	188	388		
149	Y8888444	135	188		
150	Y8888555	155	208		

注：黄色为直接封顶价，将不再接受出价，本团定为散张团购，先到先得，方便大家配号，优惠群友！出价报序号

竞价每次加价20元/次，不封顶50/次，此张不封顶，这次团购低于市价放漏团购，此次团购只包含爱藏评级费+保底爱藏66分，如需PMG另外+100元评级费(不保底)

如结束时间的10分钟后有人出价则所有号码竞价顺延10分钟，以此类推，直至10分钟内无人出价则团购结束(拍师会根据现场情况调整结束时间)

联系人拍师，电话，微信号，满2000以上发顺丰，低于2000元发普通快递，2枚包邮！

图 3.14　赌分团的表格式样

对纸币品种的热爱转移到对分数的期望。因为，一旦获得超级高分，纸币就会溢价很多。或许一些读者难以想象若同一币种的分数不同，价差到底有多大。据我观察，完全相同的同一纸币评级如果高出 1 分，价格会有明显差别，特别是对于高分评级币来说更是如此。比如，一张 67 分的纸币市场价格 1 000 元，那么，68 分、69 分、70★分的价格将分别达到 1 350—1 400 元、1 800—2 050 元、6 000—8 000 元。这还是在出售者不够“黑心”且这张纸币不怎么稀缺前提下的售价。如果是稀缺品的话，价格将会更高。

在我看来，分数虽然重要，但不应该是藏家追逐的重点。在很大程度上，评级分数是提升纸币价值的一种最不重要的渠道，它更多体现为一种市场操作的手段。纸币收藏讲求的是纸币状态，过度追求分数，将丧失纸币收

藏的真实意义，颇有些“买椟还珠”的讽刺意味。我和一些资深藏友关于PMG 评级分数的交流心得是，对于第三套纸币、第四套纸币来说，PMG 64分和 PMG 65 分的价格最实惠，它们基本等于“略高于裸币绝品价格＋半价评级费”；PMG 66 分的性价比最高，其价格等于“1.1—1.2 倍裸币绝品价格＋评级费”；PMG 67 分的纸币有所溢价，基本等于“1.3—1.5 倍的裸币绝品价＋评级费”。对于第一套纸币、第二套纸币来说，情况比较复杂，能达到60 多分的纸币，已经很难得，其价格自然数倍于“裸币＋评级费”的金额。由于第五套纸币仍然是流通品，存世量很大，因此，即使获评 66 分，仍会亏掉这枚纸币的评级费。

2. 到底是谁赚钱

有人说，收藏纸币，必须玩评级币，因为只要有足够的耐心，评级币作为标准化的藏品一定会赚钱。其实，每一个纸币收藏爱好者都需要思考这个问题，只有想明白了它，你才能够真正理性地开展自己的纸币收藏生涯。纸币收藏是一个多方参与的博弈局，藏家群体和币商群体是最基本的两方，评级商是引入的第三方。实际上，评级商是纸币交易双方的无形中介，要为纸币品相进行的信用背书。当然，它也需要进行长期的投入来积累权威影响力，包括支付给评级师的高额工资、维持企业运转的必需成本以及各种有形的宣传推广。评级公司并不是稳赚不赔的一方，它只有持续保持权威认可能力才能够成为最终受益者。这里我们所说的评级公司不包括那些“垃圾”评级公司，也不评论那些有可能违背评级公司宗旨精神的代理商。

藏家和币商看似是一对矛盾主体，但两者有时高度一致，因为我此处所说的币商是广义概念，包括任何从事钱币出售的人。藏家有时会去出售自己不喜欢或者多余的藏品，而币商有时也开展自己的收藏。不应否认的是，藏家之间的交易属于市场行为，但他们不以谋利为惟一目的，因此，以藏养藏的现象是合理并值得提倡的(后文详述)。我所反感的是，那种单纯以利益最大化为目的且不惜损害他人利益的币商行为。比如，把中文标吹得玄乎其玄，把一些趣味币说成奇货可居，甚至不惜编造一些关于币王或影响预期的谎言故事来忽悠他人。这种情况在今天的纸币圈并不少见，也正在一次又一次地欺骗着收藏爱好者的情感，打击他们的信心。正是因此，就币商和藏家之间的关系来说，我的观点是，不以利润最大化为目的的纸币交易，反而可以实现币商和藏家之间的双赢；而以欺骗和炒作为手段的交易，虽然在短期内提高了币商的短期利益，但他终究要为此埋单，因为若不再有交易，就不再有利益的实现。

总的来说，我特别憧憬一种以情感交流、互动学习为目的纸币收藏方式，并且特别喜欢交易双方能够坦诚面对、愿意并敢于讲真话的纸币圈氛围。在这样的环境下，评级币也许变得不再重要，大家也不必为此多花冤枉钱。如果现实的纸币圈环境没有那么好但还不至于走向极端，我则愿意将纸币收藏进行到底，只不过更偏爱评级币。当然，这也非常符合当下纸币圈的基本情况。然而，如果有一天纸币圈环境真的走向极端，那我的确没有待下去的必要，原因是无论是评级币再怎样好，也不可能改变人性的贪婪。

附录 3.1 PMG 评级币的评分标准

分　值	解　　释
70★EPQ	最高等级,纸币经放大 5 倍未见触摸痕迹。裸眼所见切边和校准都居中。评级为 70 分的纸币必须获得 PMG 星标
Superb Gem Unc **69 EPQ**	纸币在视觉上近似 70 分,但切边和调校可能出现稍微偏离中心的情况。没有肉眼可见的触摸痕迹
Superb Gem Unc **68 EPQ**	切边和调校稍微偏离中心。可能有非常细微的触摸痕迹
Superb Gem Unc **67 EPQ**	切边和调校优于平均水平。可能有非常细微的触摸痕迹
Gem Uncirculated **66 EPQ**	与 67 EPQ 相比,可能有稍多的触摸痕迹。居中情况优于平均水平
Gem Uncirculated **65 EPQ**	纸币上可能有 1—2 处由于触摸而造成的痕迹。居中情况优于平均水平
Choice Uncirculated **64**	一面或双面的居中有偏离,有明显的触摸痕迹。但图案上没有折痕
Choice Uncirculated **63**	居中不够完美,图案可能磨平。可能有些瑕疵但没有折痕
Uncirculated **62**	纸币完全未经流通,但可能有轻度至中度的触摸和/或角尖问题。没有折痕。切边可能触及或进入图案
Uncirculated **61**	纸币的居中不佳,边线进入图案。可能有点数的痕迹、污点或其他触摸痕迹。没有进入图案的折痕
Uncirculated **60**	纸币上有些问题,包括纸张染色、1 处小污渍或褪色。可能有触摸痕迹,但没有进入图案的折痕
Choice About Unc **58**	通常有 1 条穿过图案的折痕

（续表）

分　值	解　　释
About Uncirculated **55**	通常有1条折痕或2—3条进入图案的币角折痕
About Uncirculated **53**	纸币有2条纵向折痕或1条水平方向的折痕。可能还有触摸痕迹
About Uncirculated **50**	纸币有2条较严重折痕，或有纵向及水平方向的轻度折痕。触摸痕迹可能明显
Choice Extremely Fine **45**	纸币有2—3条严重折痕，可能其中有1条折痕是水平方向的
Extremely Fine **40**	3条或以上的折痕，可能其中有1条折痕是水平方向的
Choice Very Fine **35**	经销商和收藏者多年来都称之为“VF - XF”。看上去接近Extremely Fine 40，但会有4—7条折痕。
Very Fine **30**	轻度流通、轻度污迹。较典型的是有7—10条折痕
Very Fine **25**	与Very Fine 30相比有较多流通痕迹、折痕和/或污迹
Very Fine **20**	中度流通、有数处折痕、稍许污迹，无严重问题，但有轻度缺陷
Choice Fine **15**	看似接近Very Fine 20，但仔细观察可见折痕较多或流通痕迹较严重
Fine **12**	边角磨圆、切边裂口及有其他问题，证明经过流通。但纸币必须完好且硬质
Very Good **10**	经多次流通但仍完好的纸币。纸币偏软且有数个小问题
Very Good **8**	经重度流通但仍完整，可能有小块缺损。常见有污迹、轻微污渍或裂口。纸币软而无力
Good **6**	纸币磨损严重，有裂口、边缘破碎及破损
Good **4**	经重度流通并有多种问题的纸币，受损严重，视觉吸引力弱。通常可见缺损

注：1. 符合EPQ条件的纸币，才能被评定为Gem Unc 65及更高的分值。

2. 25—64分的纸币，如符合认定标准，也可获得PMG的EPQ标识。

3. 评级低于Good 4的纸币通常没有收藏价值，除非是品种稀有的纸币。大多数低于Good 4的纸币都会有NET评级，用来说明纸币存在的较大问题。

附录 3.2　PCGS 评级纸币介绍

PCGS(Professional Coin Grading Service)是美国的著名专门针对钱币(主要是硬币)进行鉴定、分级、评分的公司,其会员能够通过网络系统根据编号查询相关信息。PCGS 评级纸币采用获全球收藏家接纳的 70 分评级标准。一般来说,评级为 MS 65 及以上的所有纸币也必须符合最理想纸张品质(OPQ)的基准。

一、书面评级标准

MS70 OPQ——**未流通顶级珍品**(Superb Gem Uncirculated)

若要符合 70 OPQ,纸币不得有触摸痕迹、封装痕迹,或经放大 5 倍不得有明显可见的痕迹。肉眼所见切边和校准都居中。币角棱角分明,格外有吸引力。

MS69 OPQ——**未流通顶级珍品**(Superb Gem Uncirculated)

评级为 69 分的纸币,在视觉上近似 70 分。没有肉眼可见的触摸痕迹。仔细观察时,切边可能出现稍微偏离中心的情况或有细微的瑕疵,或经放大 5 倍可见最轻微的触摸痕迹。纸币保持原有色泽,格外有吸引力。

MS68 OPQ——**未流通顶级珍品**(Superb Gem Uncirculated)

在以肉眼短暂检验之后,几近无瑕的纸币可能有非常细微的瑕疵,例如切边稍微偏离中心、微小的封装痕迹、纸张的小褶皱或非常浅的墨渍。纸币基本无瑕疵,任何问题在本质上都是细微的。

MS67 OPQ——**未流通顶级珍品**(Superb Gem Uncirculated)

肉眼所见居中略有偏离,但依然优于平均水准。可能有非常细微的触摸痕迹与小瑕疵,但仍不失此分值的整体视觉吸引力。

MS66 OPQ——**未流通珍品**(Gem Uncirculated)

居中情况优于平均水准,但如果纸币的其余部分并无瑕疵,则较窄的切边可以接受。可能有稍多的触摸痕迹,例如边缘或币角有小的碰撞、浅的墨渍,或使纸币无法达到 67 OPQ 分值的一些其他瑕疵。视觉吸引力与纸张品质必须介于平均水准至优秀之间。

MS65 OPQ——**未流通珍品**(Gem Uncirculated)

具有优于平均水准的视觉吸引力,可能有较明显的多个瑕疵,不过都不至于抢眼。取决于纸张品质与可见的瑕疵数量,此等级纸币的居中情况可能介于略低于平均水准到优秀之间。如果有更多明显的触摸痕迹,则居中情况必须优于平均水准。如果纸币的明显瑕疵极少,且纸张爽脆迷人,居中情况可以略差。

MS64——**未流通精选**(Choice Uncirculated)

居中有明显偏离。部分或所有币角出现磨损。有更为明显的经数算的痕迹、封装问题以及未触及图案的轻微币角折痕等触摸痕迹。可能有墨渍、轻微的污渍与褪色。如有任何其他明显的问题,则无法达到此评级。

MS63——**未流通精选**(Choice Uncirculated)

居中介于差到平均水准之间,依纸币上的其他瑕疵数量与严重性而定。此等级纸币的瑕疵明显可见,可能有边角磨圆、污渍较重、墨水褪色与图案磨平等问题。可能还有明显的揉捏痕迹与轻微的折痕,但折痕不得横跨纸币的整个长度或宽度。

MS62——**未流通**(Uncirculated)

纸币的居中不佳。有许多的瑕疵与问题让纸币无法晋升精选类别。有明显可见的污渍、触摸痕迹与褶皱及揉捏痕迹。币角可能因皱卷蓬乱,不过任何横跨两边的折痕都不会归类为未流通纸币。纸币可能经过略微漂洗与压平,但尚未严重到需要进行细节评级。

MS60－61——**未流通**(Uncirculated)

存在与 MS62 相同的基本问题,但是瑕疵数量更多且本质上更严重。

通常这种低未流通等级的纸币都会有使其被列入 AU 等级的折痕。

AU58——近于未流通(About Uncirculated)

似乎未流通的纸币，但是仔细观察之后，会注意到轻微中间对折的纵向折痕。达到此等级的其他问题包括进入图案的明显边角折痕，或虽然没有中间对折，但币角与边缘的明显磨损证明经过流通。请注意，纸币因为储存而有细微卷痕(不是明显的折痕)，不过明显是崭新的纸币，如果没有其他特质，通常仍然符合低流通等级标准。

AU55——近于未流通(About Uncirculated)

通常纸币有 2 条轻微的纵向折痕。纸币也可能由于较明显的中间对折、横向折痕，或轻微的纵向折痕与 1—2 条进入图案的币角折痕，而被评为 55 分。有严重中间折痕的纸币通常只符合 AU50 等级标准。

AU53——近于未流通(About Uncirculated)

与 55 特征类似，但是折痕略深且可能有小针孔、浅的污渍与较多的币角磨损。

AU50——近于未流通(About Uncirculated)

有 1 条深而缺损的中间折痕、2 条中度的纵向折痕，或是有轻微的横向及纵向折痕的纸币，会被评为此等级。币角可能出现更多折痕，且磨损会很明显。如果纸币有 3 条极浅的纵向折痕，但其余部分仍然具备未流通纸币的一般特征，也可能获得 AU50 的评级。

XF45——极优美品(Extremely Fine)

此评级的典型情况是纸币有 3 条明显的纵向折痕，虽然本质上并不深。可能还会有 1 条明显的横向及纵向折痕，但是比 AU50 纸币的折痕更深。纸币仍有完整的币体，任何有 2—3 条严重折痕的纸币只符合 XF40 或 VF35 评级。

XF40——极优美品(Extremely Fine)

与 XF45 纸币类似，但是折痕较深且币体较少。纸币显示更明显的流通痕迹，包括较大的磨损与币角折痕。

VF35——**优美品**(Very Fine)

折痕可能比XF40多一些，或有3—4条极深的折痕。通常少于7条折痕，但是若折痕极浅，可达10条左右。纸张仍然坚挺且不软塌。纸张显示明显的流通痕迹，可能还有污迹与该级别常见的染色。

VF30——**优美品**(Very Fine)

通常有4—10条折痕，轻重与位置各异。纸币有明显的磨损与少许污迹，不过纸张仍然坚挺且无裂痕。对于进行了细节评级的此等级纸币，有1—2个针孔是可以接受的。

VF25——**优美品**(Very Fine)

比VF30或VF35纸币有更多损伤的纸币属于中间档VF评级，例如较深的污迹或染色、非常深的折痕，且纸币已经失去大部分的币体。

VF20——**优美品**(Very Fine)

此评级的纸币有明显的流通痕迹，有数处明显的折痕、磨损与摺角，币体只足以不被评为F15。污迹可能略微更明显。仍应维持纸币的完整色彩。没有任何缺失，只有在折痕处有最轻微的裂痕，但尚不明显。

F15——**美品**(Fine)

接近VF等级，纸币失去大部分的币体，具有更多流通的痕迹，例如较多的折痕、轻微的裂痕、较深的染色，以及整体失去纸质的完整性。

F12——**美品**(Fine)

已经流通相当长时间的纸币，但是纸张仍然坚挺且没有缺损。已经没有币体的软塌纸币不符合美品标识标准。币角已经磨圆，边缘已磨损且有轻微的裂痕，但是裂痕通常不会触及F12纸币的图案。允许出现许多小针孔与杂散的铅笔痕或浅淡的私人印章。允许有些污渍，但是厚重与过于显眼的污渍仍然需要细节评级。

VG10——**佳品**(Very Good)

几近美品的纸币，显示一些痕迹以致未能达到更高等级，例如较重的污渍、多条深折痕，以及纸币整体偏软。纸币不能有任何缺损。

VG08——**佳品**(Very Good)

比美品属性有更多好的特征。纸币偏软,具有更多破裂且可能有更重的污渍。纸币上可能有一些记号与私人印章,只要颜色不要太深或有损坏。只要不严重或数量不多,针孔是可以接受的。

G06——**普品**(Good)

纸币软而无力,具有较深的裂痕,且可能有些缺角。由于深折痕与流通,此评级的纸币中间可能出现明显的孔洞。纸币可能有大块的污渍,并显示此评级常见的其他破损痕迹与记号。针孔可能明显且数量众多。然而,任何重大的缺损都需要细节评级。

G04——**普品**(Good)

G04 纸币可见重度流通与破损痕迹。可能有多个小缺角,裂痕明显且触及图案。纸币完全软而无力,且可能有严重污渍、记号与针孔。视觉上老化并有多种问题,但是仍然可以辨识。

除了 70 分评级标准外,PCGS 纸币评级还使用 OPQ 和细节标识为部分纸币提供额外说明。

OPQ

OPQ 代表最理想纸张品质。PCGS 评级师认为,OPQ 纸币,即是完全原始,未经任何物理、化学或材质上的处理的纸币。此类纸币不能掺杂任何异质纸张或其他材质。此类纸币不得经过剪裁、修补、以化学物质漂洗或压印,以企图隐藏折痕或其他问题。纸币也必须要有较好的视觉吸引力,没有明显的污渍,且具有完整的压花。只有评级为 35 及以上的纸币才可获得 OPQ 标识。显示相关评级常见的磨损与环境质损的纸币,只要没有违反上述任何因素,就仍然符合 OPQ 标准。

二、细节评级

在有些情况下,纸币的破损程度严重,以至于标准的数值评级无法精确地描述纸币的状态。如果纸币的损坏程度或问题超乎特定评级的预期情况，则需要进行细节评级。一般而言，在未进行细节评级之下，纸币的评级愈低，所允许的破损愈多。如果评级师判定有必要进行细节评级，将会根据与纸币特定问题无关的属性，为其指定一个数值评级，并在标签上清楚载明细节评级的原因。这可以确定纸币的精确评级，同时清楚注明必须使用细节评级的原因。指定细节评级的原因可能包括，但不仅限于以下方面：

1. 用化学物质强洗以去除污渍、严重染色或斑点。

2. 修补——包括但不仅限于增添纸张或异物以掩饰损坏、更换缺角、胶粘或胶贴撕裂或裂痕、胶贴或补强深折痕，以提高币体的视觉吸引力。

3. 显著的压印纸币以消除折痕，以形成更高等级的外观。

4. 严重污渍或锈蚀。

5. 杂乱且明显的记号、字迹或印记。

6. 明显剪裁。

资料来源：https://www.pcgs.com.cn/banknotes/standards。

附录 3.3 PMG 评级币的标识注解

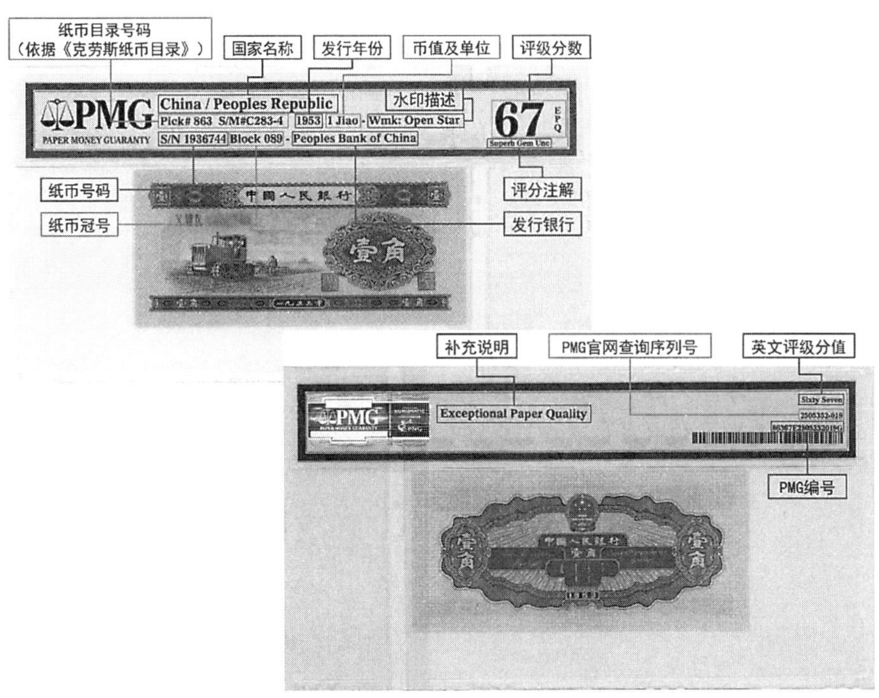

资料来源：百度网站。

注：如果该币经过人为修改，那么正常情况下该币正面 EPQ 会改为“NET”，并在背面补充说明处用英文详细注解原因，如“下水”、“修补”等。

第四回　乾坤挪移

币圈远比江湖深，心性纯良须谨慎；
看似品貌如绝品，只见做局难见心。

纸币圈，就是江湖圈，三教九流、各界人士一应俱全。在这个圈子里，诚信显得弥足珍贵，凡是有人愿意帮你辨真假、出参考价、讲些内幕故事乃至低价惠让藏品的，都可以称得上朋友。因为，太多的案例表明，多数人和你聊天、套近乎无非是高价推销藏品，甚至有的人还会编织出各种美丽的“局”，想方设法地让你跳进去。不为别的，“利”字当头而已。正所谓，天下熙熙，皆为利来，天下攘攘，皆为利往。在这个圈落里，你可以看到人性中最丑恶的一面，也可以感受到素不相识者的温暖关切。所以，我始终认为，真正的纸币收藏者需要达到诚意正心的道德修为，这自然也是天地有序的基本理念。所以，这一回我将重点围绕“骗”的严重程度，尽我所能地把所知道的各种“局”进行介绍，是为“乾坤挪移”。

一、诈骗

严格意义上说，诈骗不是局，是赤裸裸的犯罪。在我的纸币收藏生涯中，见过不少诈骗行为，它们手法不一，但都是利用了人们的信任感。特别是当互联网进入我们的生活后，由于网上交易保障系统的不完整性以及不能面对面现货现款交易，加之网络诈骗侦办非常艰难，就让一些不法之徒钻了空子。这里我们以老王为主人公，讲一下他系列受骗的悲惨经历。

老王是一个钱币爱好者，特别痴迷于纸币收藏，性格豪爽但做事有些欠缺考虑。老王刚退休下来，天天没啥事，整天抱着手机在互联网各大收藏平台上游荡，不仅搜集了许多网上出售纸币的电商店铺，还下载了很多收藏类的移动App，加入的钱币微信群更是多到数不胜数。一天晚上，老王一边欣赏手边的纸币，一边做着购买记录，待到临睡之时竟然毫无睡意。于是，老王拿起手机进入一个钱币群，和藏友讨论起第三套纸币。没有一会，手机“叮咚”响了一下，一行添加好友的文字呈现在眼前，“您好！老哥，有第三套纸币贰元若干，价格优惠，您需要不?”老王看了一下添加人的来源，发现他也是这个微信群的好友，猜测他是看到自己正和别人讨论第三套纸币，就想把他手里的一些纸币卖给自己。老王没有犹豫，马上通过了好友验证，对方也立即把待售纸币的图片发了过来，两人就这样聊开了。最后，对方很“真诚”地说，因为自己家里最近出了点状况，着急用钱，愿意以800元价格把这些纸币出售给老王，前提是老王必须微信转账以解燃眉之急。

老王不傻，脑海中也闪念过这人是不是骗子的疑问。为了防止被骗，老王迅速浏览了对方的朋友圈，发现对方用的是张××的名字，在这个群里待了很长时间，有不少他和别人的聊天记录。老王提出要和对方视频聊天，但对方说已经躺下，准备睡觉了。过了一会，对方微信语音打过来，说自己在卫生间，不太方便视频，微信语音聊几句吧。老王的冲动被对方的话语激发，当然更是因为那几张车工令他心动，于是爽快地付了款，并反复叮嘱明天早点发货，并告知发货单号。

经历了一夜美梦，当老王第二天再次打开手机寻找对方头像时，发现此人头像已经不存在了。老王立即意识到自己受骗了，捶胸顿足后悔一番之后，他在第一时间向手机中的各大币群发布了受骗信息，并煞有介事地命名为“全网通告”，截图告诉大家要谨防张××。这事也只能这样结束了，因为不够3 000元，警察不会立案的。后来纸币圈的朋友告诉老王，他太容易相信对方了：一则全新绝品车工的价格不可能800元卖，远远低于市场价格的东西必须多留几个心眼。二则对方不同意视频，就很可能是心里有鬼。这次上当受骗，对方狡猾地利用了老王善良和捡漏的心理。

专栏 4.1　老王的全网通缉令

【重大公布】骗子一名

【骗子……(咒骂语)】

【全网通报并报警】

【骗子信息】

微信名：××××。现骗子已改微信名称和头像，请大家认准微信号，自行备注。

微信号：A1××××

手机号：1×××××(已停机) 1××××(已关机)

快递单真实姓名：×××

地址：××××××

10月收快递地址：×××××(用此收货包装箱邮寄藏品)

【被骗经历】

卖家收款后不发货，且拉黑退群，共诈骗人民币800元

现全网通报并向××区××派出所报警并截图交易记录

年终将至，大家一定不要被骗子骗了。

打击骗子，人人有责，肃清藏界流毒。

大家可以加我进反骗微信群(老王)

欢迎转发

这件事并没有对老王的收藏热情产生太大的影响，毕竟被骗的不过800元而已，全当花钱买教训了。没过几天，老王又碰到一件奇怪的事情。那一天，老王正在和一个资深玩家聊天。微信里闪动着一条未读信息，一个

眼熟的头像映入眼帘。老王赶忙点开一看，哇！是群里一位大咖级的藏家@他。这位藏家对老王的遭遇表示同情，先是安慰了一番，叮嘱他以后千万别轻信他人，毕竟微信买卖不是面对面的交易。老王这边频频称是。之后，老王向对方询问了几张纸币的情况，比如买的价位是否合适，纸币是否被人为修改过等。对方说了一大堆专业名词，让老王非常信服。一来二去，两人熟悉了起来，几乎每天都会谈些纸币收藏方面的事情。

大概过了一周，老王忽然收到对方微信消息，说自己低价收到了几张枣红壹角，问老王要不要买一张，聊以弥补老王上次受骗的损失。老王对枣红壹角可谓垂涎已久，绝品枣红壹角的市场价要4 500元一张。于是，老王按捺住欣喜的心情，小心地询问这位藏家需要什么价格。对方倒也实在，直接告诉老王自己10 000元买了四张，张张绝品，老王要的话，2 800元一张。有过前次受骗的经历，老王心有余悸，但又不好意思拒绝微信直款，所以内心非常矛盾。对方似乎也了解老王的想法，便直接告诉他，这样吧！我们在群里找一个共同熟悉的朋友做中间人，你把钱打给他，我把东西快递给你，你收到货验收后告诉中间人，那时我再收款。其实，这种交易方法在微信钱币群里非常普遍，老王也用过很多次。于是，老王就爽快地答应了。经过两人商量，老王觉得群主做中间人比较适合，毕竟群主经常在群内搞拍卖，每次拍卖后收那么多钱，说明大家都很信任他。老王和对方约定建立一个三人的交易小群。新群刚刚建好，老王就看到对方已经在第一时间把群主拉了进来。三人在群里互动聊了一会，群主答应帮两人做中间人，但要收取100元的居间费。老王想想也觉得合理，毕竟群主也需要承担风险。老王承担了100元的居间费，在三人群中转账2 900元，留下地址，等待收货。

那天付款以后，老王后来再去@那位朋友，却始终不见对方回答。老王越想越生疑，便从大群中根据头像找到这位大咖，想询问对方何时发货。谁知，这位大咖和老王并不是私信好友。也就在那一刻，老王意识到有人盗用大咖头像在和自己聊天。那么，群主呢？当老王和群主通上电话，老王才知道，那个被大咖拉入三人群的群主也是盗用头像的。就这样，老王又被骗了

2 900 元，除了捶胸顿足后悔一番外，他只能在各大纸币圈中通报一番骗子的行径，内心非常沮丧并暗暗发誓，不管是谁，就是亲爹亲妈也必须走平台中介，以后绝不会微信直款。

决心一下，老王倒也消停了不少，因为只要说微信直款的统统拉黑。眼看要过年了，老王一如既往地在微信群里聊着纸币，往返于各大纸币平台搜索目标纸币。经过多天寻找，老王从一个收藏网站中一家名叫"天涯海角"的店铺拍下一组标十绿幽灵，到手价格是 1 200 元。这个价格在绝品裸币绿幽灵中属于中等偏低价位，正常价格应该在 1 600 元左右。接下来，老王付款给平台，对方发出快递，并很快私信贴上单号。经过几天等待，老王收到了货，经过简单的验收以后，老王觉得比较满意就确认收货了，钱自然也就转到了对方账户。过了几天，老王拿着这组便宜淘来的"绿幽灵"在藏友面前显摆，一个眼尖的老友告诉老王，这组根本不是什么绿幽灵，因为他的这组纸币除了冠号(FW)符合以外，流水号根本对不上。老王将信将疑，回到家中在荧光灯下细细观察之后，认定的确不是绿幽灵，就是普通的 902 品种，一组价格只有 300 元。老王气坏了，迅速登录对方店铺，上传照片并询问对方为什么欺骗自己。对方客服指出，既然你说不是绿幽灵，为什么会确认收货呢？过去这么多天了，你再来质疑，是不是有些不地道。老王对这些话无言以对，暗暗恼怒自己的查验过于草率！老王咽不下这口气，在几天内反复站内投诉对方，结果却是老王被这个收藏网站彻底剔除，列入黑名单。

经历这次事件之后，老王开始怀疑自己是不是缺心眼，但接下来发生的事让老王对人生都充满了怀疑。群内的一位藏友告诉老王，自己因为赌博一时缺钱，实在没有办法，所以愿意压低价格出让两张连号的第四套伍拾圆 67E 评级币(即 8050 PMG 67 EPQ)。双方谈好的价格是 5 000 元两张。这个价格的确是不小的"漏"，至少比市场价要低 2 000 元。当然，这次交易老王格外小心。他首先明确告知对方绝不直款，必须走第三方权威平台支付。双方约定好之后，老王小心翼翼地将钱打入平台，静等快递。几天之后，快递如期而至。当老王从小区的丰巢里取出并在第一时间打开快递后，直接傻眼。眼前的快递袋子里根本没有什么评级币，只是一件空空如也的包装壳而已。无比愤怒的老王立即拨打那位群友的电话，对方电话传出占线声音。老王气不过，赶紧联系平台客服，告诉事情经过。平台客服非常重视这件事，经过向上级领导汇报之后，专门建立了一个买卖双方互相申诉的小群，要求双方分别提供卖方封货、发货和买方收货、拆封的视频录像。显然，卖家有充足事先准备或者有诈骗经验，他提供了从封装纸币直到投递的全套视频，而老王则没有录制取出并拆开快递时的视频录像。由此引起双方不小的争执，卖方一度把责任归结到快递方面，并认为很可能快递途中被“偷梁换柱”；并质问老王，如果是快递的问题，你为什么要签收呢。要知道放入丰巢箱柜就等同于自动签收。这件事反反复复持续了很长时间，虽然涉案金额达到了立案标准，但要弄清楚来龙去脉却并非易事。最后，卖方同意支付 1 000 元赔偿，快递方也赔偿了 1 000 元（最高标准），老王不得不接受这样的结果。

此事之后，老王病了一段时间。不仅仅是因为被骗，更是因为自己一颗率真的心受到了巨大伤害。但这些事并没有阻止老王对纸币收藏的热爱，他仍然坚持着自己对纸币的爱好。后来他告诉我，自己之所以被骗，根本原因在于贪图小便宜和疏于防范。他一脸凝重地告诉我：“现在的我，再也不会重蹈这些覆辙。”他还真诚地告诉我，虽然经历了这么多次被骗，但遇到的好人还是比坏人要多得多，绝大多数交易根本不需要想着防范，藏友间真诚的交流已经成为永恒的记忆镌刻在他心里。

后来，微信钱币群中又发生了一起典型诈骗案，所幸的是老王提前识破骗局，并没有参与进来。事后来看，这次受骗人数规模很大，达到数百人之多。此事的来龙去脉大致是这样的：在中国人民银行成立 70 周年纪念钞（以下简称“70 钞”）发行后不久，一位名叫“老黑”（化名）的资深币商，在自己的几个拍群中公开征集“70 钞”连体的预订，并明码标出不同号码的出售价格。由于“老黑”的知名度很高，加上预订价格远远超出大家心理价位，所以每次都是满团。最后累积的预订金额竟然达到 40 多万元人民币。但我

图 4.1　老王购买到的假“绿幽灵”

图 4.2　荧光灯下的真“绿幽灵”

资料来源：爱藏网。

们都清楚，“70 钞”是否会有连体钞发行，不可能由一个币商确定时间，决定权在央行手里。当然，预定规则明确说明了最后截止时间，若超过这个时间国家还没有发行“70 钞”，“老黑”承诺将全额返还预订款。时间一点一滴过去，眼看到了所说的截止时间，一些群友却发现却再也联系不上“老黑”。一开始，“老黑”还会在群里出现并请大家放心，钱款一分不会少，会陆续返还大家。但再往后，他就很少露面。当大家担心上当，提出警告，如果再不退款将报警时，“老黑”的女友出来哀求大家说，“老黑”因为一些事情被关进警局，请大家宽限几天，出来后必定第一时间还款，绝不赖账。但大家的焦躁情绪越来越浓，最终选择了报警。2 个月后，警察抓到了躲藏起来的“老黑”。警方证实，“老黑”已经将预订金挥霍一空，这意味着大家的预订金统统有去无回。

除了利用互联网诈骗，在收藏实体市场里也有不少诈骗案例。老李就碰到过一次。那时候，老李初入钱币收藏领域，只要到周末就会前往收藏品市场寻找自己心仪的钱币。一次，他来到古玩城门口，突然看到一群人围坐一团，在说着什么事。老李出于好奇，便走上前去围观。原来，里面坐着两个人，一个是年龄大约 30 左右的小伙子，他面前有块黑布铺在地上，布上散乱地放着两块玉石和一包香烟。小伙子对面的小马扎上坐着一位 60 岁左右的农村妇女。她一脸愁容，怀揣着一个老式手提黑包，眼睛直勾勾地看着对方，听对方讲话。老李听了半天，终于弄清楚事情原委。原来，这位农村妇女从所谓的自家农田刨出了几块玉质物件，想着这东西值钱就跟着同乡来到上海的古玩市场碰碰运气。但来到以后，听人说买卖出土文物是非法的，就不敢卖给正规店家，并打算晚上坐火车回去。她在古玩城外面晃悠时，碰到了这个收购玉器的小伙子。小伙子拿着强光手电，反复照着一块外面包裹一层黄土但隐约又显示出一尊动物像的玉器，和对方不停地讨价还价。他小声地说，这东西值点钱，不过也就 3 000 元而已，现在怕是没有人敢买，毕竟是非法物品。待对方露出惶恐神色时，小伙子掏出钱包开始数钱，可数了几次发现不够 3 000，就开始拨打电话，大声地告诉电话那头，自己昨天打牌输了钱，今天摆摊收到东西却钱不够，请对方火速支援，自己会立即还上。

图 4.3　虚构的“70 钞”连体

恰在此时，那位农村妇女夺回自己的东西，连声说不卖了，闪身就走，但步伐却显得有些缓慢。当妇女走开几十米后，老李紧紧地跟了过去，在妇女身后悄悄地说，要不你那块玉卖给我吧。农村妇女停下了脚步，对老李说：“你看到了，我这东西很值钱。我怕那个人叫来同伙把我的宝贝抢走，看你是老实人，你就出高点的价吧。”老李颇有些兴奋，大胆地压低声音：“我只有 2 000 元，愿卖就卖！”妇女大概思考了几秒钟，不情愿地说：“好吧，我也不能空手回去,就卖给你吧。”就这样,一个狮子样的“金包玉”到了老李手中。当老李准备走时,妇女又说道,“我包里还有几个更大的,是土里刨出的同一批,你要不?”经过讨价还价,老李又花了 2 300 元买了一个。此时的老李,内心激动,这可是“金包玉”啊,弄不好还是汉代文物,这下发财了。老李无心久留,以最快的速度打上的士回家。

窗外的凉风吹来,让老李发热的脑袋渐渐清醒,内心不禁发问,这也太巧合了吧?那个年轻人说这东西值钱时怎么那么大声?当他要买下时刚好钱不够?眼看宝贝到手竟然轻易放走对方?这不符合常理啊。老李越想越觉得不对劲,赶紧打车返回。但在古玩城门口,年轻人早已不见踪迹。老李基本确定自己上当了,但内心仍有一丝侥幸,便拿着“宝贝”来到古玩城的正规店家。经鉴定,他买到的东西根本就是玻璃+黏土。老李后悔不迭,从此事中吸取到两个最大的教训:一是贪心不可有,二是不懂的东西千万不要碰。

在我的认识中,以上的案例属于诈骗范畴,因为实施者超越了道德底线。但多数情况因为涉及金额较小,所以受骗方没有报警动力,或者即使报警也只能是走走程序而已。当然,买方会碰到以上情况,卖方有时也会如此。比如,某些人发出高价收购的帖子,待你谈好真的发货之后,他却说没收到东西,要求你重发或拒不打款。他会与你不断扯皮,等你查明白了,他却早已经离开。

总之,这些骗子会找出各种借口不予付款。无怪乎,一尘网上经常可以看到要求先款后货(一尘网是实名认证)。

二、欺骗

在纸币交易中,欺骗属于诚信问题,表现为故意夸大纸币收藏价值或者隐藏纸币原始信息,以求达到高额谋利的目的。虽然人民币在法律上禁止涂改和修整,但因为我们这里谈的是纸币收藏,所以作为藏品的人民币应当区别于作为流通中介的人民币。藏家在购买时需要认真查验藏品是否被动过手脚，否则出现“打眼”时，多数情况只能自认倒霉。需指出的是，我们这里所谈的欺骗不是直接制售假币或者“空手套白狼”或者零成本地骗取钱财，无论欺骗方式怎样，纸币肯定是真的，只不过不再是原始的纸币。这就像谈恋爱一样，一种是以骗取对方钱财为目的的“放鹰”，一种是隐瞒自己整容前“惨不忍睹面貌”的欺骗。前者是刑事犯罪，后者属于道德问题。近几年来，各种渠道曝光的纸币“美容”案例不在少数，下面我对以下四种形式的欺骗案例进行介绍，以供藏者参考。

1. 修复

纸币“整容”原本不是一件坏事，最初的目的只是为了挽救有价值的破损纸币，使收藏原物得以重现生命，让收藏者的记忆得以延续。这项工作非常复杂，方法和种类繁多，的确称得上是高超的艺术。如果没有多年经验积累，你根本无法开展纸币修复工作。据业内朋友讲，从事纸币修补的老师傅主要有两种人，一种是以前对绘画装裱以及古画修复有经验的人，你无法想

修补前惨不忍睹

修补后美丽如初

图 4.4　修补前后的大黑拾

资料来源：红群群主张晨先生提供。

象他们厉害到什么程度！一张纸币他们可侧切出数层，而且精细到位。二是造币厂以前退休下来的老技术工人，他们对纸币习性和特征非常了解，懂印刷，懂纸张。

后来，一些币商携重金拜这些人为师。据说在2000年初，一天的学费高达数千元人民币，一个学段至少七天。大家可以想想，这门技术是何其昂贵！待到这些“徒弟”掌握技术后，他们开始把这些技术运用于纸币收藏领域，有些人甚至自立门户开张修复公司，从事盈利性纸币整容生意。从这个时候开始，纸币修复开始变味，甚至演变成一项欺骗收藏者的生意。谈到这里，我分享一个纸币圈友人讲过的一个关于背绿水印壹角造假的案例。

图 4.5　修复前后的珍稀外币

资料来源：红群群主张晨先生提供。

大家都知道，纸币水印是在抄纸过程中，通过预制专用模具（有凹凸图案），改变纸浆纤维的密度形成的。当迎光透视纸币时，会因纸张密度的规则变化，在纸币上呈现出相应图案，立体感强、层次丰富。很显然，纸币水印是自然形成的图案，并非人为填入的某个东西。在一些不法之徒那里，为了制作出完美的背绿水印壹角，他们往往通过纸张切割或者沸水（加药水）分离方法，将一张背绿壹角分成上下两层。然后使用同样方法分离五星水印壹圆纸币，用裁切法把五星水印剥离出来；再通过装裱手法将水印夹在事先分离好的背绿壹角上下层之内；最后，他们运用改号方法把背绿壹角变成背绿水印壹角。这种造假的纸币难以分辨，高手通常需要通过对光、测光和荧光灯观察，重点查验水印五星颜色。若五星水印呈现发黑、发闷，最好就不要购买。再有就是，结合个人纸币知识的积累和实战经验，仔细辨别冠字是否改动。

修复前——正面

修复前——透光

存在问题：整体票面脏，多处有锈斑，多处有蓝色油墨，透光整体黄斑明显，折痕有黑线，有小洞。

修复后——正面

修复后——透光

修复建议：整体去脏，去锈斑，去蓝色油墨，整体去黄斑，黑线处理，补小洞。

图 4.6 “整容前后”的宝塔山

资料来源：红群群主张晨先生提供。

2. 修改

纸币最常见的修改就是挖补、揭帖等手法，它是一些号码币和错版币产生的来源。通常情况下，无良币商会将票面需要改动的地方用特制的刀片将其表层挖出，然后再将挖出的部分倒置重新贴上或者补上其他需要的内容。其挖补技术比字画修复技术有过之而无不及。

老刘在数年前曾买到过一张挖补的错币。当时老刘去古玩市场“转悠”，在该市场一个不显眼的角落，他发现有一中年男子拿着几张第四套纸币的错版叫卖，并有人上前讨价还价。老刘觉得有点意思，便凑上前去看个究竟。经过几番讨价还价，老刘以 150 元的价格买下了 1 张 1990 年版的、面额为 50 元的错版人民币，并以“可长期合作”为由，与该男子交上了“朋友”。回家后，老刘拿着那张花 150 元买来的错版币，左看右看，没发现任何问题。之后，他将此币送至某银行验明正身，经验钞机检验，此币也为真币。难道这张纸币真的是在印刷过程中出了差错？出于好奇，老刘又联想到近年来书画装裱的挖补手法。经过反复检查，他终于在“错版”处的边缘上找出了破绽。原来，“倒置”图案的确是挖补和揭帖的结果：即将票面需要改动的地方，用特制的刀片将表层挖出，然后再将挖出的部分倒置贴上，只不过其挖补技术实在高超。

图 4.7　倒置水印的造假币

资料来源：http://www.hbsztv.com/2016/0909/637835.html。

图 4.8　人为改动而来的蝴蝶币

资料来源：http://blog.sina.com.cn/s/blog_189642a7c0102xq90.html。

此外还有篡改图案。造假者先用一种药水在原有的图案处清洗，再用激光打印上所需的"图案"。这种方法常见于添加特殊图案的纸币或号码币，如第二回中列举的补号 JZ 纸币。虽然纸币是真币，但经过修改后，这样的纸币在收藏爱好者眼里就变得特别值钱。图 4.8 展示了添加蝴蝶图案的造假纸币。

3. 清洗

收藏纸币时，总是避免不了买到水洗币。根据百度的定义，所谓水洗币是指使用清水或者药水将有软折痕或者有污斑的纸币清洗后压平的纸币。本质上讲，这种水洗币的目的是让旧的纸币变得崭新如初，并不是将纸币变化成某个品种类型。我们知道，纸制品只要遇到水，表面就会不平整，干了以后就有水渍。纸币是由特殊印钞纸张所印制，因此也不例外。经过水洗的纸币若要掩人耳目必定要经过一道重力压平的工序。但无论怎样使用压币机压，其边角一定会有轻微的水渍，不可能与全新纸币一样平整挺括。你可以将纸币侧过来看四边，如有"W"形的水渍边，那么，这张纸币一定是下过水的。下过水的纸币四角或者四边还会有轻微纸质纤维的起毛现象,这也是清洗的结果。

正如我在第二回提到"清洗"问题时指出的那样,纸币清洗也有程度差异。一种是轻度清洗,即使用棉签擦拭局部有明显污垢的表面且清洗后只是用书本或者一般重物压平整。经此方法处理的纸币不会影响其收藏价值,因此藏者不必过于在意。如果商家对纸币用清水大面积浸泡并使用上纸浆和千斤顶重压,那么藏者就要格外小心,毕竟纸币表面的物理结构和纸张纹路发生了变化。最后,如果使用药水等化学手段清洗纸币,那么这就属于重度清洗。用此方法处理后的纸币千万不要购入,因为过不了几年,此类纸币一定会显现问题。

很多币商会在摊位前对一些价值不是很高的纸币开展"敷面膜"。简单来说,"敷面膜"就是把几层的餐巾纸揭开拿出一层,敷在破旧纸币表面并淋上清水,待到晾干后再蜡笔补色。经过这些工序后的纸币平整如新,但色泽差了很多(见图 4.9)。

图 4.9　某币商"敷面膜"的纸币

图 4.10　除"皱纹"(死折)后的"绿叁"

图片来源：红群群主张晨先生提供。

从图 4.10 可以看出，除"皱纹"也是常见的纸币清洗手法。所谓除"皱纹"，就是去除纸币流通时因为折叠带来的明显"死折线"。很明显，除"皱纹"后的绿叁颜色明显发白，这是清洗造成的自然反应。图 4.11 显示的两枚除"雀斑"(霉斑)纸币采用了药水清洗，纸币边缘被裁割。

总而言之，收藏爱好者购买纸币藏品之前要严格查验尺寸，如果和标准尺寸差距过大，就要进一步在放大镜下查验边缘是否有起毛情况，最好还要借助荧光手电筒查看纸张是否有水渍或者紫色荧光图案。其实，有经验的藏家一眼就可以看出纸币是否洗过，这是在实践中常年修炼获得的能力。

4. 变性

所谓"变性"就是通过一定的方法处理，把某种纸币变异成新的品种。一些伪制的荧光币采取的就是这类手法。互联网上一位名为"老九"的朋友撰文对时下纸币变性问题进行了尖锐批评，很多观点听起来扎耳，却充满了良知和对币市前途的关切。在他看来，"纸币评级是好事，它为新进入纸币

图 4.11　除"雀斑"(霉斑)的纸币

图片来源：红群群主张晨先生提供。

圈尚不懂鉴别的人提供了一个参考标准，但是它绝对不是无底线炒作和薅羊毛吸金的筹码。很多药水币都拿评级说事，信誓旦旦地说评级公司出标了评出高分了，纸币肯定是真的，但是纸币上的内容不一定是真的，所以诚恳地希望广大藏友擦亮眼睛，不要上当受骗"。为此，老九根据自己的经验指出了一些他认为的药水币(见图 4.12)。我虽然无法确定这些名气响当当

图 4.12　药水币

的荧光币是否是变性而来，但为了验证真假，我自己对 991 背面金沙进行了试验。在没有任何仪器的情况下，仅仅靠药水，似乎也可以制造出一些金沙的效果（见图 4.13）。

整体图

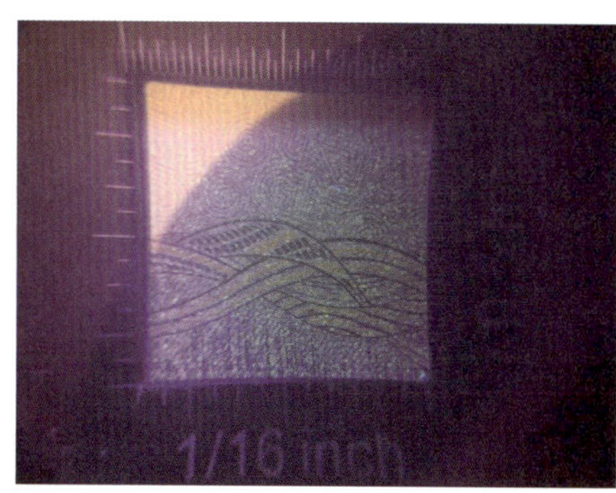

细节图

图 4.13　自己试制背金沙币

为了让大家全面了解修补的手法，我通过百度搜索，查找到一篇文章《纸币修复手册》，再加入相关专业人士的一些心得，编写出各种纸币“美容”方法附在本回，有兴趣的读者可以提高纸币鉴别能力为目的参阅。

三、蒙骗

纸币收藏市场上最绕不开的就是“忽悠”两字，忽悠不仅可以指出售者信口胡说、编造故事让购买者对将要入手的纸币充满想象，也可以指收购者花言巧语取得那些缺乏知识和理性认知的人的信任，令其蒙受较大损失。第一回中提到的那些案例，说到底就是出售者缺乏对市场行情和币种的了解才导致卖亏。

在我的感知中，纸币市场中发生的蒙骗案例就像演戏一样，必须做到“真”。做局者能说会道是第一条件，其次就是脸皮厚，但性质也要区分。有的蒙骗者是为了尽快把手里的东西售出以回收成本，所以会留给对方很大的盈利空间，这种忽悠的人心不算黑。但有的人就不同了，他们把多的说成少，把差的说成好，而且定价奇高无比，大有吃肉不吐骨头的样子。这样的忽悠者，心是彻底黑的。

1. 炒作(宣传)

纸币市场需要炒作，但不能无底线恶炒。老九指出，“某些人恨不得掉到钱眼里，每天拿着放大镜和荧光灯一张张地看，找出来一点点不一样，哪怕是一个沙粒般的点、一条隐约可见的线，就恨不得吹上天去，然后命名一个文雅的艺术名，坐等着发大财”。这些话可谓是一针见血，是对当下纸币收藏市场畸形心理和奇怪行为的淋漓尽致的描述。待在微信纸币圈的 3 年中，我看到了太多的炒作事件，许多已经衰落下来，甚至一蹶不振，但有的仍在高歌宣传并继续炒作着。

至今依然记得第四套纸币退市时的情景。持有第四套纸币的人“忘乎所以”地把第四套纸币吹到天上，尤其是绿幽灵，一路炒到标十(普通冠号)3 000元。受那股热潮的影响，我也想收购一些绿幽灵，但很多人不情愿出让。纸币市场就是这样，价格越高越有人愿意买；反之，一旦跌落就无人问津。现在想来，幸亏没有买，售价 1 000 元的绿幽灵标十现在满大街都是。令人可笑的是，随着第四套纸币热潮的退去，第四套纸币中的一些品种现在连币商都不愿意收购，比如 90100 的普品，即使是面额出让，币商还一脸不情愿地对品相挑三拣四。

此后的纸币市场，似乎陷入一个怪圈。什么东西新，就热炒什么。比如，国家刚发行 70 钞，马上就有人大肆收购，面额伍拾圆且几乎人人都有的 70 钞，竟一路炒到 80 多元，好的号码甚至到 90 多元、100 多元。然后呢？价格一泻千里，人见人烦。在这期间，出现了两个最具争议的事件，一个是绿牡丹的真伪，一个是虚假收购的模式。绿牡丹是一种具有特殊荧光的 70 钞，但大家对其真伪性各执一词。有的人说真，理由是老百姓从银行取出来就发现了荧光。但也有人提出质疑：为什么同冠同刀流水不是全有荧光？难道造币厂印刷时同冠同刀同流水的印刷机器不同？如果真的是机器不同，怎么会一刀叠放在一起？难道是生产车间故意错开配？微信群里一个藏友对老百姓从银行取出绿牡丹这件事发表了自己的猜测。在他看来,不法之徒制造出绿牡丹后,拿出很小一部分存到银行,当有人到银行取款时,就产生银行有绿牡丹的假象。这件事情至今也没有确切的答案,因此我对绿牡丹的购买持有非常谨慎的态度,毕竟一张的价格已经过万。

关于虚假收购的模式,微信群里一个好友私下告诉我一个情况。具体来说,70 钞刚发行,就有人通过各种方式囤积了大批货。为了出货,他联合群内一批"志同道合"的炒友商量办法。有人会打头阵,在各大群和各大钱币网站放出高价收购 70 钞的消息。此后,他悄悄地按照比公告的收购价低一些的价格出让 70 钞,并不时地从散户手中以公告的高价买入 70 钞。比如,他的成本价是 55 元一张,收购价是 85 元一张,售出价是 75 元一张。由于有一个 85 元的收购参考价摆在那里,所以以 75 元售出是很容易的。在这样的情况下,他每出掉手中一张存货,就可以获得 20 元净利润,他再按 85 元的高价收购两张,虽然相对于 75 元的售出价一张会赔 10 元,但仍然保持了盈亏相抵。实际上,他出的货远比收的货多,所以必然能够保证利润持续流入手中。在这"一出一进"过程中,70 钞的收购价不断涨高,他的售出价自然也同比例上调,结果是盈利水平不断提升。这种方式是股市中典型的波段操作,是市场炒作的一种经典模式。然而,随着出货人的增加,这种模式必然不可持久。70 钞发行量高达 1.2 亿,因此它的涨价必定是因炒作而起的。实际上,时至今日,有很多人的 70 钞仍套在手里。

有的团队炒作力度甚是强悍,宣传某个币品种时,不仅撰写软文和拍摄 VR 视频,还会煞有其事地编造故事,比方说某国际博物馆已经珍藏了这个纸币品种等。当我进入这个博物馆网站浏览之后,不禁哑然失笑。虽然这个纸币品种的确在该博物馆中,但绝不是什么珍藏,博物馆只是收集了各个国家的纸币以供游客观赏。除此之外,这些人在微信小群中常常集结在一起,实施分工,不遗余力地进行夸张宣传和推介。按理来说,我不反对纸币的宣传,毕竟很多币种从不知名到人人知道需要一个过程,但令人反感的是,宣传者打出的旗号颇有些"传销化"倾向,例如,"你想成为富翁吗?持有

图 4.14　传说中的“绿牡丹”(70 钞)

××,马上开启你的梦想!”再比如,“我现在推广这种纸币的目的不是为了赚钱,而是为大家走向新的未来指明方向!”如此“无私的豪言壮语”,仿佛“圣人”在世,听多了只会让人心生厌恶。更重要的是,所谓带领大家走向富裕的币种,从来只有他们几个人拥有,定出的价格令人咋舌,简直人神共愤。

2. 打滑板

“打滑板”指的是钱币市场上以谋利为目的的职业捡漏人的行为,其特点是低价买,高价出,讲求时间快、双向交易迅速。他们之所以能够捡漏,一是利用了老百姓对专业知识和行情信息的不了解;二是全天候等待,其“守株待兔”的敬业精神值得“赞扬”。

打滑板是一桩“守株待兔”式的生意,不分寒暑每天苦苦等待是这批人必须付出的代价;游走于各大市场与币商交友建立联系,是他们必须具备的能力。更为重要的是,他们要有超乎常人的察言观色本领,并有发现“商机”和“一眼熟”的素养。这不是谁都能做得到的。所以,打滑板的人虽然学历层次不高,很多都是无业游民,但他们拥有自己的本领。或许碰到一笔买卖,就足够打滑板者几年开销。打滑板的案例在第一回中有所涉及,这里仅仅谈谈自己的经历和感受。

在上海卢工门口，常年聚集着一批与钱币有关的人，他们或三五成团，或两两结对，每次来到卢工几乎都能看到他们的身影。这些人中有纯粹的收藏爱好者，多是一些 50 岁以上的老同志，也有一些 30—40 岁的中年人，他们的眼睛时刻扫描着过往路人，看到手里拎包或者有意无意靠近他们的人，就会去问，“有萨默司要埋伐(上海话，有什么东西要卖吗)?”多数时候，他们换来的是无声的应答和擦肩而过的背影。但偶尔也会有人回应，往往在一番攀谈之后，就会有东西拿出来。好的藏品当然是非常稀少的，但出乎意料的是，他们的收入并不低，至少接近一个小白领的收入。据我和几位职业打滑板朋友的交流，2010—2015 年是钱币市场最火热的时候，这期间他们打滑板的年收入平均都在 15 万元左右。这几年钱币市场低迷，每年大概有 8 万元左右。当然，运气好的人，打滑板的一次性收入很可能达上万元甚至几十万元。在 10 年间，我只看到过一次打滑板超过 10 万元净收入的例子。由此观之，利益驱动下，人的努力和潜能真的可以发挥到极致。

上海这个地方的确是民间藏品极其丰富的一个城市。很多外地打滑板的人来到这里后，纷纷表示，在其他地方收不到或者看不到的东西，在上海能经常看到。这些人为了防备生意从身边溜走，还会印制名片散发出去，留下自己的电话号码。他们为了让出售者相信自己是正规的币商，还会联合卢工里正规币商并在名片上留下实体店铺的编号，条件是他们买到的东西必须优先卖给这家店铺。某种意义上说，打滑板是市场的“润滑剂”，让很多钱币交易流畅起来。当然，从所得上看，不懂钱币的出售者是最大亏家，但他们浑然不知，还庆幸自己找到了一个好买家。我之所以把“打滑板”列为蒙骗种类之一，是因为太多的打滑板者是赤裸裸地“抢夺”。他们分工明确，有人唱红脸施压，有人唱白脸“敲边”，还有的装评论人挑毛病，贬低藏品价值。就这样，在“一压二敲三谈”之下，原本 1 000 元的藏品多是以 350—400 元的价格成交，他们再以 750—800 元的价格售出，利润率达到 100%。这种情况还算好的，有的黑心打滑板者使出浑身解数，无限压低价格，我见到的事例中较高的利润率达到500%—600%。

严格意义上讲，打滑板的收益属于知识或信息的溢价，即懂得钱币专业知识且深刻了解市场行情的人，永远能够把自己的定价放在一个保障盈利的水平。也许有朋友会问，互联网这么发达，为什么出售者出来之前不查查呢？原因是打滑板者的操作手法非常灵活，让出售者防不胜防，具体情况如下：

第一，无人收售，降低预期。互联网上显示的价格的确比较高，但这个价格绝不是成交价。当老百姓揣着查到的价格去市场出售时，按照这个价格基本是没有人收购的，由此导致出售者怀疑自己是不是弄错了价格信息。

第二，敲边打压，品相说事。纸币讲究品相，当“敲边”的人对品相“横挑鼻子竖挑眼”的时候，出售者也开始慢慢接受自己的纸币品相的确不是那么好的判断。

第三，出售引诱，错误引导。打滑板者以收纸币为主业，但他们也会出售纸币，所以在这些人手里有许多经过清洗或者修补的问题币，甚至是学习币。当双方价格谈不拢的时候，他们会拿出同类的问题币并以极低价格请对方购买。这一招很灵验，因为很多出售纸币的人根本不懂什么是“问题币”，看着对方愿意卖给自己的价格远远低于自己的要价，多半会觉得自己的要价确实“过高”了。

第四，埋金于沙，形成错觉。这是打滑板者较为高明的另一招。当出售者有一叠纸币要卖出时，只要让他们扫上一眼，就能立即分辨出其中哪些是值钱币种，哪些是普通币种；只要让他们用手触摸一下，就可以知道纸币真伪。此时，这些人会把普通纸币按照接近甚至超出市场的价格收购，给出售者以卖得很值的错觉，但对于真正值钱的纸币则大打折扣，以极低价格购入。“小白”极难应对这种情况，毕竟纸币种类很多，没有专业知识根本无法分清楚纸币品种的贵贱。

第五是，攀谈聊天，温情脉脉。打滑板者并非上来就是买卖，他们会与出售者拉家常，递支好烟是再普通不过的事情。在聊天中，基本持以同情、帮助、附和的腔调，让出售者感觉遇到好人，有些人甚至明知价格低也愿意卖给他们。

3. 托儿

托儿的意思是在旁边诱人受骗上当的人。“托儿”原本是北京方言，出现在20世纪90年代初，最初指的是商店或是路边小摊雇上一个或几个人，假装成顾客，作出种种姿态，引诱真正的顾客购买其产品。卖的是什么东西，就叫什么托儿，如卖布的叫“布托儿”，卖鞋的叫“鞋托儿”。刚才提到的“敲边”就是币托儿。在微信纸币交易中，不乏托儿出现。

第一种托儿是利用朋友圈以天价收购或者出让某个币种，把价格托起来（和炒作的意思基本相同）。比如，我曾经在微信群里看到一则收购信息，发布者提出要以百万元收购一捆无4、7的某个绝品新版币种。当时，我非常气愤，在群里直接谴责这样的虚假标价行为。意料之外的是，一群很少在群里说话的人群起围攻于我，并说“标价多少是收购者的自由，市场行为嘛，想怎么标价就怎么标价”。寡不敌众的我深感此群与我的收藏理念完全不符，不愿再与托儿们共处一群，便毅然陈述一番，选择退出。

专栏4.2　我的退群陈述

各位群友，或许我的发言侵犯了某些人的利益，但我仍然要说。在我看来，钱币收藏界有两句话最具迷惑性：一是什么热玩什么，这叫顺势而为，美其名曰相信市场总归没有错。二是标价多少是我的事，想怎么标就怎么标，因为市场经济讲求自由。其实，这些说法的背后大有玄机，看似是客观标价的行为，却很可能隐藏巨大的主观谋略。在我的常识中，相信并顺应市场的前提是，市场是完全竞争且自由竞争的，更是无法操纵的。但现在的这个钱币市场却存在极大的可操纵性。大户囤货居奇原本无可厚非，但是通过后期人为炒作甚至是联合炒作，则极可能影响买家的选择。这种市场从来都是需要干预和引导的，否则《反垄断法》就没必要出台！再者，关于标价问题，如果是实体店铺或者一对一谈价，你有随意标价的自由。因为能看到的人非常有限，所以你随意标价带来的传播效果也比较小。在微信群里或者朋友圈中的过高标价原本也是自己的事，但现在却和“钓鱼”有着某种联系。所谓钓鱼，类似于电商的刷单，钓鱼者通过制造虚假成交和传播信息，误导初入藏圈的朋友。恶意标价值得警惕。对进入纸币圈的朋友来说，不能把看到的东西就当成真实的存在，或许你看到的可能只是骗局的冰山一角。

我的一个南京藏友张彦后来对我说：“胡大哥你实在太较真了，托儿在钱币买卖中太普遍，我都替别人做过托。”然后，他开始叙述事情经过。在一个纸币拍卖微信群中，每逢周一、三、五都会有许多拍品零元起拍。一次，他的一个好友要上拍一张纸币，但非常担心以低于成本价拍出，加上自己不便直接托价，便请张彦做了一次托儿。张彦告诉我，后来这张纸币以20%的盈利顺利拍出，他还得到了一包香烟作为酬劳。当然，他当托儿不是为了这包烟。他进一步补充道，其实现在每个拍群都有托儿。这个拍群还知道规定不能自己托自己的钱币（当然形同虚设），有的群干脆明确表示允许自己托自己的钱币（这种拍群我也见过，其规则明确可以自己拍回自己送拍的物品。当然，对那里的拍卖师而言，只要成交就有手续费，又何必管你托与不托呢?）。拍群是这样，很多拍卖平台也是如此。据他所知，现在还有职业托儿，他们每个月能拿到两三千元不等的酬劳。

理想再一次被现实击得粉碎，我静下心来仔细思考张彦的话，一阵悲哀涌上心头。我反对托儿，但肯定比对待诈骗或欺骗要更宽容一些。纸币市场上，谁都不愿意自己的藏品贱卖，所以，合理托一下价没有问题，但如果超过了限度就显得无法接受。虽然过于离谱的托价无法实际成交，但虚假的成交价格却可以成为该纸币下一次拍卖时竞拍者的参考价。那么，真正的纸币收藏爱好者如何才能防止自己不陷入某个“局”呢？

我以为，面对时下鱼龙混杂的纸币市场，币商们的炒作应收敛一些，藏家的心态也要理性一些。这里先讨论三个问题：

一是理性炒作的问题。提出理性炒作是为了把币种的宣传和币价的炒作做一个合理区分。有些人打着宣传名义，却反反复复说着那几句空话，诸如某某评级公司上标、某某目录认可、一眼清珍稀题材等。他们拿不出任何权威数据和论据来证明其稀缺性，只是一味地在套用网络话语，如“今天的我你爱答不理，明天的我你高攀不起”，等等。从其系列操作的手法来看，短线拉高出货是目的，是把自己的幸福建立在别人痛苦之上的损人利己行为。与此不同，理性炒作重在币种宣传，而绝不是通过“饥饿营销”方式促使收藏爱好者丧失理智。应该让大家感受到推广期内出售价格的“漏”，大家都有了“漏”捡，这个币种的市场基础就比较牢固，才会有越来越多的爱好者加入进来。

二是善意炒作的问题。不编造谎言、不团伙哄抬价格的炒作行为，就是我理解的善意炒作。收藏品有投资功能，价格越低或者预期价值越差，就越不会有人购买，但这不是刻意哄抬价格以及编造谎言的理由。真正有良心的币商，会注重纸币成长的规律以及其收藏价值的挖掘，经过深入研究之后，把对币种的研究发现、标准特征、流水冠号讲解清楚，给予大家足够的寻货时间。这种增值是健康的，是信息和知识的增值，能够这样行事的人可以称得上儒商。

三是内容炒作的问题。许多纸币的炒作只见价格不见具体内容，即使有那么一些与纸币有关内容的讨论却根本不足以支撑起其高额定价。比如，几乎每张同类纸币上都有的特征，经过吹嘘之后，似乎成为稀缺品种的特征，这就是空手套白狼的典型行为。纸币的稀缺性首先取决于存世量，其次取决于题材。存世量稀少是需要证据的，不是说有了差异内容就一定稀缺，而题材则来自美好的寓意和想象，这就是很多第四套纸币荧光币的命名如此曼妙动听的原因。

在前文提到的老九评论中，有一段话特别引起我的注意："对纸币不懂就肯定不会专业。有的藏友为了一个冠号、一个流水号段付出了大量时间和精力！他们甚至不惜以高价买入未曾接触过的冠号、流水号码，然后研究、拍照、总结，最后是低价卖出或者收藏。不为别的，就是为了对这个品种多一点了解，多一点发言权。"这段话让我想起 995 红 9 的研究者——广西"甘彬"先生。为了研究第五套纸币的一个趣味品种——红 9，他用一年多的时间查验了近八万张 995，涉及八十多个冠号。现在，这位 30 多岁的小兄弟成为红 9 专家，并发表了较为专业的研究文章，虽然其中对价格走势的判断未必科学，但对于趣味纸币玩法的推广倒也有很好的启示意义。其实，无论是币商还是收藏爱好者，都不能忘记自己的"初心"——爱纸币和爱收藏的心。或许今天你是出售纸币的人，但有一天你也许就是购买纸币的人，将心比心，以同理心善待对方，可以让别人心怀感激，也让自己心安理得，这也许就是收藏交易和交易收藏原本应有的理念。

最后，我还要重申一下，本回的内容或许让大家产生不适，认为纸币市场太乱，但事实不尽如此。我在纸币圈待了十几年的时间，纸币圈里善良的人远远多于那些心怀恶念的人。很多素不相识的藏友乃至币商，都成为挚友。每一次开心的交流、坦诚的交易，都有一种如沐春风般的感觉。当然，"一粒老鼠屎会坏掉一锅汤"，所以我们也需要谨防那些"面善心恶"之人。这里再次强调的是，网络交易还是要以安全第一，只有确保了安全，你才能更好地去体验网络交易给你带来的方便和好处，也才能够真正领悟到纸币世界的真善美。

附录 4.1　纸币清洗、修复与鉴别

纸币修复是一门艺术，也是一门新兴的学科。修复纸币的目的是挽救破损的纸币，增加其收藏价值，而不是用来骗人、糊弄人。根据一些纸币修复高手分享的文章，特归纳如下：

一、修复方法

1. 浸清水清洗法

清洗对象：主要是针对有软折痕的纸币，或稍稍有些暗、有些脏的纸币。

第一，取一盘清水，不加任何药物，将纸币放入水中浸，浸的时间依纸币特性不同而有差异，最短半小时；一般折痕深一些的、硬一些的最好浸两小时到一天。

第二，将纸币取出晾干，放在吸水的白餐巾纸上为佳，约半小时等水干。不要等干到发硬的程度。

第三，放在吸水的书中(不能放报纸中)，上面放重物压半天时间。

第四，从吸水的书中取出纸币。这时的纸币很多还会皱，因此再放在平滑的胶版纸书中(厚的铜版纸书最好)，上面放重物，压半天时间。(有币商那种专业的工具当然最好，但很多人没有。有些币商订制了专业的上吨的压制工具)当你再次取出时，一般的软折痕就无影无踪了。

2. 药水清洗法

清洗对象：主要针对有污渍的、有霉点、有铁锈、发黄的纸币等。先用药水进行处理，之后的操作与清水浸泡清洗法一样。通常来说，针对不同情况的纸币有不同的方法：

针对有污渍的：一般用商店有售的“去渍灵”。先将纸币浸湿，然后用棉签沾去渍灵，在脏的地方轻轻反复擦拭，直至洗干净。

针对有霉点的、黄斑的：先去药店买高锰酸钾和维生素C。将高锰酸钾兑水（适量，要有经验），将高锰酸钾溶液涂于有霉点的地方，等待约五到十分钟。同时，将五到十粒维生素C放于清水中溶解。然后将纸币放入维生素C溶液中，将红色的高锰酸钾从纸币上去掉。

接下来的步骤就与清水浸泡清洗法一样。如果觉得纸币太薄、太软，可以上无色无味的浆。

3. 不下水无味除铁锈斑

把除锈剂喷在脱脂棉上，然后把沾有除锈剂的脱脂棉放到铁锈斑处。除锈剂能把纸币上的铁锈斑完全除掉。待到除锈剂和铁锈反应后，用双氧水中和除锈剂，再晾干压平即可。或者用黄色的洁厕灵（有效成分为氯化氢），这个效果强，须稀释后用，局部点上，须严密观察。

4. 加纤维

把纤维糨糊（纤维素）放在容器内用温水稀释，搅拌后放置30分—1小时。1 000克水放20克纤维糨糊最佳。把洗干净的质地柔软的纸币放到溶液里，静置12—24小时，拿出晾干，然后压平即可。

5. 不下水除捆印、波浪纹

把干净毛巾浸到清水里，拿出来拧掉三分水，把毛巾平铺到桌子上，然后把带有捆印或者软折的纸币放在毛巾上面，等待30分钟到2小时。当纸币均匀吸收水分后变柔软后，放到压币器里，施以重压，压的时间长一点。

6. 不下水除整刀纸币黑角

方法一：把整刀纸币黑角面成梯形撵开，然后用德国笔式橡皮擦轻轻地擦。黑角变浅后，用颜色与纸币角颜色一样的彩色铅笔，在角上轻轻地涂，直到黑色看不到为止。

方法二：将肥皂水、衣领净和84消毒液按照10∶5∶1进行配比，首先把纸币黑角成梯形撵开，然后用脱脂棉蘸少量配制好的溶液，轻轻擦拭黑角部分,可以反复多擦几遍。等黑色变浅或者消失后,再用脱脂棉蘸少量双氧水,再次擦拭,目的是中和残留的试剂。晾干。看黑角是否有残留,如果有残留,再用彩色铅笔涂一下。放到压币器里,压 24 小时。

7. 最新搭配法清洗纸币

将 1 克高锰酸钾溶解于 1 000 克水,再加入 84 消毒液 100 克。把脏的纸币放入配制好的溶液,30 到 40 分钟后,捞出用清水漂一遍,再放到 VC 溶液中(一瓶 VC 片溶解于 500 克水)。等纸币还原本色后,捞出看看纸币还有没有脏的地方。如果有,用脱脂棉沾 84 消毒液轻轻擦有污渍的地方,然后放到 VC 溶液里洗一下,捞出后用清水漂一遍,再放到双氧水中浸 10 分钟。捞出,再用清水漂一遍,然后晾干,压平。

注意:用 VC 还原后若不用双氧水固定,处理后几个月或者一年后,纸币就会发黄,因为 VC 在空气中时间长了就呈黄色。也有用草酸溶液来还原的,这里不建议用草酸还原。草酸毕竟是酸性,用它还原后对纸币的光泽有一定的影响,纸币还会出现掉皮现象。

8. 破损纸币修复

方法一:简单修补。用玛瑙刀的刀尖取一点固体胶均匀涂抹在纸币裂口或者小洞处,然后用手纸或与纸币颜色差不多的宣纸慢慢填补小洞或者裂口处。填满之后,等固体胶稍微干凝固后用玛瑙刀的尾部将填补的地方轻轻碾压,使之与纸币厚度差不多。待固体胶完全干后,用刀片拆掉多余的部分。如果不平整再用玛瑙刀的尾部碾压一下修补的地方,使之与票面厚度差不多。最后用彩色铅笔和彩色中性笔把修补后没有图案的地方画出来。

方法二:精修。首先是制作纸浆。把破旧的壹分或者别的纸币加水浸泡 24 小时或者 48 小时,使纸币完全湿透泡囊(因为是破旧的纸币很容易泡囊,新的纸币则不容易)。然后,取纤维糨糊 5 克兑 100—150 克水,把泡囊的纸币放入(一般 10 张壹分纸币即可),12 小时后,放到豆浆机绞成纸浆备用。修补时,将要修补的纸币平放到一块玻璃上面,把制作成的纸浆均匀地拍在缺口、掉角或者大洞处。待到纸浆半干,用玛瑙刀的尾部轻轻碾压使之与纸币平整。全干的时候,用刀片从纸币底部慢慢地把纸币掀下来。然后,用细砂纸轻轻打磨修复部分,使之薄厚度与纸币差不多。接着,用刀片把多余的部分拆掉。最后再在台式放大镜下把缺失的图案画出。

9. 纸币清洗完上光

在纸币洗完晾干后,在表面薄薄地涂上一层鞋乳。一定不要涂太多了,多了就会发腻。接着晾半干,再重压。

10. 软折痕修复

在纸币软折痕不是很严重的情况下,可以用玛瑙刀的尾部轻轻地来回碾压,直到纸币平整。注意动作要轻,在纸币两面垫上白纸,在白纸上碾压有软折痕的部位。

11. 微脏纸币的处理

对于微脏的纸币,最好不下水,可以用笔式德国橡皮擦慢慢擦拭。这种方法对于没有图案或者白色的地方最好用。

12. 除纸币油污

以壹分纸币为例,将 93 号汽油倒入密闭容器。再将沾有油污的壹分纸币散放到容器中。在旁边观察 2—10 小时。等油污去掉后,将纸币捞出,放入清水浸泡 2 小时(中间可以换几次水)。将汽油洗掉后,晾干,压平。

13. 快速除蓝钢笔笔迹

一种方法是用魔笔擦拭,然后用蘸少量双氧水的脱脂棉,再擦拭一下,消除魔笔残留。

另外一种方法是将漂白粉(用漂白水、84 消毒液也能代替)和小苏打以相同比例溶于水中,将纸币放入,浸泡片刻,墨色即可除去。再放到双氧水中浸 10 分钟,捞出用清水漂一遍,晾干,压平。

14. 除纸币陈旧胶带

把白纸对折,然后把带有陈旧胶带痕迹的纸币放到中间,用吹风机高位挡吹。摸着烫手后停止吹风,随后用平板镊子慢慢把胶带揭下来。可以重复吹几次。若胶带揭下后纸币上仍有残留胶,可以用脱脂棉蘸酒精慢慢擦拭。如果是时间长的硬化胶带，可以先用酒精擦拭，然后用吹风机吹。

另外一种方法是用建筑行业调油漆用的稀释料把胶带弄湿，用镊子慢慢将胶条撕下。对于纸币上残留的胶，可用稀释料轻轻擦拭去掉。

二、鉴别方法

在实际鉴别过程中，通常的方法：

一是“看”。这是最主要的辨别方法。一般八品以下的币，洗过后都很容易看出来，因为原来的品相就不好。这时主要看纸币磨损的地方——该脏的地方是否脏。因为流通过的纸币肯定有磨损，磨损的地方大多都是脏的、黑色的，这个地方要是有白色毛茬基本就可以断定是洗过的。对于九品以上的纸币，主要看颜色。拿一张正常的对比一下，下过药水的颜色都会变浅。然后对光斜 30 度看纸币。可以用一张正常的对比一下，下过水的反光度比正常的差很多，有的纸币表面甚至能看见小麻子坑。如果是凸版的纸币，看一下油墨的反光度，下过水的会差一些。还可以在放大镜下看纸币的纤维纹路。再有就是透光看，对于修补过的地方，用这个方法基本一眼就能看出来。

二是“摸”。主要是用手去摸纸币的薄与厚。下过水的纸币一般都需要压平，压过的纸币要比正常的薄些。还有就是凸版的纸币，其凸凹感减弱。可找张正常纸币，用手去摸，对比一下。

三是“闻”。这个方法也很重要。用过药水且处理很好的纸币是没有味道的，正是因为处理得太好，恰恰说明了用药水的嫌疑——如果有药水味那就更能说明问题了，一张全品纸币有油墨的清香味，一旦用无色无味的药水洗过，或者用过有味道的药水但后期处理得比较好，纸币的原始油墨味道也就被同时除掉了。

四是荧光灯下鉴别。有的药水修复后留有荧光效应，所以在荧光下有不该显示的图形，就应该怀疑是否用过药水。

资料来源：《纸币修复精编手册》、《四看一听巧识下水币》、新华网、百度网。

第五回　市场分层

他人笑我太痴颠，我笑他人看不穿；
多少币商暴富梦，只有藏家惹人羡。

纸币收藏是一个痛并快乐的过程。之所以说痛，乃在于那种寻而不见或者见却没能力买下的苦楚。快乐则是不期而遇的幸福体验感。我想，每一个真正喜欢纸币收藏并持之以恒的人，都会有这样的感觉，每每想起收藏经历，或可笑、或遗憾、或懊悔、或失望、或焦急……五味杂陈的各种心情油然而生。所以，在纸币收藏中，如果按照幸福感来说，藏家是最令人羡慕的，因为这种行为是发自内心的对藏品的喜爱，且不掺杂太多的价格贵贱观念。相对而言，以发财为动机的人，则充满了焦虑。他们不停地追求交易以满足捡漏或者赚大钱的欲望，但这种短期满足构不成幸福，最终会陷入不断争强夺利的漩涡。若从财富积累角度来看，我坚定地认为，真正的藏家是笑到最后的人。正所谓，傻人买傻人卖，还有傻人在等待，那种快进快出的打滑板者或币商，很难持有到最后以享受拥有藏品的满足以及后期裂变式的价值增值。当然，不是每一个藏家都可以达到这种境界，最关键的取决于藏家的自我修养、专业知识和超前眼光。

一、结构

纸币圈是一个内生循环、开放联系的生态圈，群内既有“大鱼吃小鱼、小鱼吃虾米”的食物链关系，也有“与狼共舞”的共生互利关系。纸币圈还是一个“江湖圈”，既有充满“江湖义气”的性情中人，也有唯利是图的无耻小人。在这个圈落里，纯粹的买卖关系很多，但在微信社交工具的助推下，“纸币买卖＋感情联络”成为藏家认可的主流玩法。很多卖家/买家在出售/购买纸币的同时，也会主动添加对方好友，一则可以继续推销或购买，二则相互交流和切磋。至少我以及身边的朋友，都是如此。藏友在一尘网站或者其他钱币平台搜寻到目标纸币以后，大多会请求对方加为微信好友，除了进一步了解目标纸币的情况，也为了交上一个懂得纸币的朋友。根据我的观察，许多互联网上的币商早期也都如此操作，他们通过各种方法“吸粉”，以图将来建群拍卖或者平台直播售货。所以，以感情联络为基石，是当前纸币圈的一个重要特征。在线下的纸币交易中，建立感情基础对双方而言也都有利，至少熟人交易不会明目张胆地售假。正所谓“兔子不吃窝边草”，否则在这个圈子是待不下去的。

由此让我想到，中国人特别重视圈子的现象。比如，有血缘关系的亲友圈，有地缘关系的老乡圈，有同窗之谊的同学圈，有事业交集的同事圈，圈子的概念之多，充斥着中国人生活的方方面面。纸币圈是因纸币收藏结缘的人群。如果纸币圈和以上的各种圈子有所交叉，那么，就是亲上加亲，交易本身的可靠性会迅速提高。在这个圈子里，按照人的目的不同，我们可以画出一张圈层结构图(见图 5.1)。

在这个环环相扣的纸币圈中，以大币商和大藏家为中心构成了一个椭圆圈层。按照获取财富的能级大小，这个圈层依次向外展开是行家、小币商、打滑板者、小地摊、纸币收藏爱好者和纸币小白。

纸币生态网络中，食物链的最顶端是评级公司、大拍卖行和平台-币群三大巨头。他们就像是“杂食动物”一样，荤素通吃。无论是大币商、大藏家，还是小币商、散纸币收藏爱好者，都是他们的食物来源。只要有源源不断的纸币收藏爱好者加入纸币圈，他们潜在的盈利就会越来越大。其实，三大巨头并不是只要成立一个“皮包公司”就可以收钱，权威认证和

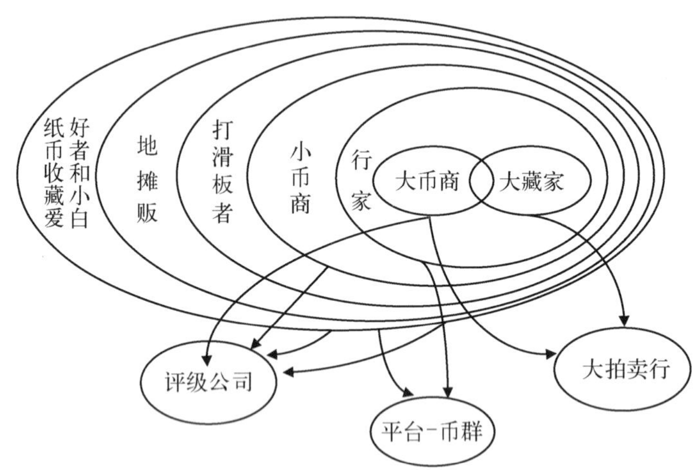

图 5.1 纸币圈的构成结构

优质售后是确保三大巨头稳坐生态链顶端的基本条件。如果只是为了短期圈钱而搭建"草头班",那么注定他们做不长且走不远,而且会彻底毁坏纸币圈的健康生态,让潜在的纸币收藏爱好者脱离纸币圈。也正是因此,三大巨头的专业水平和道德素养,既是纸币圈高额收益的关键因素,更是纸币圈生态健康的根本因素。

根据食物链的生克制衡关系和能量传递方向,我们可以形象地描绘出图 5.2。在这里,纸币小白是食物链的最底端,他们的无知与快乐成为打滑板者和地摊贩吸聚财富给养的来源。打滑板者和地摊贩一旦拿到小白出手的纸币便找到行家和小币商估价,若价格合理就立即售给小币商、行家或者纸币收藏爱好者。所以,打滑板者和地摊贩是行家和小币商集聚钱财的主要来源。最后,在这个圈落中无论是谁,只要他有了被认为比较珍惜或者能卖好价格的纸币,他都会想尽办法找到下家。这时,评级公司、拍卖行就成为他必定选择的去处,他会借助他们的传播力量把珍惜纸币推向大币商、大藏家。与此同时,那些不够珍稀的纸币则通过一般的拍卖平台或纸币群流向纸币收藏爱好者。

另外一个有意思的现象是,图 5.2 中的 7 个主体板块中,①②③⑥彼此之间是对抗关系，因为它们之间是买卖关系，所以彼此之间总希望对方能够让利。④和⑦之间是互利关系，两者相互依存共生成长。理论上，④和⑤应该与其他人是中立关系，他们只收取评级费和拍卖费，与任何人都保持着相对的独立。但实践中，⑤和⑥的弱对抗关系比较明显。因为如果平台-币群拍卖都是免费上拍的话，那么只有成交时，他们才可以收取费用。所以，平台-币群很难做到独立。

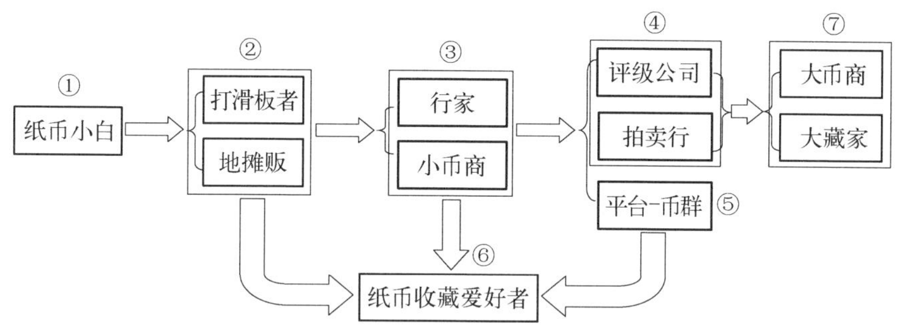

图 5.2　纸币圈的食物链结构

乍一看，纸币圈结构中的小白和纸币收藏爱好者是食物链的最底层。但其实不然。的确，如果没有小白，纸币市场就失去了捡漏的可能，也就不可能有那么多人涌向纸币收藏领域。这种捡漏的快乐和冲动，是绝大多数初入纸币收藏领域人的梦想。在捡漏心理的驱使下，纸币市场呈现出投资性、收藏性和投机性的三重特征。但是，小白只是充当了懂行人的“炮灰”，纸币收藏爱好者才是纸币市场发展的基础。直到目前，纸币收藏爱好者仍然是主流。《金融博览·财富》杂志联合数字 100 市场研究公司展开的一系列在线调查显示，被访者收藏钱币的主要目的是个人的兴趣爱好，占比 82.4%，而以投资为目的的收藏行为占比也达到了 30.1%。这里的统计仅仅以购入钱币群体规模来计算，不包括纯粹的投机者。

二、角色

人以群分。古龙先生说，有人的地方就有江湖。江湖实质是一个圈子，按照武功高低、人品好坏、门派差异等，可以划入不同的圈子。划入的圈子不同，在江湖中的地位也不同。至少在小说中，不同江湖圈的人充当的角色和作用也是不同的。通过彼此的交叠和联系，一个个精彩故事进入了读者视野。同样的情况也适用于纸币生态圈，每一类人都有自己的角色和作用。这里我将主要围绕纸币圈的构成者对其角色进行介绍。

通常来说，大币商和大藏家是纸币收藏市场的风向标，他们对于纸币的判断往往成为整个市场的判断。当然这种判断是立足长期的趋势认识，而不是小币商那种投机性的短期理解。在我接触的人中，的确碰到过一些大藏家，他们手中的藏品可谓是珍稀至极。比如图 5.3 所示的两张设计于“文革”末期的贰圆纸币。一张纸币的正面图案是天山军民骑马保卫边疆，背面图案是大型军工产品运输，票面各部分均为雕版印制。这张纸币的制作工艺精湛，在当时的年代里，实属不易。这张纸币的奥妙之处在于在透视时，图案中的牡丹花能够重合。这证明了我国当时印刷防伪技术的高超之处。惟一的缺点是票面布局似乎有些不均，内容集中一个位置，显得两边有些空。2019 年 8 月 21 日，SPINK 香港-中国/世界纸钞专场拍卖在香港华富商业大厦举行，1975 年第三套纸币贰圆天山军民设计稿以 132 万港币成交。

图 5.3　未发行的人民币样稿示例一

1975 年我国还设计有另一种贰圆纸币。纸币的正面选用了楷模、英雄大庆油田铁人王进喜的头像，背面采用了大庆油田建设工地图案，并且正面与背面均是凸版印刷，采用五角星水印。这张贰圆纸币同样采用了雕版印制，完美诠释了时代特征。

图 5.4　未发行的人民币样稿示例二

非常遗憾，这两种纸币都没有正式发行。这位大藏家在 20 世纪 90 年代初以数万元价格购得这两枚纸币样稿，并珍藏至今。其间，有人多次以数十万的价格意欲购买，都被他拒绝。理由很简单，这两种纸币的存世量也就几枚，卖了就意味着永远失去，长远来看升值潜力无限。

我不得不佩服这位老藏家的眼力。试想，在 20 世纪 90 年代初以数万元购买两张“纸”，根本就是让很多人无法理解的事，他的老伴当年为此事差点和他离婚。但今天看来，他的选择是正确的。他的成功并不是因为偶然所得，而是因为胆识＋眼力。据我所知，这位已过耄耋之年的老人手里还有很多难得一见的绝佳珍品。他从 10 多岁便开始痴迷纸币收藏,积累了大量收藏知识。他手中收藏册中的任意一张纸币,都有一个让他历历在目的过往故事,这是他一生的回忆,包含了他过去的整个经历。他告诉我,在纸币收藏这个领域,他的藏品还不算太牛,世界上一些真正的纸币大藏家本身就是大币商(这也是图 5.1 中两个圆圈交叉的原因),他们手中珍藏的纸币往往是孤品,恐怕我们这辈子都无法见得到实物。

纸币圈中的行家,是那些有丰富收藏经验和知识积累但不过度追求买卖交易和收藏目的的人。这些人往往对纸币有着深入的研究,也拥有非常灵敏的市场嗅觉,然而他们不执着于纸币收藏。运用自己的知识捡漏或者预判短期内行情走势展开投机,是这些行家的拿手好戏。他们有的学历层次较高,有的领悟能力较好,还有的商业头脑灵活擅于接受新事物,但从他们内心来说,并不痴迷于纸币收藏,看见合适的就收一些,接近市场价格就赶紧抛出。在纸币圈,行家真的是不少,他们对大多数常见纸币非常了解,包括各种作假手段,想要让他们"吃一回药"简直比登天还难。他们周游在各大市场之间,努力发现纸币商机,寻找各种大漏的出现。特别是随着第四套纸币、第五套纸币的兴起,这些人一下子冒出来很多,其中多数人是以交易买卖为目的。但他们对纸币研究的深度却颇有专业水准,有的时候还能引领市场风向。当然这种风向只是时尚,很难成为大气候。

接下来就是小币商。他们是纸币市场的卖出方(虽然也有回购,但仍然是为了卖),自己的目的非常明晰,就是把纸币作为生意来对待。虽然这些人中有的也搞些收藏,但终究是以卖纸币为目的。也就是说,只要出价到位,喜欢与否变得不再重要。所以,你可以把他们说成是纸币的"搬运工"。当然,这些小币商不同于打滑板者和地摊贩。他们一方面拥有一定的社会关系网络,有着自己的纸币来源渠道,如商业银行;另一方面他们投入的成本也很高,不仅店里的"货"是花大价钱购得,而且还要交付柜台租金和支付人工费。所以他们必须赚到钱,否则只能喝"西北风"。这些小币商对纸币的鉴定水平和评判能力非常专业,说到底"没有两把刷子是不敢开店做买卖的”。因为一旦走眼，很可能血本无归。店铺是固定的，售出问题币的风险也高，购买者会找上门来，即使能做到不调换或拒绝退款，信用也会因此降低很多，以后很少有人敢和他打交道。正是因为小币商强调交易的快节奏，所以，他们会跟风会炒作，眼下什么热就买卖什么，大量囤货、出货可以带来较好的回报。但有时他们也会跟不上节奏，大量囤货压在手里，惨不忍睹。至少这两年，随着第四套纸币的降温，大量小币商可谓“谈四色变”，柜台里堆积着成捆的第四套纸币，短期出售基本无望，根本不可能再去收购这些满大街都能看到的纸币。大量小币商从线下转移到线上，开始做电商、做拍卖、做直播，收益也还不错，毕竟小白很多，加上忽悠的本领，倒也能够挽回一些损失。

打滑板群体是两边“抽头”，他们深谙市场上的纸币价格信息，有时即使不懂纸币的真伪或者行情，但因为和小币商非常熟悉，所以他们可以把客人引到币商那里合伙收购。待完成交易后，他们可以分得一小杯的“肉汤”。通常，这些打滑板者没有固定店铺，也不渴求长期持有或收藏纸币，因此快进快出是他们的行事方式。很多时候，他们收来的纸币还没有焐热就赶紧加一点点筹码售出。个别情况下，他们也会被套，主要是因为对币商收购价的不认同或者自己没有悉心观察导致问题币入手。这种情况下，他们会自认倒霉，将纸币低价甚至不惜赔钱转让给地摊贩。

地摊是收藏市场中的特色化现象，南来北往的人只要几个包加一块布就开始了自己的闯天下之旅。很多地摊贩出售纸币的价格要比正规币商的低一些。毕竟在没有信誉保障情况下，谁敢花同等价格从地摊贩购买纸币呢？多数时候，地摊上摆出来的纸币是一些普通品种，价格也非常便宜，但地摊贩是有“好货”在手的，只不过在不熟悉的时候或者他认为你只是为了了解行情的时候不会拿出来。他们一旦认为有主顾愿意购买时，就会主动拿出好货供他欣赏。他们的价格并不会比币商低很多，但是，与他们议价的空间很大，甚至你给出的价位很低时，他们也不会像币商那样生气恼怒。他们愿意和你交流分享自己的经历，为的是让你相信他们的货来路正宗。这些地摊贩各有各的窘境，不一定具有非常专业的纸币知识，生活的磨砺让他们看上去比实际年龄大许多。他们的真实想法是：收货时，无论真假，越便宜越好。卖货时，无论是谁，价格越高越好。摊贩们也希望和善意交流的人成为朋友，但这的确很难，毕竟大家的心态不同、目的也不同。所以，我对地摊贩心怀同情和尊重，但仍要提醒大家要格外谨慎小心地摊淘货这种收藏方式。

图 5.5　某市场地摊一瞥

“小白”就是对纸币知识一无所知、毫无储备的人。我看到的纸币小白，主要包括两类人：一类是刚刚入行没有基本纸币知识但心怀善意的人，一类是看见自己家里有纸币却从没有想着研究一番、只想着尽快出手的“败家者”。小白的可悲之处在于，高价购买低价贱卖，还觉得占了大便宜。实际上，任何初入纸币收藏领域的人，都有过打眼或者“被骗”经历，但后期认真学习则可以让小白们变成行家甚至成为收藏家。也有新手一辈子都活在混混沌沌的世界里，见什么喜欢什么，别人说什么买什么，缺乏个人见解和思考，真的碰到所谓的珍稀品种时，却因缺乏知识和勇气而失之交臂。

三、聚类

物以类聚的道理在纸币收藏中依然是有效的。按照纸币收藏类别，纸币圈可以划分为老精稀、大全难和新怪奇三大圈层。老精稀以第一套纸币、第二套纸币、第三套纸币为主要收藏对象，主体是资深收藏爱好者。大全难是以纸币套系版别大全或者冠号大全的收藏为主，主体包括资深收藏爱好者以及特殊兴趣的收藏爱好者。新怪奇是以新版及细分品种的纸币为收藏对象，主体是一些新入纸币收藏领域的兴趣者和部分有较好研究的行家。

1. 老精稀

正如文字含义那样，老精稀的“老”特指这类纸币的时间久远、历史沉淀长，业界已经具有了非常好的“口碑”。在纸币市场上，稍微有些知识的藏者对这些品种会非常熟悉，远远瞄上一眼，就知道是什么品种、版别和名称。“精”就是精品的意思，纸币市场中的精品具有知名度高且广受追捧的特点，比如第三套纸币中的深版车工、枣红壹角等。“稀”特指存世量少，由于流通时间久远，这类纸币能够完整保存下来的已经不多，更不要说全新绝品。因此，老精稀是纸币收藏中最具保值、增值力的品种，痴迷纸币收藏的爱好者以收集老精稀为荣，甚至还有强烈的排他性。在他们看来，只有老精稀才值得玩，其他新版纸币满大街都是，谈不上稀少，谈不上题材，何来收藏意义。

在第一套纸币、第二套纸币、第三套纸币中，并不是所有品种都是老精稀。比如二套纸币的水坝伍角，其存世量实在太大，几乎有一些收藏经历的藏友都可以拿出这枚纸币。第三套纸币里多数的普通壹角纸币、贰角纸币以及拾圆大团结等，也够不上精稀的标准，存世量太大，价格自然不高。比如，PMG 67E 的水坝伍角不过 400 元左右，普通的第三套纸币壹角绝品裸币也不过 10 元左右。因此，同样是玩老精稀的群体，能够拿出真正“牛货”的人却并不多见，普通品种仍然占据多数。收藏界有句流行话讲得好，“垃圾永远是垃圾”。这意味着，收藏爱好者千万不要一味贪图藏品数量多少，今天花 100 元，明天再花 100 元，看起来都是小钱，但经年累月以后，花掉的小钱累起来就变成大钱，手里却只握着一堆所谓“老精稀”中的垃圾货。若论抗跌能力，市场最先跌的一定是“垃圾品种”，因为它们量大。若论升值能力，一定是那些真正的“牛货”，因为它们永远量少，甚至难得一见。

我个人也曾经经历过贪图收藏数量的过程，毕竟动辄价格成千上万元的一张纸币在心理上无法抵得过同套的、厚厚一沓纸币纳入收藏册子。在这种心理驱使下，我进入纸币收藏领域没几年，就陷入家里堆满廉价货的窘境。当然，市场行情好的时候，这些纸币也会上涨，但你很快会发现，它们很难卖得出去。没有别的原因，就是因为它们非常容易买到。购买这类纸币时，购买者对价格、品相非常挑剔，因为他们具有非常大的选择空间以至于卖方几乎没有什么议价能力。

反之，一张好品的第二套纸币绿叁，2008 年是 5 000 多元一张。当时我认为，花那么多钱买一张“纸”不划算。但最后的结果如何呢？2019 年好品绿叁的价格已经上涨到 10 万元，而且一票难求。经济学中有一个垄断市场和竞争市场利润差异的分析，在竞争性市场中，买卖双方都无法操控市场，所以，商品的价格只能接近成本水平。反之，在垄断市场中，垄断一方可以自行定价进而达到最大化利润。因此，真正的老精稀品种乃是满足垄断市场的基本条件，如果它在币商手里，币商就是卖方垄断者；如果它在收藏者手里，收藏者将来就是卖方垄断者。此外，拥有一张珍贵的老精稀纸币，在收藏圈里还是品味和层次的体现。如果你从事多年的纸币收藏却拿不出一张“牛货”，那么，你很难在这个圈子里混下去。

从市场操纵的角度分析，老精稀是价格最为稳定的收藏品种。大家试想一下，谁能够一下子拿出 1 刀连号第二套纸币绿叁呢？我可以肯定地说，在中国纸币收藏圈里，这是不可能办得到的事。道理很简单，在那个几分钱就可以吃饱肚子的年代里，“壹圆”的购买力大致与今天的“数百元”相当。哪一个家庭可以储藏 100 张绿叁不使用并等待其成为一张流通领域的“废纸”呢？更为显见的是，当时的中国社会贫富差距很小，大家的收入都比较低(见表 5.1),没有谁可以积攒到这样的巨款。此种情况下,币商即使有炒作它们的动机,也不可能有炒作的可行性。

表 5.1　1955—1962 年我国人均月工资

年　份	平均月工资(元)	年　份	平均月工资(元)
1955	43.92	1959	42.67
1956	50.08	1960	42.58
1957	52.00	1961	42.50
1958	44.67	1962	45.92

资料来源:各年份《中国统计年鉴》。

结合纸币套系来看,第一套纸币的价格走势几乎不可能被人为操控,毕竟时间久远,存世量非常稀少。第二套纸币中的优良品种,如大黑拾、绿叁、红伍以及海鸥黄伍圆(并称第二套纸币"四珍"),也是难以炒作起来的。第三套纸币的情况比较复杂。它是在 20 世纪 90 年代末才退出流通领域的币种,当时许多经济条件比较好的人已经具备收藏条件,一些有眼光的商人也开始大量囤积好货,因此第三套纸币的不少品种存在市场操控的可能。今天,你到各大钱币市场里观察,会发现成刀的第三套纸币贰圆车工堆放在橱窗里。当然,达到这样级别的币商非常少,所以,第三套纸币珍惜品种的炒作程度不会太高。

从喜欢老精稀的人群构成上看,老精稀收藏圈比较小,圈子里大多数人经济实力较为雄厚、对老版纸币有着浓厚情节。这些人处事相对成熟,有独立的认知能力,但由于工作时间和年龄因素,他们并不都是专家,有些人甚至还看不出水洗等问题币。他们为了防止被骗,选择评级币的意愿比较高,有纸币收藏界"土豪"的美誉。

2. 大全难

邮票藏家特别注重邮票套系的完整性,痴迷的藏家甚至以集齐某个系列套票为人生目标,如新中国邮票大全,或者中华民国、解放区邮票大全等。一些从事邮票收藏的人踏入币圈后,对"大全难"收藏内容产生了浓厚兴趣。这里所说的“大”，讲的是套系内品种数量多，“全”指的是完整套系，“难”则代表瓶颈或者“种筋”纸币难以寻找。与老精稀收藏爱好者重视人民币老套系不同，大全难收藏爱好者喜欢人民币套系里的细分套系，尤其是冠字套系的收藏。由于第一套纸币、第二套纸币以及第三套纸币中部分珍惜品种的存世量很少，所以大全难收藏爱好者主要集中在第四套纸币和第五套纸币领域。

大全难中最常见的套系是按照纸币版别进行收藏，比如第一套纸币大全、第二套纸币大全等，这些大全套的名录在一些专业书籍中都有对应说明。有的大全难玩法则是按照纸币品种独立命名的套系，如第四套纸币荧光币大全、第五套纸币细分品种大全等。顺带说一下，关于第四套纸币荧光币品种以及第五套纸币细分品种，许多可归属在下一个讨论主题，即“新怪奇”方面，因此，此处不再赘述。在这里，我重点谈一谈比较流行的纸币冠号“大全难”。说心里话，配齐一套冠号大全，是一件旷日持久的浩大工程，不仅要拿出大量空闲时间，还必须花费巨额资金。在近两年的时间里，我致力于第四套纸币贰圆的冠号配套，个中辛苦滋味只有自己知道。当最终配齐 188 个冠号之后，那种释怀的感觉无以言表。

前些日子，一位中国香港商人从天津某币商处购得第四套纸币全套冠号大全(据说尾数都是 8)，成交价达到 53 万元人民币，可谓是一次全部到手，无须费神费力。显然，这位港商属于钱币投资者，有经济实力却没有闲暇时间。在集配冠号大全的过程中，最有意思也最让人揪心的地方恰恰是寻找冠号的过程。因为思之不得，很多冠号玩家会通过各种渠道打听稀缺冠号的发行和投放信息，甚至远赴千里之外开展搜寻。很多关于冠号的知识，就是在这些人“研究—发现—寻找”的过程中成为业界的基本信息。所以，玩冠号大全的人大都会从事纸币研究，拆刀、拆捆都是非常常见的事，经年累月之后他们也可以发表出专业文章，并成为专家展开对纸币收藏问题的探讨。

“大全难”的乐趣在于一个“难”字，会令人上瘾。每当看着册子中留的“天窗”，那种像猫抓一样的心情无以言表。因此，专门配号的人在钱币市场上的议价能力很低。碰上狠心的币商，开出天价也是有可能的，毕竟能够遇到缺少

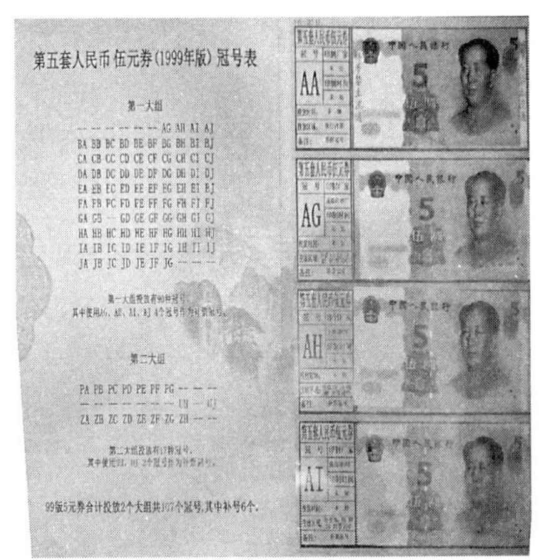

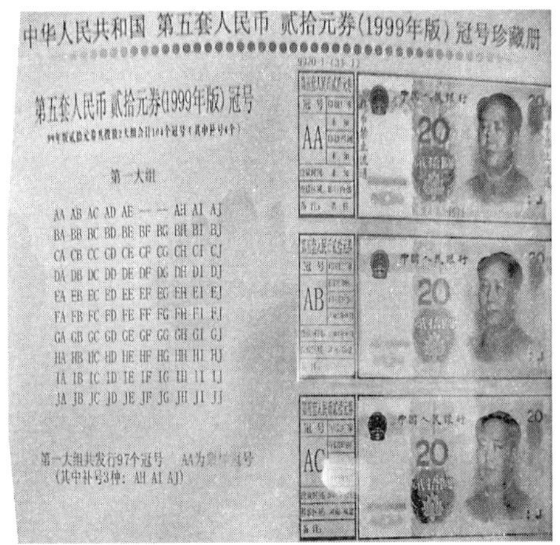

图 5.6　995 和 9920 冠号大全套册

的那张纸币，已经是很幸运的事情。比如，我认识一位热爱配号的南京币友，他专门配尾号“322”的各版纸币。有一次在群里闲聊纸币时，他请大家帮忙寻找一张五星车工。没过多久，有一个币商联系他，并声称找到了这种纸币。令他有些意外的是，这张纸币的正常市场价不过 5 000 元左右，但对方的要价却高达 9 800 元。眼看着找了许久的纸币就在眼前，这位朋友狠下心来答应了这个价位。谁知不到 5 分钟，对方又迅疾告知币主反悔出售，除非价格提高至 11 888 元。很明显，这个价格远远超出了该币应有的价值，他最终不得不放弃。但此后很久的时间里，他一直没有遇到尾号“322”的车工，为此感到怅然失落。

表 5.2　第四套纸币冠号情况

套系名称	数量	补　　号	瓶颈
8001(两冠)	585 冠	JG、JU、JT、JW、JX、JZ、ZH、ZI、ZH、JN、JO、ZM、ZN、ZO、NJ、NY、NZ、JH、JJ、JA、JB、JC、ZT、ZU、ZW、ZX、ZY、ZZ、NN	HU
8002(两冠)	242 冠	JX、JZ、ZI、ZJ、ZN、ZO	JX
8005(两冠)	421 冠	JX、JZ、ZO、JU、JW、ZI、ZJ、ZN、JH、JI、JJ、ZW、ZX、ZY、ZZ、NO	GU、JX
801	159 冠	JU、JW、JX、JZ、ZF、ZG、ZH、ZI、ZJ	DQ、IQ

（续表）

套系名称	数量	补　　号	瓶颈
901	148 冠	ZB、ZC、ZD、ZE、ZL、ZM、ZN、ZO、JK、JL、JM、JO	MP
961	163 冠	NX、ZM、JR、JT、JU、JX、JY、JZ、JO、ZN、ZO、ZE、ZF、ZG、ZH、ZJ、NY、NZ	ZM、ZE
802	54 冠	JZ	JZ
902	134 冠	JU、JW、JX、ZH、ZI、ZJ	JX、ZJ
805	264 冠	JX、JZ、JN、JO、ZI、ZJ、ZM、ZN、ZO	JO
8010	331 冠	JU、ZM、ZN、JO、JX、JZ、ZG、ZH、ZI、ZJ、ZK、ZL、ZO、JN、NY、NZ、NI、NI、JJ	ZM、ZN
8050	24 冠	JZ	JZ
9050	169 冠	JU、JX、ZH、ZI、ZJ	AR
80100	16 冠	JZ	JZ
90100	204 冠	JU、ZG、JS、JT、JX、ZH、ZI、ZJ、ZM、ZN、ZO	ZG

注：这里不考虑荧光及其他题材版别纸币。

俗话讲，物以稀为贵，用在收藏领域，则是藏以难为精。“大全难”本来就不是每一个玩纸币的人都能做到的事情。要么限于精力，要么限于财力。要注意的是，不是所有的冠号大全都是可保值、增值的大全难，那种人人都有或者可以轻易购得的大全，实现起来并不难。比如，市面上 8001－3(第四套三冠壹角纸币)冠号大全，简直铺天盖地，任何一个收藏平台只要输入目标搜寻字，便会跳出一堆来。实际上，这种所谓的“大全难”套系已经成为商品而不是藏品。不少初入市场的小白们，出于贪多、贪便宜的心理，购买了很多这种大全。其实，这也同属于我在前面提到的“垃圾藏品”类型，无论经过多少年，这种东西仍旧会是“垃圾”。

通过以上分析，大家不难发现，“大全难”收藏群体呈现出显著的两极分化趋势。一个是小众群体。他们有经济实力，以收藏或投资为目的，抱有长期升值的预期。另一个是大众群体。他们或刚刚入行或经济实力有限，基本是以“玩”或“押注挣一笔”的心态参与大全难套系的买卖。在我看来，在今天的纸币收藏市场，不能再抱以侥幸暴富的心理，没有足够的知识储备是不可能捡到漏的，没有纸币研究积累更是不可能产生合理判断的。那种人云亦云、随波逐流式的收藏方式，长期看来注定是一无所获！

3. 新怪奇

如果说大全难已经隐含了导致纸币市场不安定的因素，那么，“新怪奇”收藏潮流的产生，则将纸币收藏市场引向一条不归路。行内的人都很清楚，新怪奇纸币品种是纸币圈时下流行的另类收藏。最近两三年间，这种奇葩的收藏风气迅速蔓延，吸引了大批小白。“新”指的是刚出现的、尚未得到充分认可的币种。“怪”代表同币不同种，比如 8001 荧光纸币，可以区分出几十种差异(见图 5.7)。“奇”大有“奇货可居”的意思。当下的纸币收藏市场

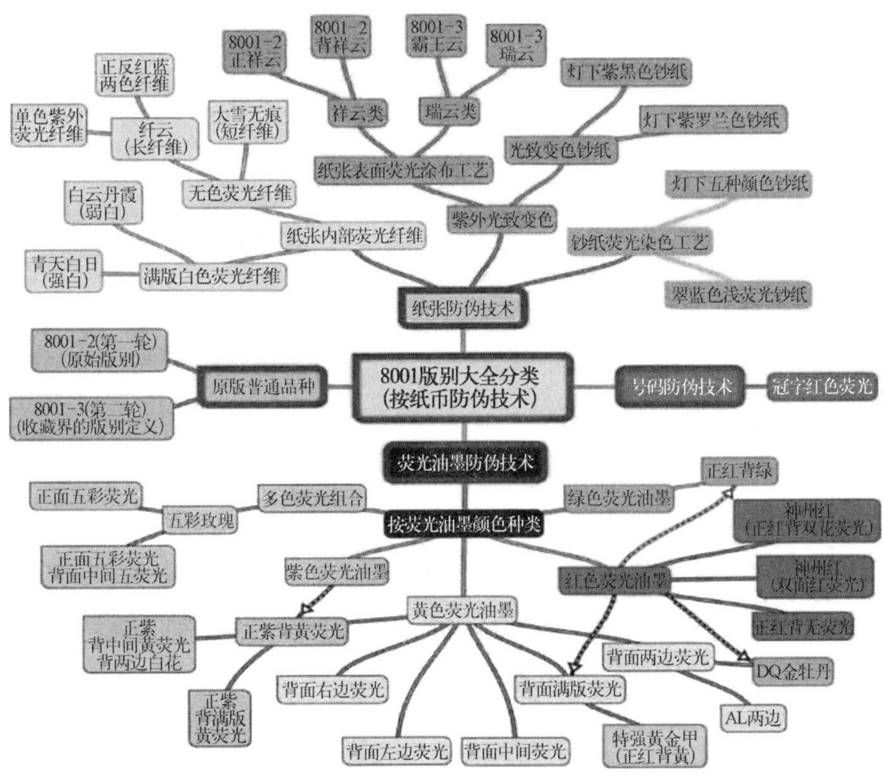

图 5.7 8001 荧光品种(尚待发掘)

上，新怪奇品种非常多样，只要和纸币沾亲带故，似乎都可成为收藏品，图5.8、图5.9展示了两种比较奇葩的新怪奇纸币“藏品”。

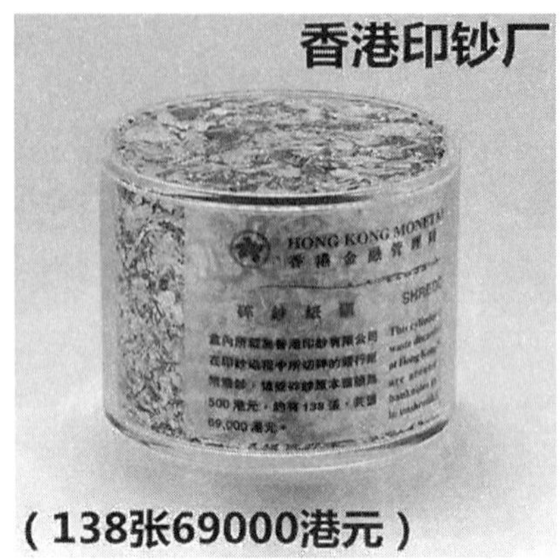

图 5.8　纪念品充当纸币藏品

图 5.9　纸币裁切边纸

一位资深的纸币藏家告诉我，他对当前纸币收藏流行的新怪奇非常失望。一夜之间，平地冒出了那么多千奇百怪的品种。一开始，他还会购买并仔细研究，但后来发现自己的研究跟不上被发现品种的速度，而且多数新怪奇品种只是无收藏意义的宣传噱头。在他看来，第四套纸币的情况已经非常严重，在一个币种的荧光品种中，几乎每过一个月都会再发现一个新品种。随着第四套纸币价格风潮的走弱，第五套纸币又一枝独秀，达到了无以复加之地步。诸如“＊＊剑”、“＊＊雾”、“＊＊绿”等一系列不知从何而来的艺术名讳纷纷出现，价格被炒到天上，但仍嫌不够高。更有甚者每天怀揣一个放大镜和荧光手电，不停地查看和照射，稍微有一些不同，哪怕是一撇、一捺、一钩、一点、一丝，都让他们无尽狂喜，大有财富天降的感觉。

老先生告诉我，他也从事纸币研究，并不排斥对纸币印刷版别以及细微差异的探究。严格说来，这应该只是个人爱好，属于兴趣币收集的范畴。如果把这种差异币的重要性无限放大，甚至想象为纸币收藏的主流，进而无穷拔高大家对其预期价值的想象力，实际是在误导纸币收藏。毫不客气地说，这不是什么收藏。今天买，明天卖，并想赚个盆满钵满，这和炒股有区别吗？说这些人真的爱纸币收藏，恐怕连他们自己都不信！老先生激动地看着我，我连连点头称是。他又说，小胡，你知道吗？这种搞法带来的危害，不仅仅是把币市应有的“收藏为主、投资为辅、少量投机”的健康理念给彻底摧毁，更严重的是会把人们心中那种“一夜暴富”的恶念彻底释放出来，让人们觉得只要炒作就可以暴富，甚至走上无底线“造币”之路。

谈到新怪奇纸币到底有没有收藏价值，老先生说，这里存在两个无法给予回答的问题。

第一个问题是官方出处的存世量。有明显差异的同种纸币，其存世量数据是无法通过官方渠道获得答案的，现今各种所谓的毛估难以令人信服。经验判断虽然可以部分解决这个问题，前提是你必须对冠号流水非常熟悉。但是，即便你能做到这一点，你无法确信存世量一定稀少。因为，新版纸币的消耗量很小，你的信息量再大也不可能全部了解不同冠号的剩余存量和地区分布。这样的模糊地带，给许多不良币商带来了可乘之机。

第二个问题是“一眼清”的权威认可度。对于瞄一眼识别记号就可以迅速判断出是哪个品种类别的纸币，这个识别记号就是“一眼清”。但是，即使有了“一眼清”又能如何呢？没有存世量的匹配，没有市场认可的衬托，“一眼清”就是纸币的一个“胎记”。现在，很多币商大炒、特炒“一眼清”概念，将其宣传为“增值不可限量的尤物”，这是收藏爱好者需要注意的问题。他认为，寻找币面差异或者借助工具研究特殊性，这原本是件好事且值得纸币界认真思考。但问题的关键在于，这种方式发现的所谓新品种，想得到正式认可必须拥有官方证据辅助（比如背绿水印，央行对这个品种有明确记载和说明）。如果实在找不到官方依据，那就必须拿出扎实的调查数据，否则只会助长自说自话甚至人为造假的歪风。

其实，普通的收藏爱好者根本无法辨清这些艺术范十足的称谓到底可信与否，很多人是随波逐流，成为任人宰割的羔羊。进一步讲，即使得到评级公司认可或者上了中文标，那也只能说明它正式成为一个兴趣币品种，仍然无法证明其珍稀程度，更不能和价值扯上必然的关系。

老先生长长地叹了口气，接着说道，正是从这些币种开始，纸币圈之乱成为定势。一大批行家充当币市资本的傀儡，开始研究、总结和发现不同币面特征并给予命名，另一大批“吹鼓手”宣传推广并叙说自己可能都不甚明白的话，还有一批人通过微信群和直播平台大肆吹嘘该品种的稀缺性和可投资价值，加之“托儿”们的秘密哄抬，无知的小白掉进陷阱而浑然不知。

面对眼前在纸币圈久经磨炼的老先生，我感受到一种微弱的正义力量，与他的悲叹产生了共鸣。这让我想到最近发生的一个可笑案例。吉林的杨先生 30 年前存了 1 000 元定期存款，今年刚好到期，当时宣传单上写着“到期本息共 36 万”，结果女儿取钱时大吃一惊，银行只能兑付 4 000 元。原因是当年的这个教育储蓄产品没发行几天就被叫停了。我由衷地感到，要不了多少年，今天购买这些大量新怪奇品种纸币的爱好者们就像杨先生一样，会产生深深的受骗感，但到那时候，当年向你宣传这款新怪奇品种纸币的人早已不知去向。

这些年来，受纸币圈藏友的推荐，我也先后接触了一些新币种，也开始对它们的特点有了一些研究。比如995红9。对于这个品种,我要明确以下三点个人看法以供读者自行思考。首先,我是把红9作为兴趣币对待的,并没有将其纳入和第一套纸币、第二套纸币同等珍稀的程度,更没有奢望它成为所谓的“币王”。其次,我比较喜欢(个人兴趣)这个品种的寓意,红色代表喜庆,9代表阳刚之数。再次,经过一些红9币商近两年的推广,它的价格仍然比较稳健,普通冠号红9在100—200元之间,稀缺冠号红9也不过300—400元之间,总体走势保持平稳,不像同类某些币种的价格已经远远超出作为兴趣币应有的价格。

四、生态

在一个生态系统群中,无论是处在食物链哪个层次的生物,它们都需要有智慧才能够繁衍不息,过度蚕食下一级的生物,看似自己壮大了,但最终毁灭的却是整个种群。想必大家都听说过穿山甲吃蚂蚁的故事吧。在人们眼中,穿山甲或许是低等动物,谈不上智慧可言。但或许是源于本能,穿山甲发现蚂蚁窝之后,每次只是吃掉这窝蚂蚁的一半,即使它还没吃饱,也是如此。恰恰就是这样的做法,穿山甲和蚂蚁之间保持了某种动态的平衡,穿山甲能够从远古走来,一直没有灭绝。从这个故事推演到纸币圈,我认为,无论纸币圈中的哪一个层次的群体,都应该以维持下一级群体对纸币的信心作为自己发展的前提,那种无底线的“忽悠”和炒作、无约束和肆意的共谋,或许能够让他们一夜暴富,但代价却是纸币收藏再也无人问津。

这几年最常听到的案例当数邮票收藏了。曾几何时,全国的邮票爱好者一度达数千万人之多。但经历了最近10年来的暴涨、暴跌,邮票收藏渐渐退去热度,很多邮商也转行到钱币。理由很简单,自1992年中国邮政开始发行编年票,这种邮票每次几乎都达到数亿枚发行天量,加之近年来邮票的寄信功能基本丧失,发行量基本等于存世量,谁买谁赔的结果已成定局。面对如此之局面,很多邮商别出心裁大搞炒作,甚至把股市,乃至期货市场的手法引入邮市。在顶峰时期,邮票市场俨然成为一个资本运作的市场。

但结果如何呢？无中生有的炒作终究是无法持久的，邮市崩塌只是早晚的事情。每次看到时下币市的种种操作手法，都让我不寒而栗地想起当年邮市。如果有一天币市到了那样的境地，试问又有谁能够得益呢？

根据《金融博览·财富》杂志联合数字100市场研究公司的在线调查，钱币收藏并不像表面上看得那么简单，有45.1%的被访者有过上当受骗的经历，其中男性买到赝品的比例显著高于女性。在谈到当下的钱币收藏市场时，受访者普遍反映存在诸多问题。56.1%的受访者表示目前的市场比较混乱，担心会买到赝品而得不偿失；47.3%的受访者认为钱币的品种太多，不知道买什么能增值；40.8%的受访者表示对钱币价格的担忧，怕炒作过大，高位被套；25.9% 的受访者认为目前钱币的变现渠道不通畅，担心无法实现套现。

根据笔者对从事钱币交易的数十位专业币商的调查显示，有以下五个方面非常值得注意。如果这些问题不能得到遏制，继续发展下去，钱币泡沫很可能会崩裂，最终殃及整个纸币圈。第一，过度“割韭菜”，小白退出圈。蚂蚁是要吃的，但不能一下子吃太多，要学习穿山甲的智慧。任何品种的定价都要适度，要慢慢玩，过激、过急最终伤害的是自己。第二，无限制细分，中文标助力。警示一下那些从事品种细分的玩家，你的脚步还是放慢一下，至少让大家能够跟上你研究推广的步伐。过度细分或者任意细分，不是收藏市场健康的玩法。那些权威的评级公司也要认真反思一下，不要动不动就入壳，真假没有弄清楚之前，草率的行为虽带来短期利润，但长期营造起来的良好口碑却是难以维持。第三，联合宣传，资本运作。币市不是资本市场，想炒股请去股票市场，币市不欢迎你。第四，恶意作假，肆意宣传。在任何圈子里，造假者都是最让人憎恶的人，这只能依靠大家同心协力联合抵制。第五，黑心出价，影响偏好。拿纸币做生意，价格当然要出，而且要保证自己赚钱，但要适度。大家一致认为通过花样百出的销售策略开展的过高定价，对谁都没有好处，伤害的只能是广大收藏爱好者的热情。

最后，我想要说的是，在纸币圈里，懂行人的心里都有一把“尺子”，纸币的出价是否合理，是否是刻意造势，大家一看就明白。只不过在中国社会中，没有谁愿意得罪人。但若从纸币圈生态出发，你不发声我也不发声，你我最终都会成为受害者。在经济学博弈论中有个经典的智猪博弈故事，故事讲述了猪圈里有一头大猪、一头小猪。猪圈的一头有猪食槽，另一头安装着控制猪食供应的按钮。按一下按钮会有 10 个单位的猪食进槽，但是谁按按钮谁就要付出 2 个单位的成本。若小猪先到槽边，大小猪吃到食物的收益比是 6∶4；同时到槽边，大小猪收益比是 7∶3；大猪先到槽边，大小猪收益比是 9∶1。那么，在两头猪都有智慧的前提下，最终结果是小猪选择等待。这个博弈故事形象地说明了当下纸币圈中为什么很多人知道有些纸币不会升值也没有收藏价值，却选择沉默。他们明知道是骗局，却愿意跟随，不为别的，利益使然。

美国经济学家奥尔森在其名著《集体行动的逻辑》一书中曾明确表达过这样的观点：如果在一个集团内部，集团利益是公共性的，即集团中每个成员都能共同且均等地分享它，那么，不管个人是否付出成本，它都享受集团共同利益；这样的情况会促使每个成员都想“搭便车”，坐享其成。集团越大，分享利益的人就越多，为实现集团利益而进行活动的个人分享的份额就越小。这个故事告诉我们，在某一个被炒作的币种开展宣传之初，或许作为小散户的你还可以跟随分得肉汤。但当这个品种普及开来之后，大庄家手里的货出完了，他们也就失去对该品种继续炒作的动力，于是，在集体行动的悖论作用下，炒作到此结束，崩盘在所难免。

综上，从投资价值来看，纸币和买房的道理很相似，外环以外房子的价格永远高不过内环以内，四线城市房产的价值难以抵过一线城市的房产。为什么？区位的原因。同样，第四套纸币和第五套纸币的确都有一些好的品种，但它们潜在的存世量实在太多，还需要时间的沉淀和市场的消耗。因此，当新手积累了丰富的纸币阅历之后，他们最终还是会回到第一套纸币、第二套纸币、第三套纸币领域，这就是收藏界的藏品置换原理。同样的道理，那些贪便宜的人和梦想一夜暴富的人，以及盲从听信故事的人，终究会有明白过来的那一天。仔细想想，我们身边的一些房产中介不都是经常编造故事嘛！他们会说，别看这个地方现在配套不好，但高铁马上就通，国际学校和公立大医院马上就会到来，甚至地铁也即将建设。反正是连哄带蒙地推荐给你。结果呢？一线或者中心城区的房产价格已经翻了几番，而推荐地段房产的高铁、地铁、学校还在规划中。所以，纸币收藏爱好者要重视稀缺性，尤其是那种自然的稀缺性，编故事、造数据是不可靠的。这些新的东西可以玩，但不能去做今天买明天高价买的美梦。至少在今天，已经获得时间验证以及得到广大藏家认可的纸币，才是最安全的东西。但如何识别这些品种，还是要依靠纸币收藏爱好者自己的阅历、知识和经验。

第六回 价由心生

你说低来我说高，谈到最后难成交；
买卖到底由谁定，价由心生漏难淘？

十五年前，我曾经撰写过一篇讨论商品价值和价格决定因素的文章。今天看来，文中的很多观点也适合于探究纸币定价问题。与一般商品不同，当纸币作为藏品时，品种的稀缺程度将是决定纸币价格低限的核心要素，收藏爱好者心理上对纸币的偏爱和追捧则决定了纸币价格的高限。在最低价与最高价之间，市场中会出现多重成交价格，这实质取决于买卖双方群体的博弈能力。要注意的是，我在这里使用的是卖方和买方的群体概念。另外，纸币市场上的"漏"，暂且可以定义为距离最高价格的差额部分，只不过有的漏太大，因为它已经远超过理论上最高价和最低价的差额。"漏"的存在让纸币收藏市场充满了投机性，对此我们必须认真思考一下纸币价格到底是如何产生的？

一、两种价格

"价值"一词在经济学领域的运用已经走过了近 200 年时光，它不再是什么新鲜词汇。很早的时候，经济学家是依据商品的两个维度对价值展开探讨。一个是商品的自然属性，即商品到底有什么样的用途，用途大的就值钱，用途小的就不值钱。这是非商品经济社会中人们对商品价值最直观的理解。二是商品的社会属性。这是说，在以交易为特征的商品经济时代里，商品可以换成钱，有了钱再去换别的商品。因此，需要在交换的时候确立一个衡量尺度和双方认可的标准。马克思认为，买卖双方的交换尺度最应该体现为商品生产时劳动数量的多少，商品中蕴含的一般人类劳动数量成为交换的参照标准。后来，一些西方经济学家认为这个衡量尺度过于抽象且难以度量，于是就有了用达成市场交易的价格取代价值独特内涵的情况。

在纸币圈，你如果问收藏的纸币有什么具体实用功能，会让人笑掉大牙，毕竟纸币就是“一张纸”，既不能吃又不能喝，属于有了闲钱以后的“发烧”行为。若你把纸币当作商品来看，并按照一张纸币生产时花费的成本多少来计算它的价格，那么，你仍然会被人笑话。因为纸币的生产成本还达不到它的面额大小。然而，这些问题并不妨碍纸币可以作为收藏品进行买卖，甚至能够卖出很高的价格，这一切都源于它是一种非常特殊的“商品”类别。

在纸币收藏领域中，我们必须弄清楚纸币藏品的市场价格和收藏价值的区别与联系。通常来看，收藏爱好者说到某纸币有没有收藏价值的时候，指的就是该纸币未来有没有涨价的可能。收藏价值越高的纸币，未来上涨的可能性和幅度就会越大，甚至会出现一票难求的情况。由此引申，纸币的收藏价值是未来市场价格的另一表述，可以形象地把纸币收藏价值定义为经过时间充分沉淀后的未来卖出价格，它在数值上等于“当前市场价格＋未来增值”。在这里，未来增值是一个收藏价值中一个非常重要的构成内容，它在数值上等于藏品当前买入价格和未来卖出价格的差额。毫无疑问，未来增值越大，人们越愿意收藏它，这是藏品的投资意义。但要注意的是，我们需要把纸币作为藏品看待，因此“经时间充分沉淀”就显得格外重要，这个时间的跨度至少10年以上甚至更久，那种今天买明天卖的增值，不属于我提出的收藏理念。

相对而言，市场价格仍旧是表征纸币当前买卖交易的尺度。其中要注意区分流通价格和收藏价格两种形态。流通价格是一个纸币基本品种当前的通行成交价，也是纸币藏品的最低市场交易价格，无论是在实体交易场所还是在互联网收藏平台，大家都认可这个价格。比如，普通 902 绝品裸币只值 20 元一张。这个价格到底是怎么出现的，有待我们后面慢慢讨论。纸币的收藏价格是另一种当前的交易价格形式，也是我们今天经常看到的交易价格。这个价格是纸币藏品当前的最高市场交易价格，取决于收藏爱好者独特的品位、特殊的偏爱，甚至是个性化的嗜好，如对数字的敏感、理解乃至想象。尽管任意一张纸币票面的冠号数字都具有惟一性，其排列组合都不可能重复。但出于个人对特定收藏文化的认知、理解和推崇等，导致收藏爱好者开始挑剔数字，这也属于趣味纸币收藏的一个分支。一个浅显的道理是，当你过度偏爱某种特殊纸币时，你就必须为之多花钱。从这个意义上说，收藏价格等于“流通价格＋溢出价格”。由此，我们可以明确收藏价格和收藏价值的关系，前者包含当前的市场溢价，后者则包含未来的纸币增值。

我认为，溢出价格是由纸币藏品特殊性引起的当前价格的增加。它原本没有明确的市场参考标准，第一笔成功交易的价格也不能作为后续交易的参照价格，因为由买家对纸币特殊癖好产生的溢价，根本上取决于收藏爱好者个人支付能力和愿意购买的强烈程度。通常来看，收藏爱好者的收藏愿望越大且支付能力越高，愿意支付的溢价部分就越大，反之则越低。对币商来说，纸币藏品溢价当然是越大越好。也就是说，虽然这个溢价取决于收藏爱好者的规模、心态和支付能力，但币商的商业操作策略却可以改变溢价的大小。我的观点是，健康的纸币藏品溢出价格应该来源于纸币本身的特殊性以及由此引起的稀缺性，那种通过人为煽动、过度炒作引起的溢出价格是引致收藏价格不正常的根本原因。

玩收藏的人都很清楚，用于收藏的纸币必须是不可再生且惟一的物品。一方面，已经宣布退市的纸币是不可能再重新印刷的，所以具有不可再生性；另一方面，流通中的纸币因为冠字流水的不同，你绝对不可能找到两张一模一样的纸币，所以每一张纸币都具有惟一性。更有意思的是，在收藏市场上，币商不是纸币的生产者，他不可能去参照什么生产成本定价；买纸币的人，目的不同，心理感受也不同，这样就不存在一个统一的买入价格。按照西方经济学观点，这种纸币收藏价格的多重性可以为币商带来更大利润。因为藏品的惟一性可以确保它难以被替代，币商拥有这方面的垄断优势，而收藏爱好者不同的偏爱程度给币商按人定价提供了可能。现实生活中，币商乐此不倦地细分市场就是希望区隔购买方的差异群体，冠号数字只是其中一个情形。虽然我也承认这种情况的存在有其合理性，但币商对市场的炒作和价格歧视起到了推波助澜的效果。在收藏观念上，我反对过度吹捧和强烈炒作，这是藏品“价格泡沫”的根本来源。

因此，有序健康的收藏市场，纸币的收藏价格要低于收藏价值。但目前的情况却是一些纸币品种的收藏价格已经基本等于甚至超过其收藏价值，这意味着纸币已经或正在透支纸币藏品未来的预期增值。如果超过的程度过大，纸币便不会再有人接盘，市场崩盘在所难免！因此，在我的观察中，随着炒作程度的加强，纸币的收藏价值和收藏价格（纸币交易的最高价）将愈加接近，到那时“丧钟”就不止是为藏家敲响的，币商也将蒙受损失！

专栏 6.1　为什么币商定价比较“死”

张三、李四、王五三个人都打算去购买一张第四套纸币贰圆，他们的预算分别是 35 元、40 元、50 元。币商收购的第四套纸币贰圆价格是每张 20 元，市场的定价统一为每张 40 元，那么只有李四和王五会购买这张纸币，币商分别可以赚到 20 元和 30 元，如果币商对张三收取 35 元，对李四收取 40 元，对王五收取 50 元，那么，他的利润将得到大幅度的增加。

在实际的收藏品市场中，上述情况的确存在，但更多的情况是即使币商进价很低，但他们的定价却比较“死”，能够还价的空间比较有限。这是因为，币商有效保障自己的利益不受损失需要确保两个条件同时成立：一是币商可以清楚地知道三个人的心理底价，否则可能因贱卖而利益受损；二是能防止三个人之间的串通，也就是说张三低价买了以后再以次高价卖给李四或者王五，这也会让币商蒙受利益损失。所以，经常跑市场的朋友应该可以感受到，与币商讨价还价特别难，几乎不可能有什么漏可言，除非他和你有交情。当然，如果你要购入的是那种难得一见的品种，币商的定价更是难以松动。

由于纸币定价中的上述特质，我们很难泛泛套用什么经济学模型或理论给予简单解释。在我看来，纸币还是一个具有上瘾性质的商品。对于上瘾的人，你出价高低都是可以的，对方是否接受，终究取决于他上瘾的程度。因此，在本回中，当我试图揭开纸币藏品价格面纱时，将以收藏爱好者作为观察对象，将币商作为外部考量因素，尝试从抽象层面探讨纸币收藏价值的形成原理，这对于理解纸币的收藏价值会有较好的效果。因为，收藏价值是纸币交易价格的基础，没有收藏价值，即使以低限的流通价格，纸币仍会无人问津。具体来说，我重点立足纸币收藏的价值到底是什么这个核心问题，通过描述购买者对纸币满足的内心各种喜好的评估，确定出他们愿意为此付出的市场价格构成。

二、收藏价值

接下来，我们首先展开对纸币收藏价值的讨论。为了避免泛泛地从存世量、稀缺性等概念来分析纸币预期增值能力，我需要借助一些理论解释。或许这些内容显得有些专业，但对于判断时下纸币圈是否健康，有着较好的认识意义。

1. 价值形成与价值测试

理论上讲，藏品的收藏价值确定了它当前市场价格的上限。那么，什么是收藏价值呢？从人的角度来看，价值总是和需求联系在一起，因为需求是推动藏品价值形成的第一原动力。试想，人人都不再触碰纸币收藏，也就没有了对纸币收藏的需求，此时的纸币除了其法定面额以外，没有任何收藏价值。另外,我们还要区分需要与需求的关系。根据现代营销学原理可知,需要是指人们没有得到基本满足的感受状态,如安全需要、生存需要等;需求则是指有能力购买并且愿意购买某个具体产品的愿望。在这里,需求来源于需要,需要是需求的基础。因此,需要是一种心理状态,需求则是一种潜在的经济行为,是具有购买能力和购买意愿的纸币收藏爱好者的需要。在收藏需求的推动下,币商提供纸币藏品。要注意的是,这些纸币只有通过价值测试后才能够转化为币商的收益。币商收益的增长又会促进纸币的收藏热度,进而推动收藏爱好者需求规模扩张(见图 6.1)。

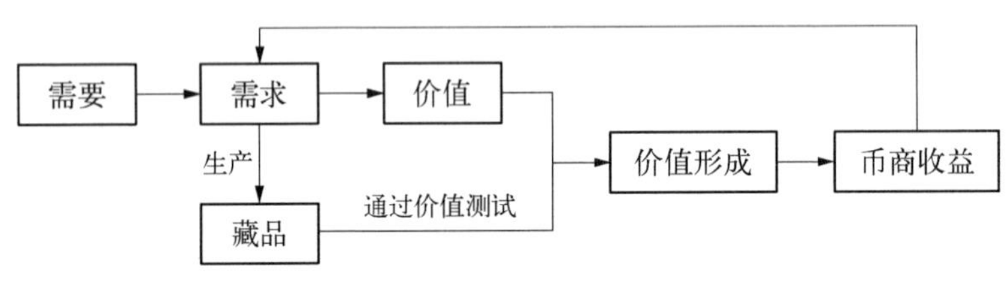

图 6.1　需求与价值的关系

资料来源:作者整理。

图 6.1 从机理上揭示了关于纸币需求与收藏价值的相互关系。在纸币收藏市场中,价值的形成要比想象中的情况复杂得多。币商提供的纸币藏品要产生较高的价值并点燃人们对收藏的热情,就必须通过藏品收藏价值的一系列测试。具体来讲,价值测试是关于纸币藏品被市场认可程度的检验;一旦某种纸币被投入币市,相关的价值测试就会接踵而至。我认为,价值测试主要包括持久性测试、短缺性测试和专用性测试三个方面,具体内容可以见表 6.1。

表 6.1　藏品价值的测试

纸币价值测试	具　体　解　释
持久性测试	藏品分散到藏家手里,没有大庄全面操纵市场
短缺性测试	存世量相对比较小,或较难集齐
专用性测试	有显著偏爱的收藏群体

价值测试对于理解纸币收藏价值的形成和市场价格的操纵具有重要意义，许多币商凭直觉、甚至是在无意识中就能掌握这种方法。比如，某种纸币在事后被证明具有很大的短缺特征，结果是市场价格立即提高，主要是溢出价格增加。我曾经从币商处购买到一本8002冠号大全，当时的市场价格是4 000元。但没过几个月时间，卖给我这本册子的币商就发信息告诉我，他愿意出1 000元回购这本册子中的那张冠字ZJ的8002，并送我一张同冠字ZJ的8002。实际上，我手里的那张冠字ZJ的8002是后来被发现的“玉钩国”，总体存世量不多，且补号(ZJ)只出现在少数流水号段。虽然我没有出让这张纸币，但在我心里却植入了“玉钩国”值钱的信息。

图 6.2 8002 玉钩国

长期来看，如果某个币种经过了市场的持久性、专用性和短缺性三重价值测试并被证明有效，那么藏品的收藏价值必定持续提高，同时也会抬升币商利润和增加市场人气。在这里，我尝试依据价值测试程度将纸币藏品划分为四类价值区，即通过三类价值测试称为价值高位区；通过任意两类价值测试称为价值中位区；通过任意一类价值测试称为价值低位区；没有通过价值测试则被视为无价值区。根据这样的价值分区，我的观点是，价值一区到价值六区，属于可收藏品种，收藏爱好者可以根据自己的经济能力和知识水平展开纸币收藏。价值七区属于谨慎型收藏品种，收藏爱好者需要认真研究和理性判断是否值得纳入。至于价值八区，建议收藏爱好者格外小心，除非特殊原因尽量不要触碰这类纸币。实际上，价值七区中的一些纸币也可能会蜕变到价值八区的炒作品种。纸币收藏爱好者对此要谨慎有加。

专栏 6.2　第四套纸币跌去 60%

《劳动报》评论文章指出，2018 年，第四套纸币停止流通的消息一出，市场价格立马蹿升。记者近日走访了卢工邮币卡市场，虽然大部分商家都在回收第四套纸币，不过出价已经比最高时跌去了约 60%。

壹佰圆纸币，散张在价格最高时可以卖到 180 元。现在品相极佳的也只能卖 130 元；

1996 版的壹圆纸币，当时一下子涨到 10 元，现在回收价只有 3 元；

1990 版的贰圆纸币，最高涨到 40 元，现在回收价大约是 18 元。

在第四套纸币中，最“值钱”的是 1980 版的伍拾圆，业内收藏者都把这张纸币称为第四套纸币的“币王”，因存世量少，散币一度被炒到 3 000元以上。不过目前，这张纸币的散币回收价只有 1 200 元左右。

从目前看，市面上的存币数量远远超过想象，呈现出供过于求的局面，导致回收价格一落千丈。收藏专家表示，普通家庭零散的第四套纸币并没有收藏价值，建议去银行兑换。

在收藏市场上，想要弄清楚纸币的收藏价值，还需要结合三个基本原理展开讨论。第一个是存量递减原理。即纸币退出流通的时间越是久远，纸币的能见性就越小，最终进入收藏领域的绝品纸币存世量也就越少。第二个是价值递增原理。在一般的情况下，随着时间的拉长，藏品存世量在递减，但其收藏价值会越来越高，正如储藏了 50 年的白酒要比刚刚出厂的白酒贵很多。第三个是收藏分散原理。任何纸币藏品经历的时间越久，其被分散化收藏的程度就越大。这时候，即使是专业币商，他也不可能再拿出成捆、成箱的该纸币藏品。

谈到这里，我们对人民币收藏的背景做些简要分析。今天只要大家去钱币市场中走一圈就不难发现,第一套纸币和第二套纸币已经完全分散开来,币商手里也不可能一下子拿出很多这类纸币。特别有意思的是,第三套纸币在收藏领域中是一个临界套系,一些第三套纸币品种仍然大批存放在币商柜台里。这是因为,20 世纪 90 年代以后,人们对纸币收藏的意识逐步增强,第三套纸币刚好处在这个时间阶段的尾声。但和新版纸币相比,因为第三套纸币流通的时间很久,消耗量也很大,所以它虽然不能和第一套纸币、第二套纸币的存世量相媲美,但也不至于过度泛滥。相对而言,第四套纸币乃至第五套纸币的数量可谓是天量,加上币商对这些纸币的储存意识超前,导致市场里随处可见的都是成捆、成刀的第四套纸币、第五套纸币。其价值的持久性测试和短期性测试今后能否通过检验,将取决于纸币收藏爱好者的规模和购入情况,实质上是取决于未来收藏市场的总规模。

总体上说,我对第四套纸币、第五套纸币多数品种的价值持久性测试和短缺性测试表示担忧。当某种纸币有了自己的品名以后,就会出现两种可能性,一种是有了非常大的名气后人人都喜欢。就像 1980 年版生肖邮票"金猴"那样,无论你懂不懂邮票,"金猴"的名声在外,人人都想拥有之,但因其价格过高,只有那些发烧友才愿意购买,这就产生了一定的专用性。另一种是独特的品种带来了一批独特的收藏群体,他们或痴迷热爱或别有用心(忽悠),藏品的专用性程度很高。简而言之,第一套纸币、第二套纸币的专用性更高一些,但有着更大的偏爱群体,收藏者多是那些拥有较好经济实力和收藏鉴赏能力的纸币收藏爱好者。第四套纸币、第五套纸币的新品种层出不穷,每一个品种都会暂时出现一批爱好者或宣传者,他们希望这些新品种在未来能够成为"藏民公爱"。

表 6.2　按价值测试划分的八类藏品价值区间

价值区间	特　征	典型例子	特　　征
一区	通过持久性、短缺性、专用性测试的纸币	第一套纸币多数珍贵品种,大黑拾、绿叁等	存世量特别稀少,知名度非常高,没有谁能一次拿出很多;因为价格过高,只有小部分收藏爱好者才能够买得起

（续表）

价值区间	特　征	典型例子	特　　征
二区	通过持久性和短缺性测试的纸币	枣红、背绿、车工等	存世量比较稀少，难以炒作；知名度非常高，价位属于可承受范围，没有显著不偏爱的收藏群体（人人都喜欢的类型）
三区	通过持久性和专用性测试的纸币	第一套纸币和第二套纸币的普通品种	知名度非常高，存世量不小但炒作可能性有限，价位不高有预期，有显著偏爱的收藏群体
四区	通过短缺性和专用性的纸币	冠号大全、国库券等	除专业玩家和职业币商外，集齐配齐有较高难度，有显著偏爱的收藏群体
五区	仅仅通过短缺性测试	8050、80100	存世量稀少，但集中度高有炒作空间，没有显著偏爱的收藏群体（人人都喜欢的类型）
六区	仅仅通过持久性测试	普通品种	存世量数量很大，已分散，无炒作空间，没有显著偏爱的收藏群体
七区	仅仅通过专用性测试	号码币、兴趣币，以及部分第四套纸币、第五套纸币	存世量很大，集中度高且有炒作空间，有显著偏爱的收藏群体
八区	没有通过测试	炒作品种	存世量过大，且过度集中在币商手中，炒作气氛浓烈，没有显著偏爱的收藏群体

2. 价值测试与价值结构

由于纸币收藏可以满足收藏爱好者独特的心理感受，我大胆地将纸币收藏价值进行重新分解，由此显著的价值分层现象出现了。我认为，纸币收藏价值可以划分为基本价值和辅助价值两个部分。基本价值是由收藏爱好者心理感觉延伸出来的价值，它是纸币价值体系的基本组成部分，包括功能价值、体验价值、信息价值和文化价值。其中，功能价值是收藏爱好者为满足自己对藏品的基本需要愿意给基础类裸币支付的价格部分。体验价值指在购买基础类纸币时，收藏爱好者因对品相的苛刻要求而愿意多支付的部分，如 902 纸币，购买裸币和 PMG 67E 评级币的价差就不仅仅是评级费，多支出的部分就是体验价值。应当说，功能价值是裸币流通价格形成的基本原因，而体验价值则是评级币流通价格形成的基本原因，并分别决定着各自流通价格的高低。信息价值是指收藏爱好者购买的纸币能够产生独特幸福感和炫耀感的心理感觉时，他愿意为此多支付的部分。以第四套纸币为例，信息价值可以体现为荧光灯下有非常美丽图案的荧光币种，如902的绿幽灵或者绿钻，801的金龙王、天蓝冠等，因其具有一定的独特性和稀缺性，足以让部分荧光币收藏爱好者为此多支付价格，此即为纸币藏品的信息价值。文化价值则表示收藏爱好者对纸币品种本身不看重，纸币能否传递信号也不是主要的，重要的在于某一品种纸币所具有的内在文化属性以及个人因收藏这类纸币所带来的归属感，它具有多重叠加的性质。就上例而言，对于一个专门玩"荧光币"的纸币收藏爱好者而言，若他更认可冠字和号码，这将使他的议价能力降低，加之急于购买而缺乏对比，多花钱买一张同类纸币也就在所不惜了。所以，表面上看，文化价值源于缺乏讨价还价能力或者信息不完善，实际是因为收藏爱好者对某一种品种过度热爱而需要为此支出更多。值得说明的是，信息价值和文化价值是溢出价格形成的基本原因，也决定着溢出价格的高低。

表6.3　一张902纸币价值结构的示例

	市场价格	价值结构
绝品裸币	20元	功能价值：20元
PMG67E	150元	体验价值：130元
绿幽灵(细分品种之一)	360元	信息价值：210元
尾888	2 000元	文化价值Ⅰ：1 640元
补号ZJ尾888	15 000元	文化价值Ⅱ：13 000元

与基本价值不同，辅助价值主要包括时间价值和保障价值两个部分。时间价值特指某个纸币新品种在上市前被藏家较早获得后实现的价值增值。保障价值是指藏品出现争议时的服务保障水平，这可以解释为什么有评级保障的纸币要比没有评级保障的裸币在价格上高出很多，以及大评级

公司的评级币要比小评级公司的评级币在价格上高出很多。虽然同一种纸币藏品具有相同的基本价值，但因其具有第三方权威机构的保障水平差异，客观上产生了从保障服务角度区隔该种纸币藏品存世量的特殊含义（毕竟能够得到大权威公司高分评级的纸币数量很少），从而让收藏爱好者对它拥有较高的升值预期和认可度。显然，基本价值的四个组成部分能够促使收藏爱好者为藏品多支付价格，而辅助价值则可以显著提高收藏爱好者对藏品的认可程度。换句话说，基本价值强调的是藏品价值体系的构成特征，而辅助价值则解释了为什么同类藏品具有相同基本价值时，不同的收藏爱好者会有不同的增值预期。

三、价值构成

纸币的市场价格根源于收藏价值，但收藏价值的变化主要来源于三种力量。一是市场炒作。这是短期力量，是导致纸币价格泡沫的根本原因。二是物价贬值。这是不可再生类物品随物价变动的应有之义。三是越来越多收藏爱好者喜爱以至竞相购买带来的提价。这是长期力量，也是衡量纸币市场健康与否的关键因素。也就是说，收藏纸币要看重未来增值能力，不应该把关注点放在短期炒作方面。那种今天买明天卖的短期行为，看似可以带来一些利润，但注定只是纸币的“搬运”工，无论是在收藏知识积累还是财富累积方面，都不可能成为最后的胜利者。

1. 分层

功能价值和体验价值是纸币收藏价值最基础的成分。其中，体验价值是功能价值的载体，功能价值是纸币收藏价值的基础。因为，没有对纸币的喜爱，何来购买纸币呢？体验价值在价值结构中处在上层位置，是功能价值的延伸。同样道理，信息价值和文化价值是纸币收藏价值的外在属性，是由收藏爱好者群体带来的价值增值。信息价值位于下层，是纸币外在价值的基础，而文化价值位于结构的上层，是信息价值的延伸。从整体上分析，纸币的内在价值与外在价值共同构成了纸币收藏价值的两个基本组成部分。

随着纸币收藏爱好者群体的扩张，纸币的内在价值成为决定未来增值大小的基础条件，但收藏爱好者对纸币收藏价值的判断在很大程度受到外在价值的影响，即同币种收藏爱好者群体的攀比、炫耀和宣传等。由此不难看出，纸币的价值结构具有多重的分层现象。这种层次的差异，客观上决定了价值流将从低层次价值模块向高层次价值模块转移的可能。这让我们看到了纸币收藏价值长期演化的规律，也道出了某些不法币商进行收藏价格操纵的手法。

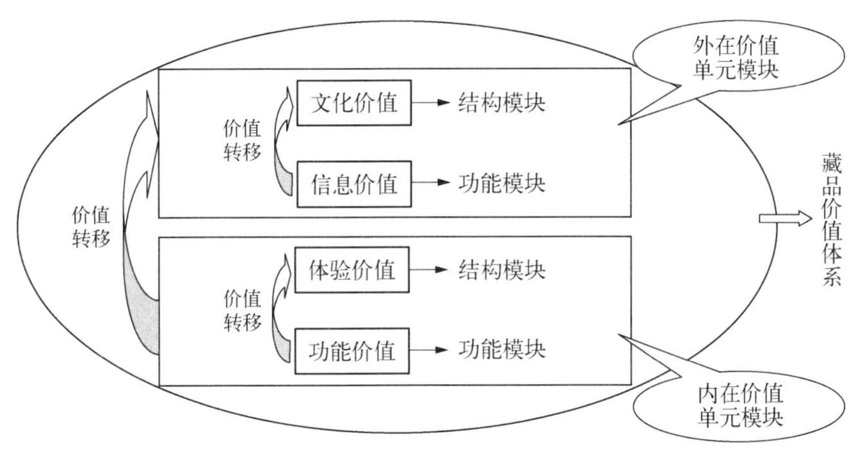

图 6.3　纸币收藏价值分层

资料来源：作者整理。

由图 6.2 可知，在纸币收藏价值体系内，价值的垂直转移发生在不同的价值模块之间，并显示出从低层次价值模块向高层次价值模块流动的基本趋势。从转移的具体形式和特征上看，价值的垂直转移具有三种形式，即内在价值构成中的功能价值向体验价值的转移、外在价值构成中的信息价值向文化价值的转移，以及价值体系中内在价值向外在价值的转移。根据这两年线上、线下的实际情况来看，在第一套、第二套等老珍稀纸币领域，还有很多只在意品种的收藏者，他们并不在意是否评级。在第三套纸币特别是第四套纸币、第五套纸币领域，多数收藏爱好者都会看重已经得到第三方权威背书的评级币。这种评级币的价格往往是裸币的数倍，显然，两者的差额部分就是我所说的体验价值。这种从裸币到评级币的转换，是纸币内在价值纵向转移的一种趋势。这种变化的结果带来两个好处：一是买卖更容易开展，二是市场规模越来越大。

从另一方面讲，当信息价值成为收藏爱好者追逐纸币的一种潮流时，细分品种便会不断被发掘出来，这不仅可以让可玩的东西越来越多，而且显著扩大了币商利润。在微信等互联网工具的带动下，有共同爱好的收藏者群体很容易建立起来，收藏爱好者集中在一个群内从事纸币交流和展示，那种个人的满足感和幸福感将在短时期里迅速提升。此时，在群内藏友的相互带动下，纸币收藏爱好者会受到其他藏友的渲染和影响，并以更高溢出价格购买一些同样的细分品种纸币。

不仅如此，一个特定币种的钱币微信群还会通过不断的知识传播和藏品宣传将一些信息嵌入藏友的脑海，久而久之让他们产生对该种玩法的热爱和痴迷，进而促使他们不惜以更高的价格去购买，这就衍生出了纸币藏品的文化价值。要特别引起注意的是，追逐纸币的外在价值最容易引起过度炒作甚至欺骗行为，纸币的市场价格泡沫也会由此而生。比如，一些所谓的号码纸币群不遗余力地鼓吹号码的稀缺性、特殊性乃至收藏性，听得多了就会不自觉地高价入手。入手后发现现实与想象有很大差距以后，很多人都会选择加入这个“局”，继续讲故事，极端时颇有些“传销”的味道。久而久之，这种纸币藏品的文化价值泡沫被吹得越来越大，被套的人也越来越多。如果说培育出的纸币信息价值只是体现为“你无我有”的炫耀感，那么文化价值的形成则具有集体性共同运作、圈内倒着玩的特征，弄不好就成为联合炒作。

专栏6.3　新奇玩法的“过山车”

2019年8月27日，紫轩藏品网站发布了一篇文章《收藏有风险》，文章对冠字号专题收藏的问题进行了分析。该文认为，有些早期投放的冠字，基本已消耗完毕，现在要找这些冠字非常难，要找到里面的补号就更难。在第四套纸币的961中存在一种特殊号码——NX补号，其价格上演了一次“过山车”剧情。

说起来，第四套纸币的961非常普通，但第四套纸币的961NX补号在早几年可是一票难求，第四套纸币的961NX曾售价2万元以上，最高达6万元，称为第四套纸币王。但随后，第四套纸币的961NX出现下跌，在某网站上，第四套纸币的961NX珍稀冠号全程号码无4、7的仅售1 300元！从6万元跌到了1 000多元，第四套纸币的961NX补号让人见识到了玩纸币号码的残酷性。

图6.4 “坐过山车”的第四套纸币的961NX补号

2. 开发

既然纸币收藏价值具有从功能价值向体验价值再向信息价值直至文化价值递进的规律，币商当然会不遗余力地顺应这种趋势，通过各种手段加大、加快纸币价值的开发。根据价值分层原理，币商价值开发的思路无非是三种方式：一是轻功能价值、重体验价值的开发，表现为细分品种的不断挖掘；二是轻内在价值、重外在价值的开发，核心是把纸币的吸引力放在对纸币收藏爱好者的诱导而不是放在纸币本身的价值挖掘；三是信息价值和文化价值并重的开发，即纯粹“讲故事”。从目前看到的情况来说，过于急切的价值开发，违背了纸币价值成长规律，其最终失败的命运终将无可避免。原因有二：

一是收藏爱好者群体的规模缩小。任何一种藏品都有其购买对象，只是涉及范围或大或小而已。原本一个好币种，在过度扭曲的价值开发之后，会显著放大拥有该纸币人的风险感，他们会认为目前的价值开发早就透支了未来几十年的预期升值，因此，见好就收、尽快抛出是他们最为合理的选择。同时，对于原本想买入这个币种的“小白”而言，又觉得价格太高了。其结果是，这种被过度开发的币种只能在有限人数的小圈子里卖来卖去。原本喜爱这个币种的收藏爱好者不再喜爱它，而徘徊在外围的收藏爱好者鲜有动手购买。

二是背离了收藏的初衷。收藏纸币的目的源于收藏爱好者对纸币的那种莫名冲动和热爱，以价值开发为目的的纸币收藏，是纯粹的盈利性投机行为。在我看来，对于这一点，纸币圈内人都看得非常清楚，只是不愿说透。但大家仔细想想，要从事谋利活动，为什么非要纠缠于纸币呢？其实质是币商利用了收藏爱好者对纸币的感情。一旦大家接触得多了，看到了太多的恶意炒作，就会对这个圈子心生厌恶。正所谓爱有多深，恨就有多深。我很难想象，目前一些人把纸币作为资本品的玩法到底还能持续多久。或许现在仍然有不少人参与进来，但这些人所持有的目的不是对纸币的热爱而是投机，这种背离收藏初衷的玩法注定长久不了。当然，看得多了，经历得多了，纸币收藏爱好者也不会那么轻易地受骗进套。

从长远来看，纸币市场还是要回归健康的轨道。这需要全体收藏爱好者的联合行动，拒绝一切过度的价值开发行为。与此同时，还需要收藏爱好者谨慎对待那种短期内价格飞速上涨的纸币，把心态放得平和一些，回归到理性收藏层面。

专栏 6.4　疯狂炒作昙花一现

“第四套纸币”在停止流通消息的刺激下，市场热度快速由冷寂转为炙热，但这种热度并没有维持多久，即在大量货源的冲击下价格再度下跌,市场温度也直线回落,目前处于盘桓状态。这一切充分说明市场投资者较为理性,并没有因退市的所谓利好盲目参与投机。

为何会出现这样的表现?这是由于人民币纸币自2009年从巅峰回落之后,即出现了长达9年调整期。作为当时行情的主力板块,“第四套纸币”也从高点快速下滑,到2018年初,绝大多数品种的市价仅为高峰时的30%至60%。由于2009年之前行情在高位运行时间较长,大量筹码换手留下的套牢盘仍无法消化,使得后面9年中的每次反弹在巨大抛压下,往往处于无果而终的状态,导致纸币行情陷入极度低迷的态势。尽管市场投资者对“第四套纸币”的退市期盼长达10余年之久,但“梦想”一直无法成真,因此,2015年后市场少有人再提及此事。

不过,当2018年3月22日央行决定于2018年5月1日停止流通第四套人民币大部分币种的消息传出后,“第四套纸币”在市场上立刻大幅跳空扬升,绝大多数品种的市价上涨30%至60%。如1980版贰圆券从3月20日的50元跳涨到5月初的80元,涨幅高达60%,几乎达到了2009年高潮期的价位,大有一步登天的气势。个别投资者如被鸡血般地准备大干一场,希望2008年至2010年纸币的大牛市行情能够重演。但是,理性的投资者还是感觉到“第四套纸币”这种未经换手的短期大幅上扬存在极大风险。事实上,市场中的出货量正与日俱增。

虽然“第四套纸币”退市对于收藏市场而言,确实是一个实实在在的利好,但这种利好体现在长期,而非短期时间里。2000年“第三套纸币”的退市时,当初也出现了短期的疯狂炒作,但仅仅半年时间,随着大量货源的冲击,“第三套纸币”不少品种的价格不仅没有创出新高,相反却放量下跌,个别品种还创出短期内的新低。2005年之后,在买盘的持续介入下,通过大量换手,情况才得以改观。此后“第三套纸币”重拾升势,并成为引发后继纸币大行情的领涨品种。在这波行情中,“第四套纸币”后来居上,成为与“第三套纸币”并驾齐驱的主流交易板块。

果不其然,2018 年 4 月“第四套纸币”货源在市场上逐渐大增。6 月之后抛压明显加大,市场承接力度减弱,资金呈现出捉襟见肘的状态。同样以 1980 版贰圆券为例,6 月的价格下滑到 60 元附近,而经过一年的震荡回调,到 2019 年 5 月末其市价仅为 50 元,又回到了 2018 年 3 月中旬的价位。投资者从中不难发现,步入退市的“第四套纸币”走势,与 2000 年退市的“第三套纸币”如出一辙。对于饱受近 10 年套牢之苦的投资者而言,抓住这个千载难逢的利好,先行兑换退出,不失为一个较好的选择。而遭遇过“第三套纸币”退市初期炒作风波的投资者,更是知道其中的奥妙之处,因此先退出来,再等待后续机会低位介入。

资料来源:田林:《上海金融报》,2019 年 6 月 20 日。

四、综合讨论

根据前面的分析,本部分试图以理论归纳的方式展现纸币均衡价格的形成特征,即是从流通价格到收藏价格的演化过程。从下面的理论推演中,大家不仅可以看到纸币价格的多层次均衡现象,也能够看到币商影响价格的基本逻辑,特别是“智商税”的逻辑。

界定纸币藏品的供给曲线形状,要结合纸币作为藏品的特征。正是因为纸币藏品具有不可再生性,所以它的市场供应量表现出相对固定的特点。在品种未细分之前,我们把图 6.5 中的 Q1 定义为某种纸币藏品的天然存世量。这些纸币中经过遴选得到评级的数量缩小到 Q2。进一步分析,当品种细分之后,剩下的可供应量将再次缩小到 Q3。一个显见的事实是,在给定纸币藏品供应量的前提下,我们

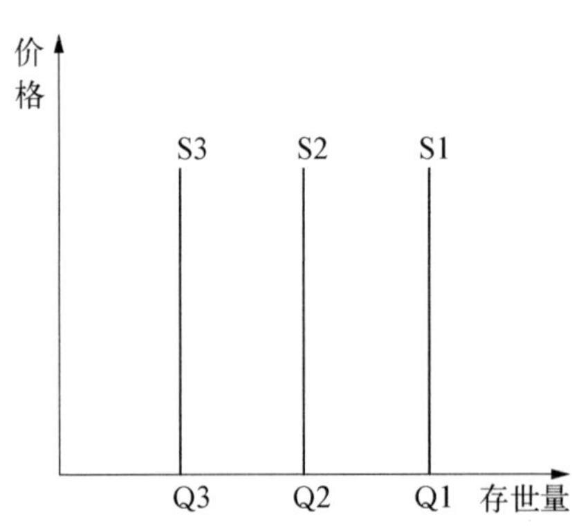

图 6.5　纸币供给曲线演化

可以得到三条供应曲线 S1、S2、S3，它们包含了除文化价值以外的三种价值内涵。但是，仅仅有供给曲线仍旧无法确知纸币藏品的市场价格，这时就需要探究纸币藏品需求曲线的形状。

接下来我们在来讨论纸币藏品的需求曲线。每条需求曲线反映的是汇聚在某个纸币品种上总的购买数量和购买价格的关系，这和一般商品的需求规律相似，即价格越低愿意购买的人和需求数量就越多，反之，价格越高愿意购买的人和需求量就越少。在图 6.6 中 D1 代表收藏爱好者对某品种裸币的需求曲线，D2 代表对同品种评级纸币的需求曲线，D3 则代表包含了藏家个人自我感觉的需求曲线，D4 则是把该种纸币藏品上升到一种潮流时的需求曲线。显然，D1 到 D4 的演化，分别囊括了从功能价值到文化价值的四种价值内涵。

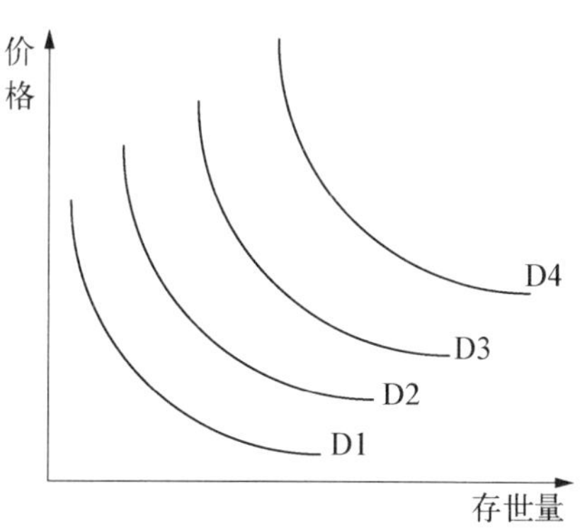

图 6.6　纸币需求曲线演化

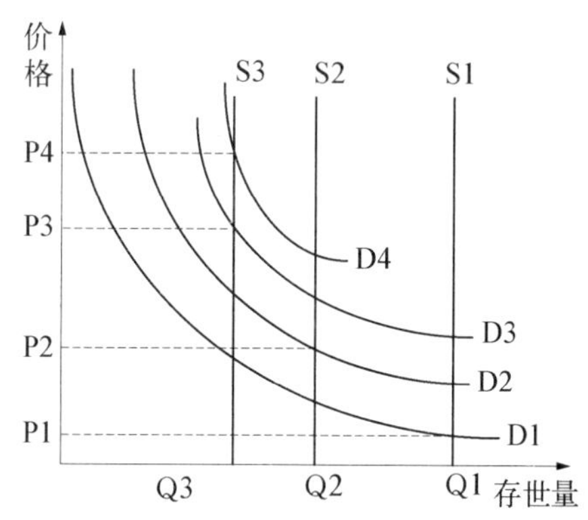

图 6.7　纸币均衡价格形成机理

有了供求曲线，大家就不难看到纸币均衡价格形成的过程。在图 6.7 中，纸币（裸币）供给曲线 S1 和（裸币）需求曲线 D1 的交点对应价格 P1 就是均衡价格，这也是裸币的流通价格。同样的，评级币供给曲线 S2 和评级币需求曲线 D2 的交点对应价格 P2 是体现为功能价值和体验价值时的均衡价格，这也是评级币的流通价格。依次类推，供给曲线 S3 和需求曲线 D3 对应的均衡价格是 P3，它是包括了功能价值、体验价值和信息价值的均衡价格。相对而言，当需求曲线再次因为文化内涵而扩张时，新的包括四种价值的均衡价格 P4 就出现了。要注意的是，P3 和 P4 是评级币的市场价格，亦都包括了流通价格和溢出价格的最终成交价。此外，顺带说一下，当某些币商过度炒作时，这个 P4 的理论值有时会很高。

在这四重均衡价格中，P1—P4 依次提高，是纸币藏品稀缺性和收藏爱好者偏爱程度的综合结果。时下有一个网络流行词“智商税”，是指由于在购物时缺乏判断能力，表现出低智商，花了冤枉钱，这些冤枉钱就被认为是缴了“智商税”。在我们的纸币藏品均衡价格图中，纸币的“智商税”包括两个组成部分：对币商来说，以低于价格 P1 的成交价格售出，可以认为这个比 P1 小的差额就是裸币的“智商税”；如果低于 P2 的价格售出，差额部分就是评级币的“智商税”；以此类推，低于 P3 和 P4 的价格售出，则分别属于细分品种和号码币的“智商税”。对于收藏爱好者来说，“智商税”就表现为高于临界价格的部分，依次划分为高于 P1、P2、P3、P4 的分别定义为裸币、评级币、细分品种、号码币的“智商税”。

由于“智商税”源于对纸币价格缺乏判断能力，因此它实际是和“漏”的含义相同。但要看到的是，币商收取“智商税”的理论最大值是 P4（原本可以按最小的 P4 价格售出，现在却以 0 的价格成交），而收藏爱好者缴纳的“智商税”理论值要大很多（原本只值 P1 的纸币，现在却被无限拔高），这或许就为币商的蒙骗、欺骗乃至诈骗提供了无限想象的空间。从狭义角度分析，P3—P4 之间（文化价值走向极端时就带有了“忽悠”的成分）已经产生了部分“智商税”，更不要说在极端情况下被无限抬高后的 P4 价格。

总而言之，在进行纸币收藏时，广大的收藏爱好者要注意增强对纸币的辨别能力。一位精于收藏朋友的藏品横跨第一套纸币到第五套纸币，精品也好，普通炒作品也罢，他都有不少的货。几十年的纸币经验，他总结下来就是一个顺口溜：

坚持老精稀，

大全难惊喜。

未热玩新币；
慎入怪新奇，
人多马上跑，
人少难预期。
兼听独立断，
理性是第一。

这是资深藏家的忠告，也是对纸币收藏爱好者的警示。在我的纸币收藏经历中，我时刻牢记这首顺口溜。有些词汇大家应该不陌生，“薅羊毛”、“铲地皮”、“割韭菜”也是收藏市场上的名词，体现了商人对收藏爱好者的掠夺，至于纸币本身如何，似乎显得不是那么重要。问题的关键是，羊都没了，到哪里薅羊毛呢？所以，纸币圈要回归到尊重纸币本身上来，不要见风就是雨，这是极不正常的现象。纸币收藏市场必须重视纸币的保值增值功能，这是毋庸置疑的首要原则，任何藏家都不会希望自己的藏品将来一文不值。也正是因此，适当的宣传及其文化的凝练就显得很有必要，比如一些细分的趣味纸币品种，经过研究发现、统一标准、推广宣传后，价格会慢慢提高，这是价值挖掘的正常现象。我所反对的是缺乏研究，仅仅凭借某个概念便进行任意编造的宣传，这种做法是赤裸裸地圈钱，不利于该币种的稳步发展。谈到这里，不禁让我先到了最近发行“泰山纪念币”案例（虽然是硬币，但和纸币的操作手法完全相似）。泰山币的发行信息一经公布，各路大军立即摩拳擦掌，霍霍磨刀向“牛羊”。以下是钱币报价网上某位藏友撰写的理性帖子，既反映了当下收藏品市场的乱象，又提出了自己的判断，供广大读者参阅。

专栏 6.5　理智看待泰山币　大户要割韭菜啦……

泰山币属于未发先火的一个典型，期货市场的交易到今天才开始热度下降。今天一整天没见到大单的交易，昨天倒是成交了不少的期货。

今天的一整天都没有见到像样的成交，是热度的降低还是等待28号现货出现前的宁静？

我们来理性分析一下泰山币的价格吧。这个币很多人都看好，可能是因为前期宣传得好，异型、双遗产龙头等各种品名层出不穷。今天还有人在售卖开光泰山币，让我们来看一下详情："卖泰山普照寺开光的泰山纪念币，100元一个，配有中国结的艾草香囊一个，包邮。附开光全程视频。29号统一发货。外加一枚康熙铜钱，也放在香囊里。"这个比较好玩，但不知道大家的认可程度如何，反正圈内人目前是没有人买单。如果您刚好购买了这款产品，相当于是交了智商税，可以自己感受一下。

抛开这个智商税，泰山币的价格多少算是合理呢？我们其实可以作一个类比。从发行量上来说，与泰山最接近的是航天纪念币。那么，目前航天币的价格是多少呢？15元左右，而它的面额是拾圆。航天币发行量为10 000万枚，仅比泰山币少2 000万枚，它的溢价幅度为百分之五十。不可忽视的是当年航天币的巅峰价格接近60元，但是有几个人能卖到那么高的价格？大部分的人都是抄底抄在了山腰上。再以二羊币为例，又多少人抄底抄到了山腰上。这些人都不是新手，也是钱币行当的老玩家，其中不乏资深币商，但是还是喝了二羊币的"洗脚水"。所以，市场你是摸不透的。涨无顶这句话大家都理解，并给了大家足够的想象空间，但是对跌无底的认识，很多人就不是那么到位了。

在这里，给我的粉丝们一个关于泰山币的投资建议：莫抄底，不要做接盘侠。追涨杀跌是投资大忌，不要看着期货价格火热就耐不住性子入场。如果自己有原始筹码，看谁收货可以高价卖给他。但是如果是高价买入再想以更高价的卖出，这个风险就很大了！因为谁也不知道什么时候上涨，什么时候下跌。上涨了大家自然是笑嘻嘻，下跌了就……

最后还是把巴菲特的一句话送给大家："别人疯狂时我恐惧，别人恐惧时我贪婪。"

第七回　怪象拾遗

钱币无情人有心，币圈闹剧良知泯；
皆因赌性贪念起，怪诞荒唐哀怨吟。

文化产权交易所（简称“文交所”），一个承载着邮币圈无数人刻骨铭心记忆的交易载体，从人头攒动的野蛮成长到国家叫停的戛然而止，前后只不过数年时间。但从它开始，原本用作收藏的钱币被赋予了太多的金融想象力，那种短时间里“用钱生钱”的思维蔓延开来。时至今日，人们对文交所的评价可谓是毁誉参半、褒贬不一，纯资本运作者包括前期套牢者不失时机地呼吁国家能够网开一面，允许文交所继续交易；老派收藏家则持相反看法，认为正是文交所这种“奇葩”的藏品交易模式才让收藏的意义渐行渐远。在我看来，文交所本身没有错，真正的问题是当你还无法做到约束人性贪婪的时候，那么请你不要诱发、放大，甚至纵容贪婪。虽然文交所现在已经鲜有人提及，但在那段疯狂日子里留下的财富神话、悲情传说却一直在币圈流传。

一、初衷

很多时候，善良的愿望未必能够得到一个美好的结果。有句话说得好，“在现实生活中永远不要去试探人性中的恶”。究其根本乃是因为，趋利避害是人之本性。所谓道德约束只对善良的人有效，但人已经善良了，又何需约束呢？所以，约束是对假恶丑而言的，要加强对恶行者的最大管制和惩戒以增大其恶之成本，千万不要寄希望于道德自律就可以获得善终。在这里，文交所电子交易平台就是最为典型的案例。

据说，在2008年3月全国政协十一届一次会议上，有人提出了《关于成立北京文化艺术品交易所的建议》，这是后来成立文交所的源头。当时，中国经济发展很快，人们手里闲钱增多，加上各类电视台纷纷引入鉴宝栏目，引发了全民关心收藏、热衷捡漏的社会热潮。当时，该提案的主要目的是促进我国文化艺术市场信息更公开透明并加速文物艺术品的回流和保护。同时，建立一个文化艺术品交易场所可以为投资人提供更为便利的投资条件，活跃艺术品市场，使社会资本更多流向文化艺术领域，缓解股票市场、房地产市场压力。

2009年6月15日，上海文化产权交易所在上海外高桥保税区正式揭牌，成为国内首家文化产权交易所。同年11月，深圳文化产权交易所正式揭牌，其定位是面向全国以及全球的文化产权交易平台。与此同时，其他一些具有深厚文化底蕴的地区政府也在酝酿各自的文化产权交易所计划。

2010年4月由九部委联合签发的《关于金融支持文化产业振兴和发展繁荣的指导意见》，是我国首个关于文化产权交易所的政策。该意见明确鼓励我国文化企业借力资本市场，促进文化艺术与金融资本的融合，以推动文化产业的发展。这个政策的出台对于文化艺术产权交易所的快速发展以及以后的份额化交易模式产生了推波助澜的作用。像听到"发令枪"响一样，全国各地的文化产权交易所如雨后春笋般纷纷建立。

表7.1　截至2011年11月前成立的文交所

名　　称	级　　别	成立时间
上海文化产权交易所	国家级	2009年6月
天津文化产权交易所	省　级	2009年9月
深圳文化产权交易所	国家级	2009年11月

（续表）

名　　称	级　别	成立时间
安徽文化产权交易所	省　级	2010 年 4 月
成都文化产权交易所	省　级	2010 年 5 月
南方文化产权交易所	省　级	2010 年 11 月
华中文化产权交易所	省　级	2010 年 12 月
山东文化产权交易所	省　级	2011 年 1 月
郑州文化产权交易所	省　级	2011 年 4 月
湖南文化产权交易所	省　级	2011 年 6 月
南昌文化产权交易中心	市　级	2011 年 10 月

除了表 7.1 中列出的主要文化交易所以外，从 2009 年到 2011 年全国有 30 多家文化艺术品产权交易机构建立，全国范围内正在筹备文化产权交易机构的地方更是数不胜数，文化产品交易持续升温。

上海文交所作为全国首家文交所，起初是通过传统模式进行交易，主要有集中竞价、挂牌以及协商这三种方式，但在成立的第一年就推出了一种新的交易方式，即组合拆分文化产品产权，将这些产权份额进行交易并使其能够连续竞价。这是一种类证券化模式，更多体现了交易的灵活性。继上海文交所之后成立的天津文交所推出了第一批艺术品股票，而且参照了证券或期货交易制度里的 T+0 模式，这意味着当天买入的艺术品股票在当天就可以卖出。这种被称为“天津模式”的投资方式极具投机性，且具有很强的操控性，陆续成为很多文交所效仿对象。然而，衰败的诱因往往根植于鼎盛时期，这种电子交易平台证券化操作方式为文交所后来的畸形化发展埋下了巨大隐患。

2011 年 4 月，第一家由自然人股东投资设立的文交所诞生，它就是郑州文交所。郑州文交所的交易模式及规则与天津文交所比较相似，但也作出了一些创新尝试，如文化产品的投资者要进行预约登记，文交所委托银行（第三方）代售。2011 年 6 月由基金会以及艺术产业公司共同发起的湖南文交所成立，并很快推出了以文化产权股票为内容的资产包。随后，各地的文交所纷纷涌现，普遍推行电子交易平台的类证券化模式。

经历过的朋友都知道，文交所在这一段时间里可以用“野蛮生长”来形容，越来越多的地方文交所采用艺术品份额化形式来吸引投资，本质上就是一种证券化投资。但是，期货交易所及证券交易所都有专门的监督机构进行管理，也都存在监管性质的行业性协会，从而保证证券、期货交易的秩序和交易的公平、公正。相比之下，文交所设立之初的监管显得很不规范，在获批后很多是自我监管。可想而知，缺乏统一政令的“无头”监管主体，其监管能力和监管效果差强人意，所谓的监管文件甚至形同虚设，以短期谋利为目的的潜规则盛行。

这种情况之下，许多文交所都是踩着“投资红线”开展交易活动，最大的弊端就是交易过程的不透明以及由此催生的恶意炒作，“只见涨跌，不见交易”成为一种普遍现象。例如，天津文交所份额化的两幅作品——《黄河咆哮》和《燕塞秋》一上市即涨停，短短两个月内涨幅高达 17 倍，大量散户被“屠”，几个月内散户的平均损失超过百分之二十，甚至有投资者 130 万元进场，最后仅剩 22 元离场。

针对这种乱象，为了消除各类交易活动所蕴藏的风险，规范市场秩序，国务院于 2011 年 11 月 11 日发布了《关于清理整顿各类交易场所切实防范金融风险的决定》（国发〔2011〕38 号），明确禁止交易所将任何权益以份额化的方式发行交易。2012 年 7 月，《国务院办公厅关于清理整顿各类交易场所的实施意见》（国办发〔2012〕37 号）再次重申“交易规则违反国发 38 号文件规定的，不得继续交易”。与此同时，各地文交所的交易行为给全社会留下了极为恶劣的负面影响，中宣部根据国务院统一部署，着力加强文交所的治理、整顿与提高，下发了政策文件《关于贯彻落实国务院决定加强文化产权交易和艺术品交易管理的意见》。该文件第一次科学地界定了文交所，即“文化产权交易是指文化产权所有者将其拥有的资产所有权、经营权、收益权及相关权利全部或者部分有偿转让的一种经济活动”。

政策出台之后，许多文交所都停止了不符合文件规定的交易模式，经整改后再复牌。汉唐艺术品交易所在复牌之后更名为北京文化艺术品交易所。汉唐艺术品交易所的更名不仅仅是名字的简单更改，在企业性质上也发生了重要变化，从一个民营企业转变为国有资本为主导的文化艺术品交易平台。多数文化艺术品交易所除了交易珠宝、书画作品等传统的艺术品外，也开始重视邮币卡交易。以此为起点，国内绝大多数文交所开始成为邮币卡的江湖。

正当各大文交所深入推进业务的时候，2015 年爆出了举国震惊的“中港事件”，这里的“中港”指的是沈阳中港大宗商品交易市场。自 2015 年 5 月开始，中港负责人利用省政府会议纪要文件、各级政府红头文件，骗取了全国大量代理商信任，通过擅自发布一系列公告，诱骗了大量代理商和投资者参与投资交易。中港推出“跌零政策”，“跌零”就是指下跌的幅度为零。这意味着，市场公告出台的、享有跌零政策的交易标的在达到目标价格之前，保证只涨不跌。心动的投资者纷纷以重金投入中港，然而买进以后，商品价格还没到目标价格就不再上涨。2015 年 9 月 16 日，中港市场的网络交易突然出现了异常波动，最终横盘（即没有交易）。这意味着所有参与交易的人从市场里一分钱都拿不回来。据不完全统计，涉案金额高达 58 亿元，涉案人员在五百人以上。

2016 年底，有关文交所的维权事件大规模爆发，促使国家开始处置相关产业，避免其金融风险。2017 年拉开了文交所的治理整顿序幕，诸如《清理整顿各类交易场所部际联席会议第三次会议纪要》（清整联办〔2017〕30 号）、《关于商请督促商业银行限期停止为违规交易场所提供金融服务的函》（清整联办〔2017〕29 号）、《关于做好清理整顿各类交易场所“回头看”前期阶段有关工作的通知》（清整联办〔2017〕31 号）等文件相继出台，透露的整体信号是“依法监管、从严监管、全面监管”，随后全面叫停艺术品证券化业务（尤其是邮币卡的电子盘），同时公布了一批文交所黑名单，处罚了一大批不符合规定的文交所。

二、邪念

不可否认，文交所成立的本意及其前期的发展确实活跃了我国的文化市场，但后来电子交易平台对实物收藏品份额指数化的操作，却越来越激发人的贪欲，最终遭到现实无情的打击。从首家文交所成立至2015年上半年，文交所给邮票和钱币等实物收藏及其价值发现带来了一些好处，也引发了实物市场价值飙升的神话。可惜大多数文交所因为管理不善、内外勾结、利益至上等问题，出现欺诈、坐庄交易、操纵价格、客损分成等乱象。2015年5月底，由于前期恶意炒作，文交所电子交易平台上市品种的电子盘价格超出实物价格数百倍甚至数千倍，文交所行情开始一路直下。直至目前，文交所电子交易平台上的多数品种价格仍然远远高于现货价格，只有少量品种的价格低于市场价（纪念币、纪念钞、连体钞等）。

红群群主张晨先生，是一位极富正义感的纸币玩家。他曾经愤怒地告诉我，人性中最为邪恶的贪念在文交所里被无穷地放大，无论你是否出于谋财的目的来到那里，你最后都会为财所动。一开始，你会觉得赚钱实在是太容易，来到这里就足以完成你的终极梦想。到后来，你却会为如何解套而大伤脑筋，此时的你急于出货却无人接盘，保本退出将是你最好的结局。从这段话开始，他向我道出他所知道的文交所电子交易平台内幕。

1. 什么样的人在玩

文交所电子交易平台是一个以收藏品为依托的股票市场，每一只股票就是一个收藏品种。其中钱币以第三套人民币纸币（普通品种）和硬币、纪念币、纪念钞、连体钞、金银币为主。除金银币品种较多以外，其他钱币品种比起邮票品种要少很多。在鼎盛之时，文交所电子交易平台都是仿效证券市场的玩法，在那些比较“正规”的平台里主要有四类人：一是艺术品代理机构，主要负责寻找艺术品并确定其价值份额，然后挂牌交易（类似证券业中的投行）；二是庄家和操盘手，重点负责股票价格的拉升；三是文交所内部的运营方和管理者，负责市场监管和藏品的托管，他们其实多数和庄家有勾结，也被人称为“内鬼”；四是希望能够跟随主力炒作以喝点肉汤的“小散户”——投资者。

“邮币卡之家”所做的一项关于投资者学历和收入情况的调查（2015年）显示，参与文交所电子交易平台小散户的学历主要集中在大专以下，占比为70.5%；月收入5 000元以下的是主力队员，几乎达到全部样本的90%（见图7.1）。在经济状况方面，没有收入的投资者占4.2%（见图7.2）。综合探究图7.1和图7.2可以想象，低收入者以及低学历者出于对财富的渴望，更容易被劝说进场。事实上，从文交所电子交易平台诞生那天起，就有一批人年轻人认为自己像当年中国股市开业时的暴发户一样，属于自己的财富神话的时代已经到来。根据笔者搜集资料的信息（见图7.3），吸聚在电子盘上的群体中20—50岁是主力队员，占比达到86.1%，尤以31—40岁为主力中的主力，占全部样本的1/3多。仔细琢磨一下这个年龄结构不难发现，31—40岁这个群体在中国股市成立时不过15、16岁，他们大多数是听着别人讲述股市传奇故事长大的。对他们而言，股市是创造财富的梦想地。

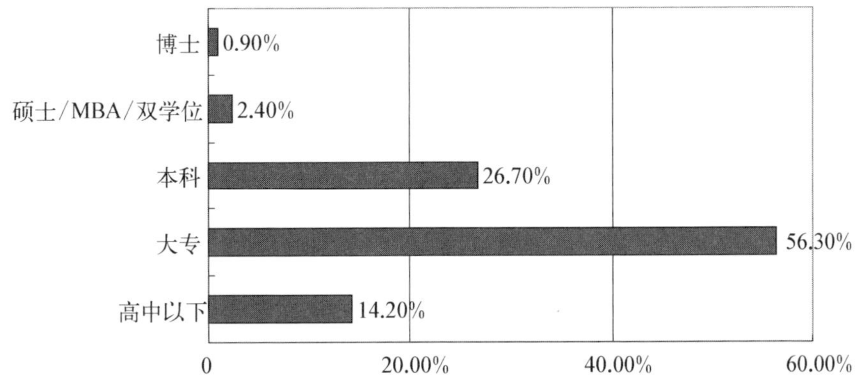

图7.1　文交所电子交易平台投资者学历情况（2015年）

由此看来，文交所电子盘的出现满足了那批错过中国股市的年轻人以及有股市操作经验人的心理渴望，他们梦想着在电子交易平台里大捞一笔，

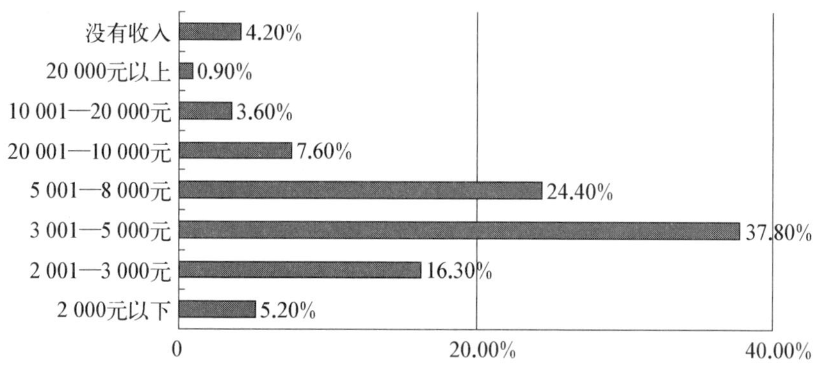

图 7.2　文交所电子交易平台投资者收入情况(2015 年)

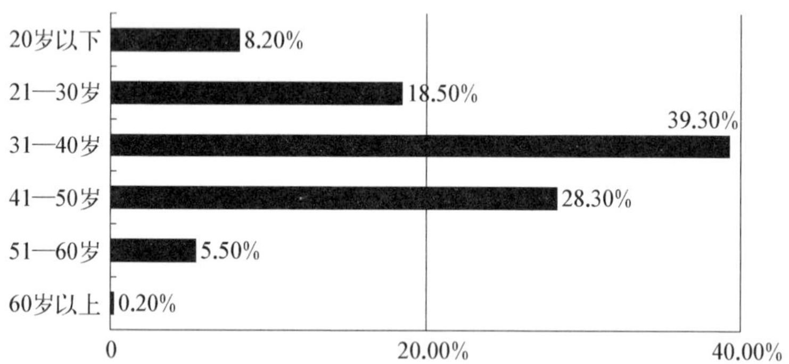

图 7.3　文交所电子交易平台投资者年龄结构(2015)

资料来源：笔者整理。

一跃成为新富阶层。与此同时，那些资本大鳄受够了中国股市较为严格的监管，文交所电子盘虽不能说是“无法之地”，却是一个可以“大显身手”的“法无禁止即可为”领域。所谓的艺术品代理机构以及内部管理人员在违法成本极其低廉的情况下，也纷纷明着暗着参与进来。毕竟，在这个世界谁会嫌钱多呢？况且，这些钱也是利用别人的贪心所得，美其名曰“取之有道”。这让我想起一句话“千万不要试探人性，有时人的恶连佛都度不了”，可将其改为“千万不要试探人的贪婪，有时人之贪连命都可以不要”。

2. 什么样的玩法

治理整顿前，文交所电子盘的玩法可谓野蛮至极，简单描述就是“寻找货源，虚假宣传，入库开盘，连哄带骗，拉价诱人，逢高出货，套牢小散，以优换劣，实物交易”。在这串链条中，既有股票投机的做法，也有违背道德底线的哄骗，还有违法违规的暗箱操作。比如，当代理机构找到货源之后，就有专业团队开始品种炒作，将其宣传为“无价珍宝”。一旦达到开盘条件，团队成员四处物色对象，使出浑身手段诱惑不明就里的人进场，有的团队则采取所谓的“大师指导”方法直接诱骗。随后，操盘手登场，在一顿娴熟的股票波段操作之中，投资者还没来得及反应，庄家已经抛盘获得高额利润。小散户发现自己的股票没人接盘，无奈之下只好实物交割。此时，一些更恶劣的文交所则通过内部人员将库存优质货换成劣质货，交付给投资者。举例来说，在开盘前，文交所要求提交者入库的钱币至少是 66E 黄伍圆。当然，在电子盘中只会明确是黄伍圆品种但不会标明是 66E，当电子盘被套者选择实物交割时，文交所内部的人会把 66E 黄伍圆掉包成 58E 黄伍圆，并提交给被套者(提交者是物品的原始所有人，而套牢者则是被套后进行实物交易的人)。采取这种方法，文交所又赚了一笔。

图 7.4 展示出介绍邮币卡电子交易盘优点的一份宣传。今天看来，其

邮币卡

★T+0交易，不容易被套牢；

★交易价格透明，股民不必担心受骗，可以提取现货；

★交易时段更贴近日常作息时间；

★交易门槛低，股民可以慢慢试水；

★邮币卡收藏品发行有数量的限制，总体趋势是增值的；

★避免了线下交易的区域限制，不用资金划拨、实物寄递和保管，节省了交易费用；

★政府极力发展“互联网+”的背景下，在政策、体制等方面有绝对的优势。

图 7.4　邮币卡电子交易盘优点的玄幻

虚假性和诱导性极强，诸如“不容易套牢”、“不必担心”、“总体趋势是增值”的……几乎没有一句话被证明是真实的。

专栏 7.1　文交所的套路

据内部知情人透露，文交所以“互联网＋”的名义开张，名义上是不需要实物交割的邮币卡交易，免去品相问题，实际操作是，每个品种上架，由代理商提供资金，选定某套邮票，成为“庄家”。庄家会拿出手中总票量 5%让散户“打新”，余下的 30%被“限售”，即半年内不能拿到市场流通，而剩下的 65%则可以对外发行。

庄家会通过后台随时掌握投资者的交易和持仓情况，在初期投入大资金以涨停板形式一路炒高价格，之后会打开涨停，诱惑散户买入，但是买入是为了让庄家更好地抛售筹码。庄家不停地左手倒右手，操盘手们则不停假吃，待散户进场后，平台根据显示的成交量决定砸单。平台赚的是每笔交易的交易费。

散户一旦进场，庄家就“关门打狗”，连续一字跌停板，期间跌停板也会打开，诱骗散户继续入市，紧接着继续“关门打狗”，连续跌停。平台和庄家只为出货，因为最初已炒高，此时无论怎样出货，他们都有极大盈利。在此过程中，需要通过业务员招揽客户，通过一些交流博取客户信任，再为其介绍“老师”促使其投资。业务员与“老师”相互勾结，让客户根据他们的“建议”定时买卖。

这些上当受骗者，大部分都是打掉牙往肚子里咽，只有少部分人会到相关部门静坐抗议。邮币卡交易平台实际上都是私营企业，处于市场监管盲区。实质就是个人恶意破坏金融市场秩序，蒙骗投资者。以一张壹分纸币为例，能炒到十几元、数十元。对此有关部门充耳不闻，负有很大的监管责任。

资料来源：http://www.sohu.com/a/140396998_262784。

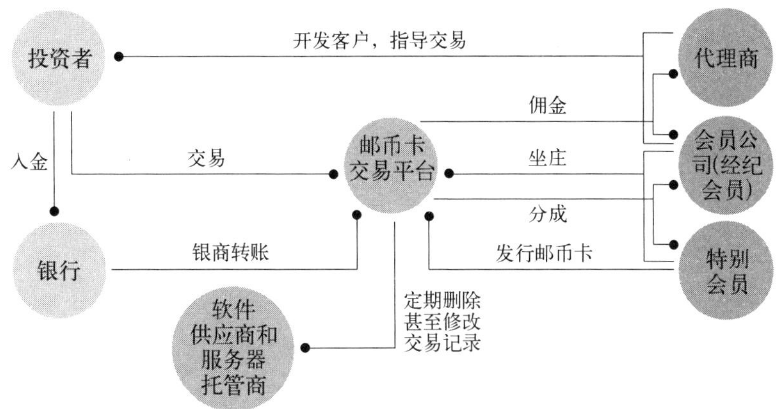

图 7.5　典型的邮币卡骗局

资料来源：https://www.huiyep.com/news/138570.html。

专栏 7.2　株洲一男子炒邮币亏了 14 万元

株洲网 2017 年 9 月 19 日讯。近日，市民龚晴(化名)反映：我和一些群友投资一种叫“邮币卡”的项目，结果被忽悠了。不到一年时间，我亏了 14 万元多。其他投资者亏损达数十万元到一二百万元不等。

龚晴是一位生意人，去年 10 月，他进了一个股票交流群，群里有一个自称“红阳”的老师，是群友口中的“大师”和“股神”。神奇的是，大家按照“大师”指示，买了一些股票后，果然都涨了不少。

一个星期之后，“大师”不推荐股票了，另推荐一种来钱更快的投资——炒邮币卡。所谓的邮币卡，就是邮票、钱币、卡之类的收藏物，操作方式和炒股票一模一样，“大师”喊买哪只就买哪只，喊卖哪只跟着卖即可。

去年 11 月初，龚晴试着买了 1 万元的“12 生肖错币”。让他惊喜的是，接下来几天，他的“12 生肖错币”连续涨停，一个星期纯赚 1.1 万元。

追加投资后，交易平台却无法操作

面对高额的“回报”诱惑，群友们开始疯狂投资。龚晴说，去年11月，他陆陆续续投资了28万元炒作“邮币卡”，主要是买“12生肖错币”和“张家界天子山”。

其他投资者中，有的投了四五十万元，最高的投了一二百万元。

其间，大家所持的“邮币卡”出现连续跌停现象，一些人想要抛掉却无法实现。这时“大师”叫大家挺住，不停加仓稳住行情。

“现在想想，上述的种种行为都是套路，目的就是要大家往里面投钱。”龚晴说，从今年2月开始，在经历连续跌停的情况后，这个“邮币卡”交易平台基本无法操作了。这个时候，大家才发现遭遇了一个骗局。

交易中心官网公告“临时停牌”

龚晴提供的资料显示，他的钱都汇入一个叫“河南郑州棉花交易市场有限公司”账户，“邮币卡”交易平台名为“郑棉黄海邮币卡交易中心”，后来更名“黄海商品交易中心”。

昨天上午，记者登录“黄海商品交易中心”官网。该网站贴出一条“关于更换交易系统临时停牌公告”，称对交易系统进行更换，自2017年9月4日起，中心所有线上品种停牌。公告里公布了客服电话，但客服电话无人接听。

随后，记者拨打了河南郑州棉花交易市场有限公司联系电话，想了解该公司与黄海商品交易中心的关系，以及为什么在交易中心投资的钱会流入其公司账户。

接线人员说，公司与交易中心的关系很复杂，一时半会说不清，会安排专门的人回答。截至昨天下午7时截稿时，记者未接到任何电话。

资料来源：新浪网。

经历了一连串的暴涨暴跌，纸币圈似乎回归到往日的平静，但文交所昔日留下的创伤还深深地烙印在很多人心头。今天看来，当时上市最多的品种当属壹分、贰分纸币，其次是壹角纸币等品种。这些品种的存世量多得难以想象，随着大量上市品种库存的回归，收藏市场压力巨大。

在我看来，稍微有收藏常识的朋友都很清楚这些品种的应有价格，“虽知之，仍为之”实在让人哭笑不得，其实质是赌性和贪婪所致。今天看来，文交所曾经上演的那一幕闹剧可以归结为以下六要点，供大家思考：

明知是局，心怀侥幸心理；
确定是套，只想快进快出；
收藏是假，谋取快钱为真；
资本运作，管它价值几何；
被套上当，不忘谁来垫背；
以我为重，宁愿负天下人。

三、反思

以藏品之名义，大兴资本炒作之实，乃文交所上演的一场币市闹剧。不知有多少不明就里的人，稀里糊涂入市，在不知不觉中入毒，虽然前期小额赚钱，后期却被无限套牢甚至血本无归。在一些资本大鳄眼里，文交所是一个聚宝盆；对于多数人来说，它却是真正的“绞肉机”。

一位叫“麻山”的网络人士曾一针见血地评价文交所：“文交所模式本身是没有问题的，问题在于操盘者。不诚信问题在文交所模式上再次淋漓尽致地展现。之所以说是‘再次’，是因为类似案例不胜枚举。就好比传销，传销模式在国外是一种经典的降低成本的营销模式，一旦引入国内，却成了经典的欺诈模式。文交所也一样，本意是通过产权交易让大众参与投资，然而操盘者完全无视产权交易载体的价值，不断制造泡沫，以致最后连傻子都发现它根本就是一个骗局!”

今天仍有一些人对文交所电子盘持以褒奖态度,言谈中充斥了赞扬的词汇。他们的看法归结起来有两点颇具迷惑性:一是电子盘等同于股票交易,凭什么股票市场允许涨跌,而文交所电子盘就不可以呢?二是文交所电子盘的交易促进了实物钱币的价值发现,这是好事而不应该予以否认。对此,我简要谈一下自己的看法。

1. 纸币电子盘和企业发行股票一样吗

如果说两者有些相似,纸币电子盘也只是和小盘股类似。大概1亿或者几千万元的资金就足以把股价搅得天翻地覆。我结识的一位玩电子盘的朋友,曾经凭借8 000万元的资金就把第三套纸币普壹角炒得风生水起,通过全面操控股价最后净赚6 000万元离场。当然,背后的代价是一大批跟随者高位接盘,损失惨重。所以,电子盘是资本大鳄的盛宴,是真正的“割韭菜”,有人甚至夸张地将其比喻为“赤裸裸的抢劫”。一旦到了这个市场,收藏什么,价值如何,都不再重要,重要的是股价如何,有没有人接盘。尽管这些现象在股市中也时有发生,但两者最大的不同有四个方面:

(1) 股票市场有非常明确的监管主体,而文交所电子盘却处于监管真空,监管主体形态虚设。

(2) 股票市场发行和流通的是企业股票,企业是正规的法定注册单位,会受到非常多的法定约束,如审计、财务报表等。文交所电子盘发行的是象征藏品份额的股票,藏品价值的真实性无第三方权威评估,团队宣传的违法成本也很低,更没有健全的法律约束。

(3) 股票市场是经营性企业融资的渠道,有利于实体经济的发展;文交所电子盘是藏品创作者、藏家或者藏品代理公司证券化经营的方式,激发的是藏品作为金融产品的价值,与实体经济关系不大。

(4) 股票市场的投资者可以从企业盈利中分红。文交所电子盘则不可能有分红主体,当无人接盘时,只能实物交割,最终伤害的是收藏市场的热情和人们文化消费的感情。

2. 邮币卡电子盘促进现货市场了吗

在收藏品现货市场上，多数人开展的是价值投资，除了增值性也看中收藏性。邮币卡电子盘虽说是投资、收藏两相宜，但多数人都是奔着赚钱来的，高位变现是惟一目的。在不懂纸币的人手里，买进的纸币实物其实是废纸一堆。庄家想要高位变现，散户也想高位变现，于是博弈开始了，看似庄家和散户目标一致，都是为了把藏品炒到高位变现，但是总得有人去接盘。不然的话，变现给谁呢？散户看到某些币种有庄家，知道庄家早晚会拉升，也知道庄家能够承受一定损失，于是想尽办法走在庄家前面；庄家更清楚自己的目的，知道散户逃了自己会损失，所以率先制造陷阱套住散户抽身离开。

关于为什么散户会赔钱，这里我援引“简书”关于散户与庄家之间的博弈来说明(https://www.jianshu.com/p/128426860f35)。假设某币种电子盘上存在散户和庄家两个行为主体，其中，庄家选择拉升股价或者打压股价，散户选择买多或者买空。股市基本规则如下：

(1) 如果庄家拉升股价，而散户买多，则散户获得高利益；

(2) 如果庄家打压股价，而散户买空，则散户获得低利益；

(3) 如果庄家拉升股价，而散户买空，或者庄家打压股价，而散户买多，则散户发生亏损。

根据上述说明，散户和庄家的收益情况如下：

散户/庄家	拉升股价	打压股价
买多	+3，−3	−2，+2
散户买空	−2.+2	+1，−1

对于庄家制定的策略，用 python 编程模拟一下游戏博弈的过程。在这里，设置博弈时间为 2 年，庄家和散户的博弈结果为每一天，散户的成本为 10 元，则博弈的结果如图 7.6 所示。

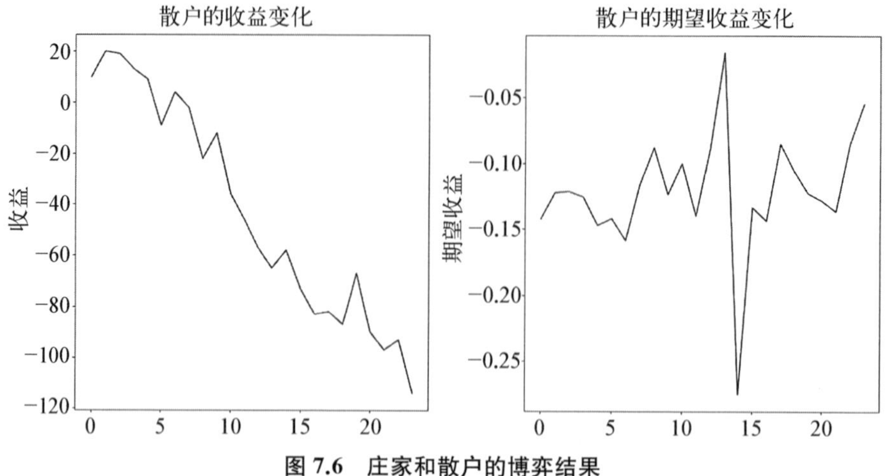

图 7.6　庄家和散户的博弈结果

很明显，图 7.6 左图表示散户的收益，右图表示散户的数学期望收益，从结果中，我们可以看到：

（1）随着时间的推移，散户一直亏本，并且散户的期望收益一直为负数；

（2）表面上股市有涨有跌，实际上庄家可以通过一定的策略，让大多数散户赚不到钱。

当然，这个模拟前提是散户持续跟随庄家。有人说，我不求发大财，只希望快进快出赚小钱。但庄家对此也早有准备，他们会使出浑身解数在你还没有意识到即将大跌之前尽快出货。而且，这还没有考虑庄家和文交所内部的勾结。如果你实在精明而不中圈套，那么，庄家还可以改变游戏规则，你百密一疏，只能束手就擒。所以，永远不要把自己想象成是最聪明的那个人。

四、拓展

在本回结束之前，除了文交所电子盘这个扰乱纸币收藏圈的怪象以外，还有一些收藏圈怪象也值得补充说明一下。这些收藏圈里的“怪事情”有些直接和钱币收藏有关，有些则和古董有关，可作为纸币圈的警示案例。怪象中的第一个是藏品野鸡拍卖公司，第二个是纸币收藏礼品册，第三个是个别没有信誉保障的电视购物。

1. 野鸡拍卖

一位朋友这样告诉我，老胡，你知道在收藏领域什么最赚钱吗？我一脸茫然，虽然能答出很多，但一时竟不知从何说起。他笑了笑说道："当今有实力玩家最好的赚钱方式就是成立一个拍卖公司来捣鼓自己的东西。""那他们是怎样赚钱呢？难道人都傻了吗？"我问道。他似有顾虑地顿了一下，讳莫如深地建议我到互联网上搜寻一下这方面的案例。在他的启发下，我通过信息搜寻发现了很多案例，这里向大家展示一下野鸡拍卖公司的赚钱方法。

(1) 直接收购骗取鉴定费。作为收藏爱好者，只要你在网络上留下了电话或个人信息，一些不法的拍卖公司、艺术文化公司经纪人就会得到它。他们以公司名义电话约看你的货，虚估高价，并信誓旦旦地承诺鉴定为真品的话可现金交易。然后和你签订收购协议，应允陪送第三方机构仪器检测。当然，这时候你需要交付数万元鉴定费，如果你觉得贵，他们可以帮你"垫付"一半。报告结论就不要指望了，基本是一律不为真品。他们与鉴定机构合伙诈骗，让你哑口无言！有的野鸡公司干脆自己检测，连合伙分成费都免了。

(2) 私下交易骗鉴定费。有些不法之徒瞄上藏家之后，会雇用一个"托儿"来看货。这个"托儿"一定会看上你的藏品，现场和你煞有其事地砍价，最后他会给出一个令你满意的价格。对方提出的条件是必须进行仪器检测。接下来，你就会进入第一种骗局陷阱——指定机构检测，帮你垫付一半，结果不为真品……

(3) 私下交易骗保证金。这个是第二种骗局的翻版。做法是不法之徒雇佣一个托儿冒充买家，一番砍价后，双方决定成交。买家提出分期付款，并且说自己先付部分定金。但是，为了防止作为卖家的你反悔，你也必须缴纳万分之一的保证金，通常1—10万元不等。如果你交了保证金，对方会就会在次日提出检测要求；你若不检测，会视为违约，保证金不退！你若检测，结果又进入第一种骗局陷阱，交了检测费，还成为赝品。这样的方法是既骗保证金，又骗检测费。如果合同规定提供赝品有赔偿条款，那么“恭喜”你，还得交赔偿金！

(4) 私下交易骗出关费。这是第二种骗局的翻版！不法之徒动用关系雇用外国人看货，依然是砍价后成交，但你要交交万分之一的出关费。最后，对方借口检测藏品不到代，交易不成，出关费不退！

(5) 私下交易骗入场费。在这种骗局中，他们提前策划私下交易活动，编出会有很多买家选货的谎言，让你急不可待地上交500—2 000元的入场费。进场以后，他们按顺序叫号看货。雇来的托儿多是职业骗子，设下以上骗术陷阱，继续骗鉴定费、保证金、出关费等！

(6) 私下交易骗推广费。这种骗术是先对藏品免费给予估价等级，然后让你按等级上交不同的前期推广费，并承诺成交后只计提8%佣金，退还前期推广费，当然合同里隐含的条款是成交不了不退前期推广费。在这种情况中，基本上是交了前期推广费后就注定没有下文，藏品放在公司展柜里无人问津，最后借口市场不景气或者没人喜欢等原因，你自己拿走了事！

(7) 私下交易骗展览费。操作程序依然是雇托儿装买家看货，然后杀价。最具欺骗性的一点是不要求你交鉴定费、保证金、出关费等。惟一的条件是，买家要在某大型展览会上展示这个藏品。为此，你必须交纳数万元的展览费！

(8) 私下交易骗保管费。在上述骗局不见效的时候，野鸡公司会告诉你，他们经常有交易或展销活动，邀请藏友将藏品放置在他们的展柜中以便客户看货。当然，他们按月收取数万元保管费。

(9) 置换藏品假货易真。有些野鸡拍卖公司对藏品拥有一定的鉴别能力，他们对于拿得准的藏品以各种理由让你放置在公司存放，不会让你交纳任何费用。之后，他们会用事先准备好的高仿货把你的真品换下来。

其实，这些骗局都是利用了卖家的贪心，通过虚构藏品价值，放大卖家心理预期，用托儿加以引诱，让你觉得马上要"发财"了。然而，"发财"的绝对不会是你！所以，对于藏家而言，出售藏品要找正规的拍卖公司，对于实际成交前要求交纳费用的任何说法，都可以置之不理，更不要急于在合同上签字。

2. 礼品册

在收藏市场，我多次碰到有人拿着纸币收藏礼品册前来出售。这些册子里多是一些成套的人民币或外币，看起来精致美丽。特别引人注目的是，礼品册的定价很高，3 680 元、2 888 元等。但实际情况如何呢？稍微有些钱币经验的朋友只要瞄上一眼就可以确认，这些所谓礼品册的价值连定价的零头都没有。印制这些礼品册的要么是个人，要么是一些不知来头的公司或机构，有些甚至标以"……协会"、"……学会"等。总之是"挂羊头卖狗肉"，蒙骗外行。

有些礼品册是按套系出售的，会让外行人觉得拥有了一个整套。但事实如何呢？册子中稍微值点钱的以水洗币等问题币居多，个别黑心的发售者甚至用假币充抵。行家收购这些册子时，都会把密封拆开，对值钱的币种进行查验。在我身边的礼品册案例中，几乎全部都是问题币。当然，一些正规机构发行的礼品册没有这些问题，如康银阁钱币礼品公司。游走于钱币市场多年之后，我发现礼品册较之前少了很多。据一些币商说，前些年每到逢年过节，礼品册需求量都很大，这是他们最开心的时候。因为大多数平时卖不掉的问题币可以借助礼品册售出。

此外，一些缺乏质量保障的非正规电视购物也有类似情况。据我观察，在纸币收藏电视购物中，由于绝大多数的受众群体属于老年人，他们对纸币几乎没有任何的行情和鉴赏知识，因此，同币种的价格通常要高于市场价格三到五成，问题币现象也时有发生。当然，对于有较好资质保障的电视购物而言，问题币现象几乎不会发生。

更难以防范的是，一些推销人员竟然打着银行限量发行的旗号兜售"珍贵纸币"，甚至煞有介事地以"回馈客户"、"感恩社会"的旗号向老人推荐。

在我看到的一则案例中，一个国内评级为“真品”的第二套纸币小套系(共十张)市场标价竟然是 40 000 元，推销优惠价是 30 000 元。这个优惠看似力度不小，算得上真的“感恩”吧！但懂行的人都清楚，这个十张套系里，品种分别是长号壹分、贰分、伍分，以及壹角、贰角、伍角、黑壹圆、红壹圆、贰元、伍圆(普通版)，按 PMG64(此套评级分值远远达不到这个标准，因为其中有水洗情况)计算，市场价格在 15 000 元左右。如果考虑水洗等问题，此套纸币最高价格不会超过 10 000 元。大家可想而知，这种“感恩”实质上是暴利，且多数被推荐者是疏于防范、心地善良的退休老人。

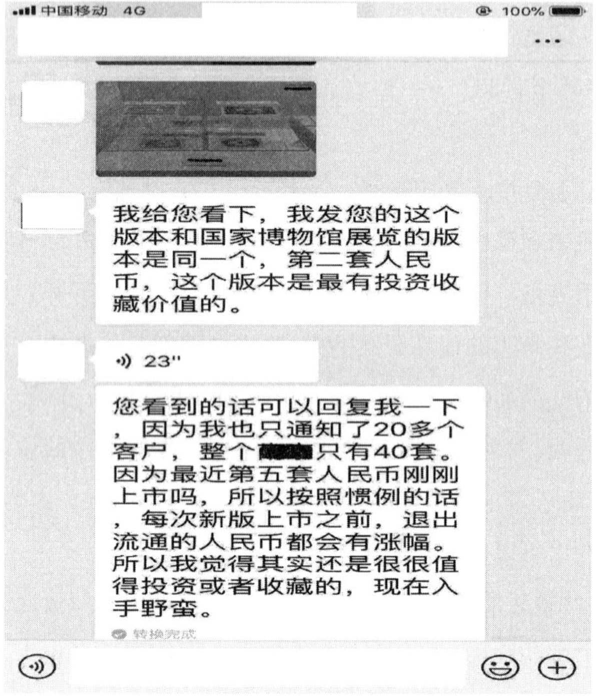

图 7.7　纸币收藏推荐的微信截图

总而言之，纸币收藏爱好者要擦亮眼睛，莫让自己的善良成为被别人欺骗的接口，要时刻牢记“捡漏比见捡钱还要困难”这句警言。我以为，纸币圈的怪象根源于一个“贪”字，无论现象如何怪，收藏爱好者只要守住内心对纸币收藏的“初心”，一定会有所成就。正所谓，人心惟危，道心惟微；惟精惟一，允执厥中。其意套用在纸币圈就是，人的贪心险恶莫测，收藏之道需要微妙居中。惟精惟一是道心的修法，我们要真诚地保持惟精惟一之道，不改变、不变换自己的理想和目标。在这里，纸币收藏爱好者的“道心”就是“藏之是币，交之是友，纳之是情，忆之是真”的心理感受。

附录 7.1　文交所诈骗案例之一：无锡虚假文交所

以“文化产权股票”交易为名，诈骗上百名投资者 1 600 余万元。最近，一个虚假“文交所”被无锡滨湖警方摧毁，四名诈骗嫌疑人全部到案。

主要嫌疑人郭某、朱某、顾某、吴某等平均年龄 30 多岁，熟练掌握网络知识，且都有过文交所的从业经历。2014 年 7 月，四人合伙在无锡市滨湖区成立了江苏泓艺文化产业股份有限公司，以“文化产权股票”交易实施集资诈骗。

要办一个具有国家资质的文交所需严格的审批程序，但四人采取香港注册、内地代理的方式，轻松绕开一系列程序。他们先在香港注册成立东方国际文化产业交易中心，然后将泓艺公司定义为“内地惟一总代理”、“总服务商”。

四人还在互联网上建立了“香港东方文交中心”这样一个交易平台，同样将服务器托管到香港。为了让这个面向投资者的“门户”更具欺骗性，网站页面制作高端大气，内容全都显示为繁体中文。

“这个交易平台实质是‘单机版游戏’，盘面完全被他们掌控。”无锡市公安局滨湖分局经侦大队大队长管枫介绍，通过收买开发者，犯罪嫌疑人设计并获得了交易平台的后台控制程序，可随意增加“股票”账户和金额，制造不同账户大量买进卖出的假象，控制“股票”涨跌。

资料来源：中国经济网，2016 年 3 月 21 日。

附录 7.2　文交所诈骗案例之二：万丰国际艺术品

继 2015 年 6 月广东琮尚文化艺术品有限公司(以下简称“琮尚文化”)在澳门制造了“4 亿港元美人枕”假拍事件后，琮尚文化背后的大老板万丰国际艺术品交易中心(以下简称“万丰国际”)又出问题。据多名投资者反映，万丰国际违法买卖艺术品份额，并私自冻结投资者账户资金或超过 10 亿元，涉及投资者数万人。至此，万丰国际利用艺术品圈钱的骗局也浮出水面。

1. 或 10 亿元投资款被私自冻结

目前，在万丰国际平台上，大量投资者的资金被冻结，涉及深圳、重庆、厦门、杭州、义乌、东阳、大连、昆明、温州、郑州、南宁等十多个市的投资者。有多位投资者向《北京商报》记者反映，全国投资者有几万人，涉及金额至少五六亿元，或者已经超过 10 亿元。

在事件发生的集中地云南，日前已经有多位投资者准备通过法律途径维权。云南法闻律师事务所律师王汉政作为投资者律师向万丰国际发出律师函，写道“云南法闻律师事务所和云南法制报社法律服务中心近日接到多位公民集中反映网络平台万丰国际违法买卖艺术品份额事宜”。王汉政表示，“我目前已经接到来自云南、四川、浙江、辽宁等地大量投资者的咨询电话。要求委托我维权的投资者也很多”。

2015 年 12 月 14 日，万丰国际发布公告称，将于 2016 年元旦后推出新板块。昆明投资者王女士告诉《北京商报》记者，“从准备推出新板块开始，个人账户内的资金就被冻结，账户不能提出资金”。随后，2016 年 1 月 4 日，

"企业板块"上线运营,恢复交易。但"企业板块"上线后账户仍不能自由提出资金,"这则公告只是一个假象,万丰国际的官网平台做得非常严谨,但事实是,从2015年12月3日开始,万丰国际就停止了资金提出,随后连可取资金都被清零了"。

《北京商报》记者从王女士提供的万丰国际个人账户截图中发现,2015年12月中旬,王女士的账户资金金额、可用金额、可取金额都还显示有10.36万元,但到12月31日,王女士账户里资金总额、可用金额、可取金额都已显示为零,只有资产总值、冻结资金显示有10.36万元。对此,一位大连投资者张女士也表示,"万丰国际想冻结就冻结,完全按照他们自己的意愿行事,现在只能划入资金,不能提出资金,估计主要负责人在计划跑路"。

《北京商报》记者经查阅公开信息发现,万丰国际的运营模式类似文交所,交易品种主要以墨翠、水沫玉、天珠、高古玉等为主。投资者表示,万丰国际承诺的回报率很高,10个月的回报金额可以达到30%,甚至是高达3倍以上的收益。

对于万丰国际单方面改变规则、随意冻结投资者资金一事,位于深圳罗湖总部的深圳前海会丰嘉誉艺术品投资管理有限公司相关负责人马先生表示,万丰集团面临困难,正在转型之中,整个业务在调整。但对于万丰国际为什么要冻结个人投资资金以及什么时候能自由提出资金等问题,马先生则表示均不知情。值得注意的是,目前仍在正常运转的万丰国际平台,除了冻结老会员的资金外,还在吸纳新会员。

2. 艺术品份额化成"定时炸弹"

万丰国际的运作并不新奇,是内地文交所艺术品份额化交易模式的翻版。因为艺术品份额化从认购伊始,包括定价、切分份额及交易方式、退市机制等多重环节都存在人为做局的空间和乱象,所以,"艺术品份额化交易"这种模式在国务院发布2011年"38号文"以及2012年"37号文"后被取缔,至今未解禁。

艺术批评家江因风表示,尽管"艺术品份额化交易"在内地被取缔,"但很多从事艺术品份额化交易的公司跑到香港、澳门注册了交易中心，利用香港、澳门公司的名义在内地开展艺术品份额交易业务，而且大肆在内地拓展代理商，这种操作方式实际上就是非法集资”。万丰国际官网上“会员开户”中也明确提到公司有“艺术品份额化交易”，“在进行文化艺术品产权份额交易时，您可能会获得较高的投资收益”。

但是，万丰国际平台上所谓的交易品种几乎都是被高估的，爆炒下暗藏崩盘风险。万丰国际不允许投资者提出资金后，给出了账户可用资金的使用办法，如可以购买并提取 1 万元/件的墨翠、1 万元/件的天珠。但知情人士李先生表示，“可用资金的使用方案没有一条能解决实际问题，可提货的产品标价都高得离谱，真实价值只有提货价的 5%—20%。但不提货，又一分钱也拿不到”。也有投资者指出，不让出金的很大原因是背后负责人准备跑路，因为已经有厦门代理商在跑路，而且万丰国际的关联公司广西会丰背后的实体产业，包括旅游、酒店等都在亏钱。

一位杭州投资者补充道，目前投资者的状况就类似于，拿 100 元进商场，啥也没有买想出去的时候，却被告知不让出门，还被强制要求买商场内的产品，但这些产品都是虚标高价，10 元或者更低廉的产品标价 100 元。

有知情人士透露，在香港注册的文交所中，香港万丰国际文化艺术品产权交易中心是规模比较大的一家。这些文交所的主营业务都是艺术品份额化交易，创办人都来自内地，投资人也主要来自内地。因为直接打钱或汇款给香港的文交所，政府难以监管。而且，万丰国际内地代理商的扩张速度很快。万丰国际官网显示，在全国的代理商已超过 70 家。其中，曾经在澳门制造了“4 亿港元美人枕”事件的琮尚文化就是其在内地的最大代理商。仅琮尚文化一家公司在内地各省市就成立了 22 家子公司。

3. 圈钱跑路案例屡禁不止

利用艺术品份额化交易制造骗局的例子不在少数。2013 年 7 月在香港注册的中华文交所，在 2014 年 1 月不能提现，平台资金链出现问题，老板郑旭东卷走近 7 亿元，之后中华文交所及其网贷平台崩盘。随后，同一模式的天德文交所重蹈中华文交所覆辙。

这类文交所通常都会将某个艺术藏品打包成一定估值的“原始股”，价值几十万元的艺术品发包后就是几百万、几千万元。艺术品价值被过高估值上市，实际上是典型的投机性交易事件。在江因风看来，“这些标的原本不值钱，在盘面上把交易价格不断抬高，高出实物价格几十倍，最终发行资产包的人把钱捞走，投资者的钱就被骗走了，属于间接诈骗行为。但是，这类跨境电商很难控制”。

最终，被爆炒到离谱的艺术品资产包就成了“定时炸弹”，无人接盘的后果是大量投资者血本无归。“没有相关机构的监督是造成艺术品非法集资事件层出不穷的主要原因”，中央财经大学拍卖研究中心研究员季涛表示，文化公司推行艺术品产品理财，不在证监会的监管范围内，而工商局只是负责公司营业执照的管理。究竟是非法发行股票，还是非法吸收公众存款，甚至是集资诈骗，还需要公安机关最终定性。

艺术品交易市场内部评估定价机制不完善、过程不透明，势必给地下黑幕交易提供方便，引发金融安全隐患。对此，王汉政认为，“因地方监管缺失和不作为，有部分艺术品份额交易公司重新利用互联网进行交易，吸引了大量投资者。万丰在网络平台进行艺术品份额化交易，已经涉嫌非法经营、非法集资及诈骗等违法犯罪行为。万丰随意更改交易规则、冻结投资者资金，因此也涉嫌侵占罪、挪用资金罪”。

资料来源：卢扬、陈丽君：《北京商报》2016年2月2日。

第八回　走向何方

钱易钱来钱非钱，理性谨慎拒闲言；
币市若要不闭市，苦心钻研莫等闲。

纸币收藏因愉悦而入，也会因伤心失望而退；纸币圈因志趣而聚，也会因过度炒作而散。在我看来，纸币收藏今后究竟会走向何方，根本上取决于当下正在玩币人的心态，以及对新入行者的示范作用。如果炒作逐利成风，忽视对后来收藏者兴趣的正确引导，纸币收藏断无前途可言，后继无人则纸币无人问津。因为，新入行者会成为待宰割的“羔羊”，好不容易活下来的也会慢慢蜕化成为“屠刀”。要不了多久，纸币圈就只剩下“猎手”与“屠刀”，生态紊乱只能走向种群灭亡。由此，了解当下纸币圈内人的心理特质、行为习惯等，有助于我们对纸币收藏的归途做出合理判断。在本回中，我将结合问卷调查数据，对当下纸币圈内人的看法进行综合讨论。

一、特质

本次调查使用了“问卷星”软件，问卷内容共分为 4 个板块 40 道问题，包括：(1) 收藏特质；(2) 收藏渠道；(3) 收藏观念；(4) 收藏趋势。我试图通过对纸币圈藏友的调查，了解纸币收藏爱好者的心态和认识，以达到对纸币收藏前途研判的目的。本次调查主要通过微信朋友圈、纸币微信群以及向专人推送等方式，先后持续 1 周时间，共收回问卷 216 份，剔除 2 份重复填写的后，有效问卷数量是 214 份。在此，就受访对象的基本特点汇总如下。

1. 受访者主体是有资历和刚入圈且经历磨合期的收藏爱好者

在纸币圈，收藏经历小于 1 年的爱好者属于小白，但超过 5 年的爱好者就算是“老手”。有 1—3 年和 3—5 年收藏经历的分别是刚入圈经历磨合期和入圈基本度过磨合期的纸币收藏爱好者。在调查中，有 50.24％的受访者具有 5 年以上的纸币收藏经历，因此问卷回答的主体是有资历的收藏爱好者，另有 24.46％的第二大受访者群体拥有 1—3 年的收藏经历，属于经历磨合期的收藏爱好者。由于这两个群体的心态和认知差异比较大，我们可以通过后续问题的对比发现一些有趣现象。从样本整体来看，受访者对纸币收藏的爱好程度达到 4.34 分(满分 5 分)，并有 122 人选择了极其偏爱纸币收藏。

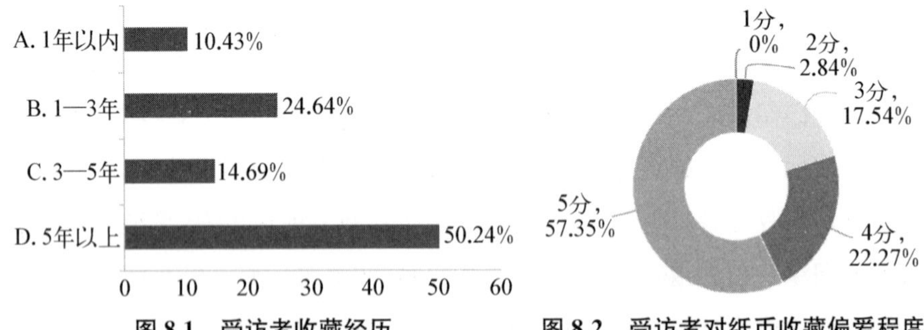

图 8.1 受访者收藏经历

图 8.2 受访者对纸币收藏偏爱程度

注：分值越高，代表越喜爱纸币。

2. 受访者主要是纯收藏型和“既收又出型”两大纸币收藏爱好群体

在微信电商时代，纸币收藏领域也表现出典型的“消费者也是商家”特色。调研结果显示受访者属于纯收藏型的比例略高一些，占总样本的 51.42％，“既收又出型”爱好者紧随其后，达到 45.28％的比例。相对而言，受访者属于纯币商型的微乎其微(3.32％)，只有 7 位受访者表示以出售为主。应当说，这样的样本结构说明现在多数出售纸币的人同时也是纸币收藏爱好者。从支出情况来看，年消费在 10 000 元以上的受访者占全部样本 70％以上，尤以花费 20 000 元以上的占据多数。更有意思的是，经交叉分析可看到，纯收藏型受访者每年的花费支出区间具有高度相近性。相反，以藏养藏的“混合型”收藏爱好者每年花费 20 000 元以上的占到较大比例（55.67％），但仍不能和币商型相比，因为币商型每年花费 20 000 元购买纸币的人占到绝大多数（85.71％）。因此，不同行为类型的收藏爱好者或出于个人兴趣，或出于个人财力，他们每年在纸币购买上的支出和自身的行为特质高度吻合。

表 8.1　按受访者收藏行为类型和每年的支出进行的交叉分析

每年支出 / 行为类型	5 000 元以下	5 000—10 000 元	10 000—20 000 元	20 000 元以上	小 计
纯收藏型	15.45％	18.18％	28.18％	38.18％	110
币商型	0	14.29％	0	85.71％	7
混合型	7.22％	17.53％	19.59％	55.67％	97

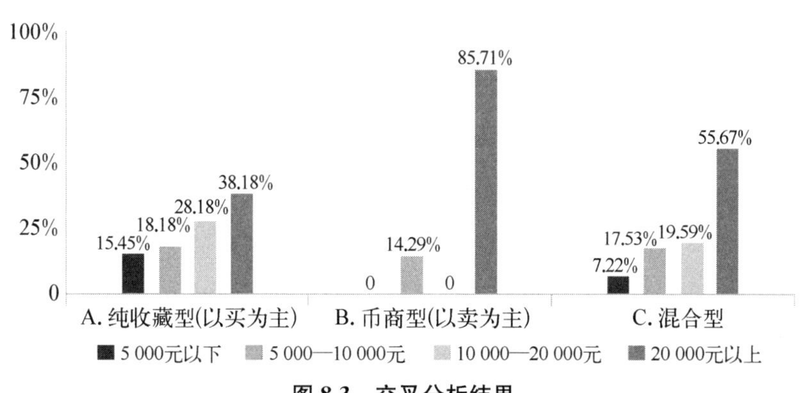

图 8.3　交叉分析结果

3. 受访者以喜爱作为收藏目的，且第三套纸币、第四套纸币、第五套纸币和纪念钞更受欢迎

纸币收藏可以养心性，也可以增收益，这个预判在调研中得到印证。有 60.56％的受访者是以个人爱好作为收藏目的，还有 31.46％的受访者以保值增值为主要目的。这种情况表明，目前纸币收藏圈仍然是由那些对纸币有着爱好情节的人构成。那么，这些人的主要收藏类型或者说纸币版别是怎样呢？问卷要求受访者选择两项收藏品种，统计结果显示，第一套纸币、其他（国库券等）和第三套纸币的喜爱者比例依次为 9.39%，12.68%、23%。大家未把这些品种作为主要收藏对象，原因有二：一是币种比较久远，很多年轻人对它们不了解，既没有什么记忆的想象力，又不敢贸然下手；二是这些币种价格昂贵，对很多人来说，同样的支出总额宁愿买到更多的其他品种。与此相对，第四套纸币、纪念钞、第五套纸币和第三套纸币则成为受访者主要的收藏品种，比例分别达到 71.36%、70.42%、68.08%、60.91%。按年购买支出细分受访者类型，计算各币种选择频次，最近一年消费在 10 000 元以上的受访者选择购买第三套纸币、第四套纸币、第五套纸币、纪念钞的占比分别达到 20%、22%、21%、22%。因此，第一套纸币、第二套纸币和国库券等属于收藏爱好者很少问津的纸币品种，说它们是“冷门”藏品，倒也不为过。

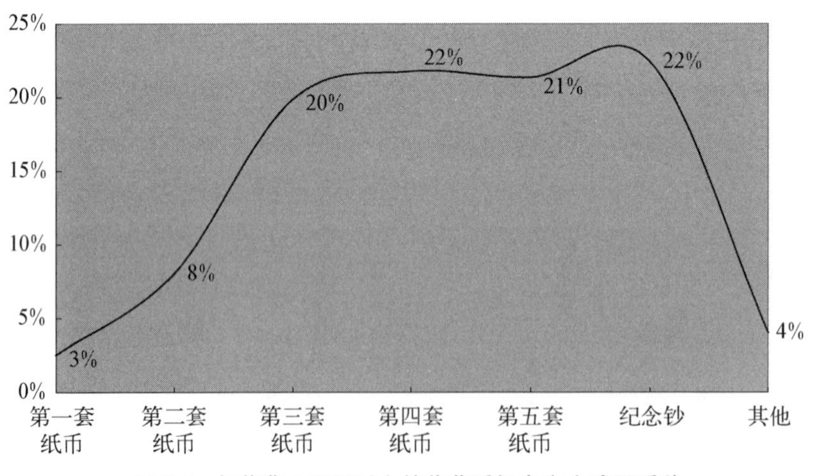

图 8.4　年花费 1 万元以上的收藏爱好者主力购买币种

4. 受访者因个人兴趣进入收藏领域，浏览网站和实战积累是获取纸币知识的主要途径

如果没有发自内心热爱纸币收藏，很少有人会加入这个圈落。问卷显示，在纸币收藏领域，因朋友推荐而进入该领域的藏友比较少，214 个受访者中仅仅有 18 位符合这种情况。绝大多数（141 人）是因为个人自发的兴趣

才开启纸币收藏之旅，这符合我和身边较多藏友的情况。正是源于个人兴趣，大家才会花时间、花精力去搜取相关收藏知识。这些知识主要来自网络和实战经验。对因个人兴趣进入纸币圈的141人进行分析，发现43.97%的人通过网络获取收藏知识，36.17%的人通过实战积累知识。因偶然机会进入纸币圈的人差不多情况也是如此。当然，经朋友推荐进入纸币圈的藏友，虽然人数不多(18人)，却有22.22%的人会通过听别人讲解来获取纸币知识。但总体来说，系统阅读纸币收藏专业书籍的人比较少，最高比例不到8%。

表8.2　进入纸币收藏原因和获取知识来源渠道的交叉分析

知识来源 / 入行原因	读　书	听人讲	浏览网站	实战积累	小 计
个人兴趣	11(7.80%)	17(12.06%)	62(43.97%)	51(36.17%)	141
朋友推荐	1(5.56%)	4(22.22%)	6(33.33%)	7(38.89%)	18
偶然机会	4(7.27%)	9(16.36%)	23(41.82%)	19(34.55%)	55

5. 网络是获取价格行情信息的主渠道，即使是听人介绍获得行情的受访者，他们也更多倚重网络查询

开展纸币收藏，除了要求储备一些必要的知识外，更要掌控和了解价格行情信息。根据受访者价格行情信息来源渠道的统计，有63.08%的受访者是通过浏览网络获得价格行情信息，因此，网络已经成为纸币收藏爱好者获取价格行情的主渠道。如果对受访者知识来源和行情信息来源进行交叉分析，可以发现，通过读书获取纸币基本知识的人较少自己判断价格行情，他们中的绝大多数(75%)仍然会选择网络搜寻获得必要价格行情信息。这种情况在那些通过浏览网络积累纸币知识的人中更为显著，比例达到82.42%。特别有趣的是，实战积累型收藏爱好者有不少人是自己判断价格行情，这类人群的比例达到23.38%；但听人讲纸币知识的受访者似乎是个例外，因为他们获取价格行情信息的主渠道是来自朋友的分析，比例达到43.33%(见表8.3)。

表 8.3　知识与价格行情两种来源渠道的交叉分析

价格行情来源 / 知识来源	币　商	朋　友	网　络	自己判断	小 计
读　书	1(6.25%)	1(6.25%)	12(75%)	2(12.5%)	16
听人讲	7(23.33%)	13(43.33%)	7(23.33%)	3(10%)	30
浏览网站	6(6.59%)	5(5.49%)	75(82.42%)	5(5.49%)	91
实战积累	5(6.49%)	13(16.88%)	41(53.25%)	18(23.38%)	77

然而,如果我们把受访者每天使用网络搜寻纸币的时间考虑进来,就不难发现,即使是从朋友那里获得价格行情信息,他们也会和其他受访者一样,每天花费大量时间在网络上进行搜寻,甚至花费的平均时间还要更多一些(见表 8.4)。从网络获得价格行情信息的平均时间为 2.49,而从朋友处打听价格的受访者则用更多一点的时间(2.56)进行网络搜寻。这种匹配性关系表明,所有受访者都会利用网络找寻纸币、查询价格,只是最后接受价格行情信息的来源不同。

表 8.4　价格行情来源渠道和浏览网站时间的交叉分析

网络时间 / 价格行情来源	1	2	3	4	时间	小计
币　商	2(10.53%)	10(52.63%)	3(15.79%)	4(21.05%)	2.47	19
朋　友	2(6.25%)	15(46.88%)	10(31.25%)	5(15.63%)	2.56	32
网　站	10(7.41%)	66(48.89%)	42(31.11%)	17(12.59%)	2.49	135
自己判断	1(3.57%)	16(57.14%)	9(32.14%)	2(7.14%)	2.42	28

注:按照每天使用网络搜索纸币的时间分为四等级,1 代表少,4 代表多。

二、渠道

在本部分,我将考察受访者的纸币收藏渠道,重点揭示收藏爱好者对互联网交易以及网络平台的看法。

1. 受访者主要通过互联网各类平台购买纸币，比价格、学知识和交藏友是三个主要原因

问卷调查显示，受访者选择网络交易的频次达到 84.11％和 61.21％，选择到实体市场交易的频次只占总频次的 44.86％，这印证了纸币收藏线上化的发展趋势。进一步分析，大家之所以选择线上交易，首要的原因是比价格，占样本总数的 40.65％。这是互联网给收藏爱好者带来的最大便利。学知识（29.44％）和交藏友（19.63％）是互联网交易带来的另外两个好处。根据这组数据，我们可以作出大胆猜想：一方面，今后的纸币圈是由微信群主导的，但它们不可能彻底替代实体市场；另一方面，互联网是所有收藏爱好者共有的比价工具，因此，想利用信息不透明卖出高价将是难上加难的事，除非卖家另有手段或另辟捷径，如特殊号码、新怪奇品种等。

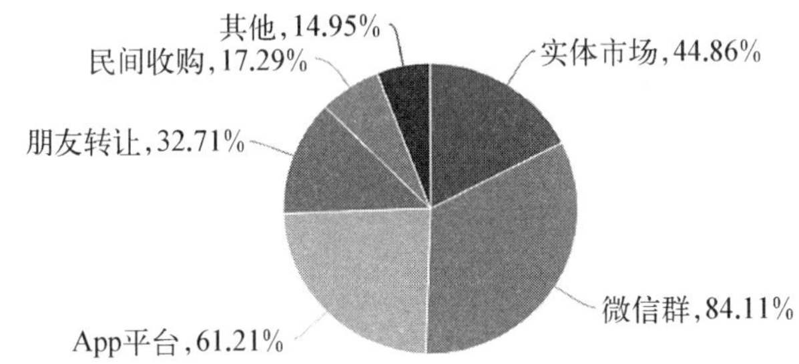

图 8.5　受访者主要购买渠道

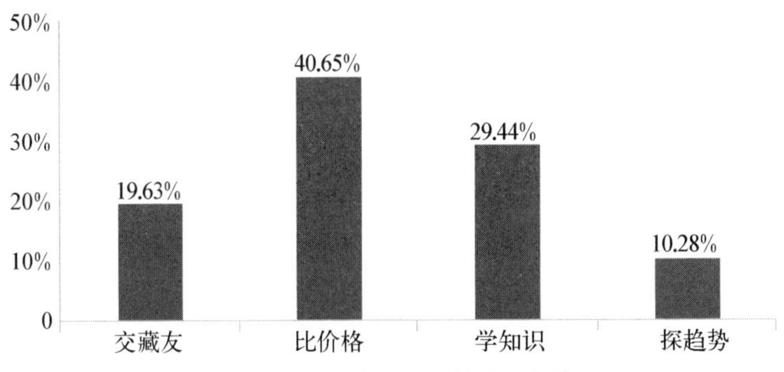

图 8.6　网络购买纸币的主要优势

2. 受访者对朋友圈高价收购表示中立立场，对宣传新品种和微信竞拍略微欢迎，同时认为托价问题严重

由于我们的样本对象以收藏第三套纸币、第四套纸币、第五套纸币和纪念钞为主，因此，他们对新品种表示略微欢迎的态度，按满分 5 分计算，平均分值达到 3.21。尽管受访者一半以上有 5 年以上收藏经历，但他们对朋友圈高价收购这种带有炒作性质的行为并不反感，持有中立立场，平均分值为 3(满分是 5)。这种情况反映出当前纸币圈的一种认识误区，即纸币市场适当的炒作以及新品种的不断推出，也许有利于纸币收藏的活跃，或者至少不是一件坏事。其实，在利益驱使下，在自己被别人“剪羊毛”之后，也可能成为“剪别人羊毛”的人。所以，大家干脆见怪不怪，态度表示中立。特别有意思的是，当大家被问到对“微信竞拍”以及对它的“最大反感”时，受访者普遍反映的是对微信竞拍略微欢迎的态度(3.27)，同时，绝大多数人(63.55%)认为托价问题最为严重(见图 8.7)。

表 8.5　受访者对网络现象态度的调查

选　　分	细分品种	高价收购	微信竞拍
1	21(9.81%)	37(17.29%)	20(9.35%)
2	28(13.08%)	20(9.35%)	18(8.41%)
3	90(42.06%)	99(46.26%)	94(43.93%)
4	36(16.82%)	23(10.75%)	49(22.90%)
5	39(18.22%)	35(16.36%)	33(15.42%)
平均分	3.21	3.00	3.27

注：1—5 分代表喜欢程度。

那么，既然认为“托价”严重，大家为什么不排斥这种交易渠道呢？原因就在于受访者认为，他们可以通过互联网比价的方式拿到比实体市场更低的价格。如果从比市场价格低很多到高很多按照 1—5 分来评估，收藏爱好者线上交易价格的平均得分为 2.71，略低于实体市场价格(见图 8.8)。

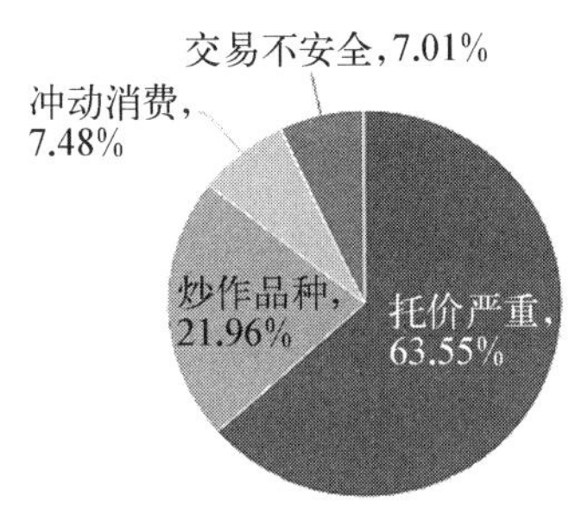

图 8.7　对线上交易反感问题的排名

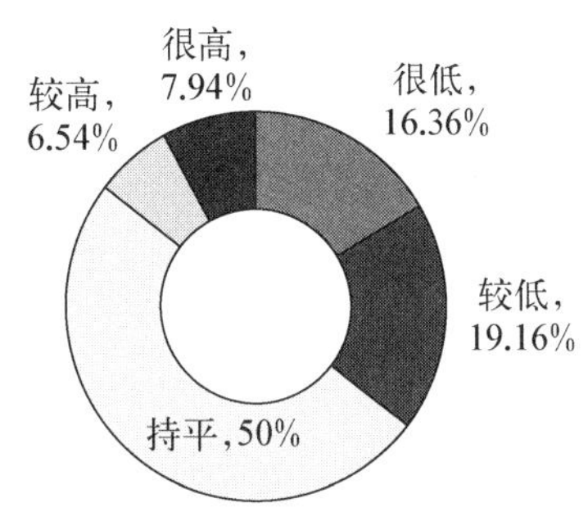

图 8.8　线上与实体市场价格比较

3. 在纸币网络交易渠道中,无论受访者对平台前景的预判如何,他们都不遗余力地向小白推荐纸币,或出于"跑路"立场,或出于"赚钱"目的

36.45%的受访者表示会找人托价,而 63.55%的受访者明确不会找人托价。虽然有更多的受访者在预判网上平台前景时选择了"保持现状或恶化"这个选项,占总样本的 58.87%。但从结构上分析,在认为网络平台前景不好的人群中,"不找人托价"的有 82 人,他们占前景不乐观预期总人数的 65.08%。认为网络平台前景乐观的有 88 人,其中"不找人托价"的人群占乐观预期总人数的 61.36%。这说明不找人托价的人要比找人托价的人对平台前景更悲观一些。更有意思的是,无论受访者对网上纸币平台前景的预判如何,他们都会义无反顾地"向小白推荐纸币",该选项占总样本数的 89.25%。他们或出于跑路目的,或出于赚钱目的。认为前景不好还偏爱向小白推荐纸币的人(90.47%),具有较强的"跑路"倾向。反之,认为平台前景较好的人向"小白"推荐纸币(推荐比例 87.75%),乃是因为他们尝到了托儿抬价的甜头或者是被套后的无奈之举。

表 8.6　网络平台前景预期与是否推荐、是否找人托价的交叉分析

推荐、托价 / 预期	会推荐	不推荐	找人托价	不找人托价	小　计
保持现状或恶化	114(90.47%)	12(9.53%)	44(34.92%)	82 人(65.08%)	126(58.87%)
越来越红火	77 (87.5%)	11(12.5%)	34(38.64%)	54(61.36%)	88(41.13%)
小　计	191(89.25%)	23(10.75%)	78(36.45%)	136(63.55%)	214

三、观念

收藏爱好者喜欢什么样的纸币，以及对哪些类型的纸币表示厌恶，特别是大家如何看待纸币收藏中的新现象，了解这些内容对于识别收藏爱好者的喜好以及思考纸币收藏方向，都是有益的。

1. 受访者特别偏爱评级币，但对PMG中文标仅持略微喜爱的态度

评级币是标准化的收藏标的，有了评级币，就可以省去交易中因为纸币品相产生的争议。在我们的样本中，非常喜欢评级币的比例达到44.86%，约有7成以上的人喜欢评级币。对于PMG中文标，多数人则表示出无所谓的态度，“非常讨厌”和“非常喜欢”中文标的人数相仿。从得分上看，评级币喜爱程度的平均得分是4.05，达到喜欢等级，而PMG中文标的喜爱程度只有3.2，显示出“略微喜欢”的态度。

表8.7 受访者对评级币的偏爱状况

	1分= 非常讨厌	2分= 讨厌	3分= 无所谓	4分= 喜欢	5分= 非常喜欢	均分
评级币	11(5.14%)	4(1.87%)	44(20.56%)	59(27.57%)	96(44.86%)	4.05
PMG 中文标	35(16.36%)	14(6.54%)	86(40.19%)	32(14.95%)	47(21.96%)	3.20

注：5分制，1分为讨厌，依分值增加喜爱程度增加。

2. 受访者认为第五套纸币、第四套纸币和纪念钞是炒作重灾区，号码币颇受青睐

与我们观察到的事实非常一致，受访者普遍认为，第四套纸币、第五套纸币和纪念钞存在严重炒作现象。问及哪种纸币有严重炒作现象，第五套纸币选择频次的比例达到71.5%，紧随其后的是第四套纸币和纪念钞，选择频次比例分别是49.53%、45.79%。虽然也有受访者认为第一套纸币、第二套纸币、第三套纸币和国库券等存在严重炒作现象，但选择频次比例只有7.48%、10.75%、14.49%和13.08%，这说明大家的预期还是一致（见图8.9）。

因此,我将重点就严重炒作品种的具体情况进行讨论。结合受访者收藏类型来看,无论主力收藏类型怎样变化,第五套纸币、第四套纸币和纪念钞都被认为是炒作的"重灾区",只不过在第二套纸币到第五套纸币的主力收藏爱好者群体中,选择第五套纸币作为炒作重灾区的频次比例依次降低,从85.71%一路下降到69.18%,这自然是"不说自己坏话"的道理。但即便如此,第五套纸币依然逃脱不掉炒作严重的判断(见表8.8)。

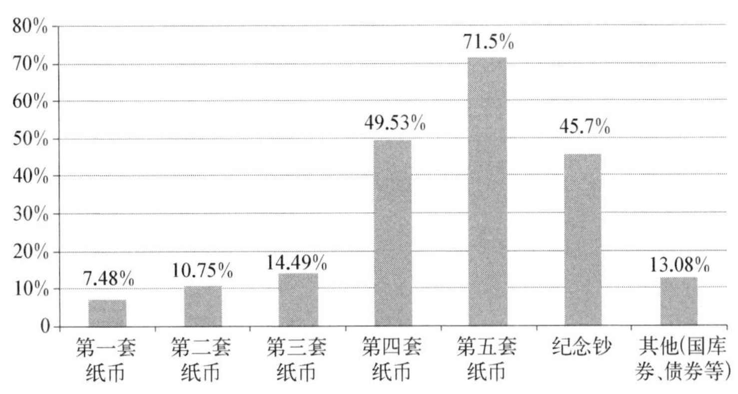

图 8.9　炒作重灾区选项的频次分布

注:多选题选项百分比=该选项被选择次数÷有效答卷份数,含义为选择该选项的次数与填写人数的比例。所以对于多选题百分比相加可能超过百分之一百。举例说明:10人填写了一道多选题,其中6个人选择了A,5个人选择了B,3个人选择了C。则选择A的比例是60%,选择B的是50%,选择C的是30%。3个百分比相加为140%。

此外,或许是因为新版币存在严重炒作情况,大家对号码币似乎情有独钟。在214位受访者中,对号码币明确表示喜欢的人数比例达到54.2%,即有一半多的收藏爱好者喜欢号码币,他们的人数是不喜欢号码币人数的五倍(见表8.9)。而且,样本统计显示,受访者对号码币的喜欢程度达到3.67分,带有较为显著的喜欢倾向。其实,不论受访者把哪一套人民币视作炒作重灾区,他们都表现出对号码币偏爱的特点(见表8.10)。

从当前市场表现来看,号码币的确有较强的抗风险能力。一方面对纸币特殊号码的偏爱,已经成为纸币收藏界的一股潮流,甚至成为大家评判纸币价值的主要参考因素;另一方面,号码是具有稀缺性的资源,有利于纸币的保值增值。或许正是因为这一点,大家对号码币的喜欢程度不断增加。

表 8.8　收藏爱好者类型和炒作重灾区选择类别的交叉分析

炒作重灾区 / 收藏类型	第一套纸币	第二套纸币	第三套纸币	第四套纸币	第五套纸币	纪念钞	其他(国库券、债券等)	小计
第一套纸币	4(20%)	4(20%)	4(20%)	12(60%)	14(70%)	5(25%)	2(10%)	20
第二套纸币	7(14.29%)	10(20.41%)	9(18.37%)	36(73.47%)	42(85.71%)	26(53.06%)	7(14.29%)	49
第三套纸币	11(8.21%)	18(13.43%)	23(17.16%)	77(57.46%)	107(79.85%)	62(46.27%)	18(13.43%)	134
第四套纸币	14(9.15%)	15(9.80%)	20(13.07%)	80(52.29%)	112(73.20%)	74(48.37%)	21(13.73%)	153
第五套纸币	15(10.27%)	16(10.96%)	23(15.75%)	68(46.58%)	101(69.18%)	67(45.89%)	18(12.33%)	146
纪念钞	13(8.61%)	17(11.26%)	20(13.25%)	80(52.98%)	115(76.16%)	67(44.37%)	19(12.58%)	151
其他(国库券、债券等)	8(29.63%)	7(25.93%)	8(29.63%)	14(51.85%)	19(70.37%)	13(48.15%)	3(11.11%)	27

注：观察本表时应该以行作为观察方向，比如第一行小计数字是 20，表示选择收藏类型为第一套纸币的人有 20 人，在这 20 人中选择第一套纸币为严重炒作区的频次是 4 次，与该类型人数比值是 20%，选择第二套纸币、第三套纸币、第四套纸币为严重炒作区的频次分别是 4 次、4 次、12 次，与该类型总人数的比值 20%、20%、60%。依次类推。

表 8.9 受访者对号码币的态度

	不喜欢		一 般	喜 欢	
态度	非常讨厌	讨 厌	无所谓	喜 欢	非常喜欢
分值（占比）	14(6.54%)	9(4.21%)	75(35.05%)	52(24.3%)	64(29.91%)
	23(10.75%)		75(35.05%)	116(54.2%)	

表 8.10 被视为炒作重灾区的纸币类型和号码币喜爱程度的交叉分析

号码币 炒作区	不喜欢	一 般	喜 欢	小计	平均分
第三套纸币	2(6.45%)	11(35.48%)	18(58.07%)	31	3.94
第四套纸币	14(13.21%)	38(35.85%)	54(50.94%)	106	3.62
第五套纸币	16(10.45%)	56(36.60%)	81(52.94%)	153	3.62
纪念钞	15(15.3%)	31(31.63%)	52(53.06)	98	3.56

与号码币不同，受访者对细分品种基本持有不太友好的态度，平均分值只有 2.92(见表 8.11)。具体来看，虽然大多数受访者对细分品种表达出无所谓的态度，但从喜欢和不喜欢的两端来看，不喜欢新品种的比例更高一些，占样本总量的 30.84%，高于喜欢新品种人数的比例(25.24%)5 个百分点。这至少说明，细分品种正在成为一种“负面”因素，影响大家对纸币收藏的兴趣。

表 8.11 对细分品种的态度

	选 项	小 计	比 例
不喜欢	非常讨厌	37	17.29%
	讨 厌	29	13.55%
一 般	无所谓	94	43.93%
喜 欢	喜 欢	23	10.75%
	非常喜欢	31	14.49%
	本题有效填写人次	214	100%

注：平均分为 2.92。

接下来的探究中，我将以包括第三套纸币在内的被认为炒作重灾区的四类纸币为观测对象，结合受访者对细分品种的态度进行交叉分析。表8.12的统计结果显示，在认为第四套纸币、第五套纸币、纪念钞存在严重炒作的人群中，对细分品种明确表示喜欢的人数比例都不高。其中，在认为第五套纸币是炒作重灾区的153人中，只有32%的人明确表示喜欢细分品种。不仅如此，认为第四套纸币、第五套纸币、纪念钞是炒作重灾区的人，对细分品种的喜欢程度平均得分分别是2.79、2.78、2.97。虽然这只是表现出轻微讨厌的状况，但已足够说明细分品种不完全被认可的事实。

表8.12　被视为炒作重灾区的纸币类型和细分品种喜爱程度的交叉分析

细分品种喜爱程度 / 炒作区	不喜欢	一　般	喜　欢	小计	平均分
第三套纸币	7(22.58%)	13(41.94%)	11(35.48%)	31	3.13
第四套纸币	40(37.73%)	42(39.62%)	24(22.64%)	106	2.79
第五套纸币	54(35.29%)	67(43.79%)	32(20.92%)	153	2.78
纪念钞	30(30.62%)	42(42.86%)	26(26.53%)	98	2.97

3. 从受访者对纸币性质判断看，从第一套纸币到第五套纸币，投机气氛愈加浓厚

依据受访者对五个套系纸币性质的判断，可以发现，只有第一套纸币和第二套纸币是偏重收藏性质，第三套纸币兼具投资和收藏双重属性。相对而言，从第四套纸币开始，投机性质开始变得浓重。按照人和币性质的对应关系来看，注重收藏性质的人应该把重点放在第一套纸币、第二套纸币领域。但遗憾的是，样本中虽然有51.28%的人是纯收藏型，且有60.56%的人以个人爱好作为收藏目的，第一套纸币和第二套纸币的喜爱者比例只有9.39%和23%，年花费在第一套纸币、第二套纸币上超过1万元的人数占比

也只有3%和8%。这种不匹配的现象充分说明，多数人虽然在自己内心深处认同第一套纸币、第二套纸币是收藏品，但限于自身财力有限和第一套纸币、第二套纸币价格高昂等原因，他们还是寄希望于投机性质的纸币。这恰恰是纸币市场炒作成风的根源所在。

表8.13 纸币各套系的收藏性质认知

	最多选项			第二多选项			综合评估
	类别	频次	比例	类别	频次	比例	
第一套纸币	收藏品	143	66.82%	投资品	52	24.3%	纯收藏品
第二套纸币	收藏品	120	58.07%	投资品	73	34.11%	偏重收藏
第三套纸币	投资品	95	44.39%	收藏品	72	33.64%	收藏投资双属性
第四套纸币	投机品	81	37.85%	投资品	76	35.51%	偏投机品
第五套纸币	投机品	124	57.94%	投资品	51	23.83%	纯投机品

四、趋势

由于受访者存在较大的质性差异，他们对纸币收藏秉持的观念也有很大不同。现实生活中，人有什么样的观念，就会有什么样的行为，这就是常说的观念决定行为。纸币圈也是如此，例如，对于以赚钱为目的的纸币收藏，你不可能期望他无论何时都坚持内心对纸币的热爱。那么，在他们看来，未来的纸币收藏会有怎样的发展趋势呢？

1. 受访者对纸币收藏的回报持有良好预期，主要原因是认为收藏爱好者规模会有所增加

对纸币升值的预期，将是纸币收藏兴衰的决定性因素之一。根据受访者的回答，存世量是决定纸币是否能够升值的最关键因素，选择频次占人数比达到89.25%。其后排序的是收藏者爱好规模和号码数字，选择频次占人数比分别为53.74%、42.99%。具体参见表8.14。

表 8.14　受访者所选影响纸币价格因素的排序

影响因素排序	选择频次	占人数比	影响因素排序	选择频次	占人数比
1. 存世量	191	89.25%	4. 币商宣传力度	57	26.64%
2. 收藏爱好者规模	115	53.74%	5. 社会闲置资金	42	19.63%
3. 号码数字	92	42.99%	6. 老百姓收入	28	13.08%

在这些影响因素中，存世量、号码数字都是不可更改的客观诱因，收藏者规模以及币商宣传力度却是有可能发生变化的因素。但总体来看，币商宣传不是决定价格的主要因素。因此，我们将重点围绕收藏爱好者规模来讨论。在受访者看来，未来纸币收藏爱好者规模将有所扩张。按照 5 分制计算（5 分为大幅度扩张），认为收藏爱好者扩张的平均分为 3.61，属于小幅增加。这或许是支撑收藏爱好者坚持待在纸币圈的主要原因。表 8.15 所示的结果中，坚持待在纸币圈的受访者仍然是主流，占样本总量的 77.57%，这显示出大家对纸币收藏的热爱和执着。进一步观察还可以发现，这些收藏爱好者绝大多数都认为收藏爱好者规模未来会增加（包括小幅和大幅增加），占比达到 65.06%。选择不确定自己是否会待在纸币圈的受访者为 46 人，其中认为收藏爱好者未来增加（包括小幅和大幅增加）的占比只有 54.35%，刚好处于临界点（50%）左右。由此可见，在撇开存世量和号码数字等客观因素的前提下，对收藏爱好者规模的乐观预判程度的确决定着现有收藏爱好者是否选择留在纸币圈。

表 8.15　受访者对是否坚持留下和收藏爱好者规模判断的交叉分析

	大规模减少	小幅减少	基本不变	小幅增加	大规模增加	小计	均分
逃离藏圈	0(0.00%)	1(50%)	0(0.00%)	0(0.00%)	1(50%)	2	3.5
不确定	3(6.52%)	6(13.04%)	12(26.09%)	20(43.48%)	5(10.87%)	46	3.39
坚持下去	13(7.83%)	10(6.02%)	35(21.08%)	68(40.96%)	40(24.10%)	166	3.67

在我看来，正是基于这样的信心，受访者才会产生比较乐观的纸币升值预期。表 8.16 统计结果显示，受访者对纸币升值持有乐观预期（较乐观和很乐

观)的数量为104人,是持有悲观预期(很悲观和较悲观)总数24人的4倍多。进行交叉对比分析不难看出,乐观预期者中坚信收藏爱好者数量会持续增加的人占比达到乐观预期总人数的84.62%。结合纸币价格影响因素表来看,当大家认为收藏爱好者数量会增加时,纸币价格升值的预期自然得以强化。

表8.16 受访者对升值的预期和收藏爱好者规模判断的交叉分析

收藏爱好者规模判断 / 升值预期	收藏爱好者减少	和现在差不多	收藏爱好者增加	小计	平均分
悲观预期	15(62.50%)	5(20.83%)	4(16.67%)	24	2.34
一　般	14(16.28%)	30(34.88%)	42(48.84%)	86	3.30
乐观预期	4(3.84%)	12(11.54%)	88(84.62%)	104	4.16

2. 受访者认为"炒作团队"是当前纸币市场的风向标,但他们对纸币炒作却持基本不接受态度,在行动上主要采取沉默方式

如果说收藏爱好者规模是可变但不可控的因素,那么,币商宣传力度则是决定纸币价格可变且可控的因素。币商宣传往往会加重市场炒作趋势,这也是受访者比较看重的内容。在问及"现在纸币市场谁是关键风向标"时,有两个关键因素凸显出来:一个是"炒作团队",有42.99%的受访者选择该选项;另一个是"大币商",有30.84%的受访者选择该选项。

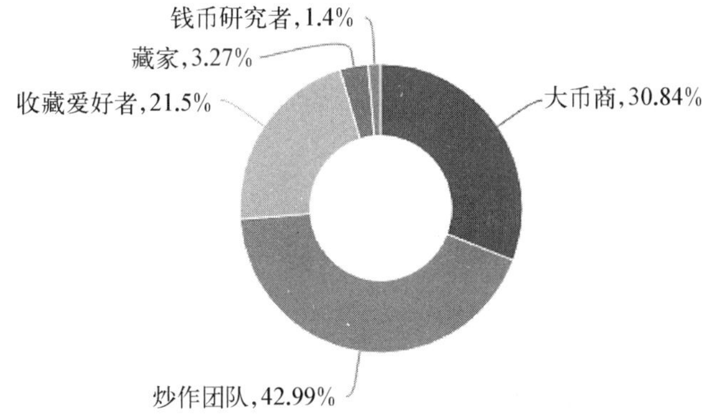

图8.10 受访者对纸币市场关键风向标的选择分布

一般来说，市场炒作可以给纸币收藏爱好者带来短期利益，但很可能会伤害小白们的收藏信心，进而影响潜在收藏爱好者的进入。因此，理性收藏爱好者会以收藏爱好者规模为重（毕竟对价格的影响大于炒作）。他们不全面排斥炒作，但也绝不大力支持炒作。表 8.17 的问卷统计结果显示了这样的特征，只有23.84％的受访者表示可以接受炒作，而明确不接受纸币炒作的受访者达到 43.99％，是可接受者人数的一倍多。这表明，广大的收藏爱好者具有了良好的辨别能力，对炒作持反感态度。比如，按 5 分制计算，受访者对纸币炒作态度的平均分只有 2.64，属于基本不接受的状态。当发现纸币炒作时，绝大多数人的做法是选择“默不作声”，这类受访者占样本总数的 45.52％，有 24.77％的人则选择“温和讽刺一番”和“拉黑走人”。令人欣慰的是，那种趁机购买的人非常少，只占总样本的 2.34％。

表 8.17　受访者对纸币炒作的态度和行为

对纸币炒作态度（平均分 2.64）		对纸币炒作的反应	
态度选项	人数（比例）	行为选项	人数（比例）
不接受	56（26.17％）	骂一顿出气	12（5.61％）
基本不接受	36（16.82％）	温和讽刺一番	53（24.77％）
无所谓	71（33.18％）	默不作声	91（42.52％）
可接受	31（14.49％）	拉黑走人	53（24.77％）
完全接受	20（9.35％）	趁机购买	5（2.34％）

注：满分是 5 分，越高代表越接受，1 分为不接受。

3. 受访者认为纸币圈处于“亚健康”状态，影响健康与否的关键因素是收藏爱好者心态

关于目前的纸币圈是否健康，问卷调查结果显示的是“纸币圈处于亚健康”状态。如果用 1—5 分分别表示 “很不健康”、“不健康”、“正常”、“健康”、“很健康”，那么当前纸币圈的健康得分为 2.8 分，处于亚健康状态（3 为正常水平）。其中，选择“很不健康”和“不健康”的受访者有 71 人，几乎是选择“健康”、“很健康”受访者总数的一倍。

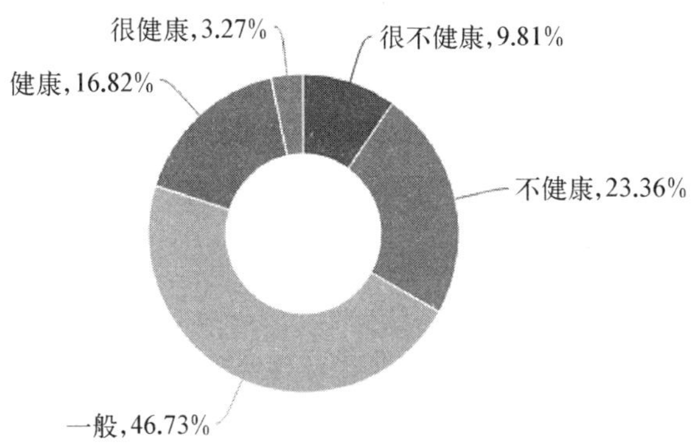

图 8.11 受访者对纸币市场健康与否的判断

上述结论虽然是受访者的主观判断，但由于受访者都具有一定收藏经历，因此他们的选择也不是空穴来风。在问卷询问"判定纸币圈健康与否的关键因素什么"时，几乎有一半以上的答案（57.48%）把"什么心态玩纸币"作为衡量标准（见图 8.12）。我认为，"玩纸币"的确玩的是心态，即喜爱纸币而不过度关注价格波动的心态，千万不要把炒股票的心态用在纸币收藏上。如果施以类似于炒股票的心态，那么，纸币收藏带来的痛苦远远大于快乐，也会把整个纸币圈带向绝境。目前，纸币圈处于"亚健康"状态，这成为受访者的共识，但收藏爱好者良善的内心却始终存在。根据受访者对"你对刚加入纸币收藏的小白会说什么"的选项来看（见图 8.13），有两个建议特别有意思：一是建议小白去玩"老精稀"，推荐人数占比 34.11%；另一个是建议喜欢就买，推荐人数占比 30.84%。

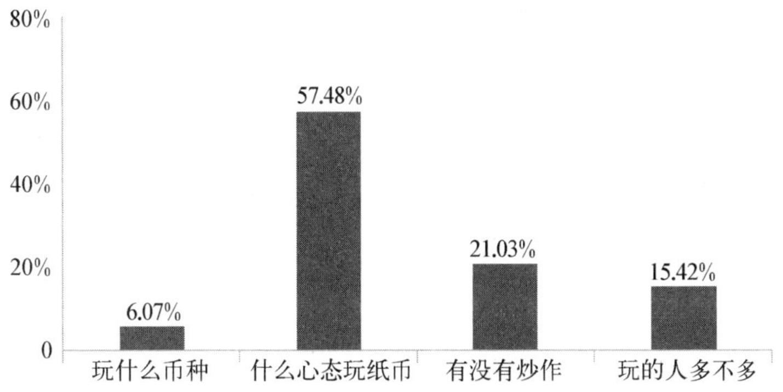

图 8.12 受访者对判定纸币市场健康因素的选择

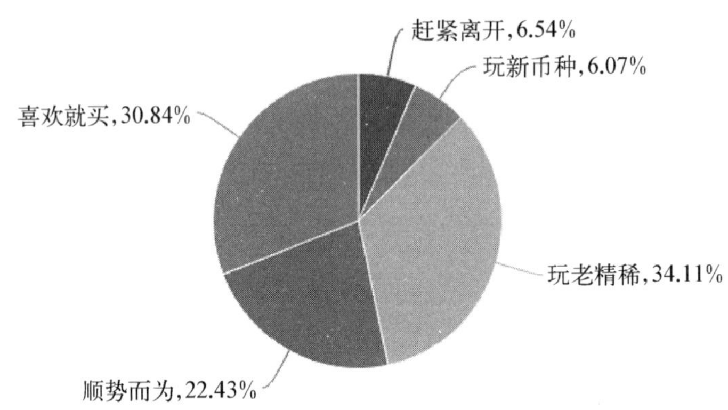

图 8.13 受访者对纸币收藏小白的推荐

客观分析，推荐“老精稀”玩法的受访者多是老玩家（见表 8.18）。在拥有 1 年以上“玩龄”的收藏爱好者中，有 1/3 强的人推荐“玩老精稀”。相比来看，1 年以内的玩家，推荐“老精稀”的人就较少，只有 18.18%的比例，他们给小白的建议是“喜欢就买”（占比 40.91%）。

表 8.18 受访者的玩龄与其向小白推荐选项的交叉分析

玩龄＼推荐	赶紧离开	玩新币种	玩老精稀	顺势而为	喜欢就买	小计
1 年以内	1(4.55%)	3(13.64%)	4(18.18%)	5(22.73%)	9(40.91%)	22
1—3 年	4(7.41%)	1(1.85%)	18(33.33%)	13(24.07%)	18(33.33%)	54
3—5 年	1(3.23%)	4(12.90%)	15(48.39%)	5(16.13%)	6(19.35%)	31
5 年以上	8(7.48%)	5(4.67%)	36(33.64%)	25(23.36%)	33(30.84%)	107

进一步研究大家对纸币圈健康状态的回答，我把“很不健康”和“不健康”归入“生病”，把“健康”和“很健康”归入“强壮”。通过纸币圈健康状况与受访者对小白建议的交叉分析（见表 8.19），可以看出，在受访者群体认为纸币圈是“病态”时，他们主力推荐的品种是“老精稀”；在受访者群体认为纸币圈是“正常”时，他们的主力推荐是“喜欢就买”和“玩老精稀”；在受访者群体认为纸币圈是“强壮”时，他们的主力推荐是“顺势而为”。说到底，这种向小白推荐选项的变化，反映了受访者对纸币圈状态具有不同判断时的不同理解。

表 8.19　受访者对纸币圈健康状态判断与向小白推荐选项的交叉分析

	赶紧离开	玩新币种	玩老精稀	顺势而为	喜欢就买	小计
生病	13(18.3%)	1(1.4%)	31(43.7%)	11(15.5%)	15(21.1%)	71
正常	1(1%)	7(7.0%)	32(32%)	21(21%)	39(39.0%)	100
强壮	0(0.0%)	5(11.6%)	10(23.2%)	16(37.2%)	12(27.9%)	43

注：重点推荐以比例超过30%为标准。

五、关联

以经验事实为依据，探求各个变量之间的关系，不仅可以让很多猜测得到验证，而且还能够拓展对纸币收藏趋势的判断，有效打开纸币收藏中很多未知的“黑箱”。

1. 为什么喜爱纸币收藏

为什么喜爱纸币收藏？我想，不同的人会有不同的理由。在这里，我将影响因素划分为四个方面，分别是“纸币收藏经历”、“纸币升值预期”、“每天使用网络搜寻纸币的时间”、“纸币收藏目的”。相对而言，前两个因素比较好理解：因为玩纸币时间越长，人们不由自主会产生依赖感；对于纸币升值越有预期，自然会巩固自己的爱好。我认为，长期使用网络搜寻纸币，在不经意间会得到很多纸币收藏信息，这些信息也会对纸币收藏的爱好产生影响。最后，纸币收藏的目的决定收藏爱好的持久程度，比如，以个人爱好为目的的收藏爱好者，兴趣是其收藏行为的根源，而交易目的的收藏爱好者则把纸币作为生意，其热爱程度一定不高。

按照受访者对炒作态度分类，我先后做了“全部样本”、“排斥炒作(不接受、基本不接受)”，“喜欢炒作(接受、完全接受)”，以及“对炒作无所谓”四个统计模型，结果显示(见表8.20)：① 在全部214个受访者样本中，纸币收藏经历、纸币升值预期、每天使用网络搜寻纸币的时间是三个显著影响纸币喜爱程度的因素，这三项指标每递增1%，将引起收藏喜爱程度分别提高0.191%、0.238%、0.312%；收藏纸币的目的不会显著影响喜好，但符号却是

表 8.20　影响受访者纸币收藏喜爱程度的因素回归

全部样本 n=214		排斥炒作 n=92	喜欢炒作 n=51	对炒作无所谓 n=71
总模型		分模型 1	分模型 2	分模型 2
	回归系数	回归系数	回归系数	回归系数
常数	2.355 (7.465***)	1.729(3.826***)	3.217(4.892***)	2.748(4.541***)
纸币收藏经历	0.191 (3.851***)	0.227(3.106***)	0.130(1.288)	0.148(1.594)
纸币升值预期	0.238 (4.257***)	0.258(3.297***)	0.116(0.977)	0.343(3.014***)
每天使用网络搜寻纸币的时间	0.312 (4.712***)	0.501(5.349***)	0.236(1.488)	0.039(0.334)
纸币收藏目的	−0.145 (−1.918)	−0.169(−1.293)	−0.062(−0.351)	−0.170(−1.486)
样本量	214	92	51	71
R^2	0.221	0.365	0.104	0.192
调整 R^2	0.206	0.336	0.026	0.143
F 值	F(4,209)=14.832 P=0.000***	F(4,87)=12.487 P=0.000***	F(4,46)=1.329 P=0.274	F(4,66)=3.913 P=0.007***
因变量：您对纸币收藏的喜爱程度是(　　)（分值 1—3,分值越高,喜爱程度越大）				
D-W 值：2.001		D-W 值：1. 359	D-W 值：1.899	D-W 值：1.957
* p<0.10　** p<0.05　*** p<0.01　括号里面为 t 值				

为负，表明纸币收藏目的越倾向于生意，就越有损于对纸币收藏的喜爱。② 对比“排斥炒作”、“喜欢炒作”、“对炒作无所谓”三个模型，我们可以发现一个饶有兴趣的现象：一方面喜欢炒作纸币的群体，没有任何一个因素可以解释他们对纸币的喜爱程度。也就是说，喜欢炒作的人很可能谈不上对纸币收藏的喜爱，他们更看重短期利益，甚至纸币长期升值的因素也不足以改变他们对纸币收藏的喜爱程度。另一方面，依然是“纸币收藏经历”、“纸币升值预期”、“每天使用网络搜寻纸币的时间”三个因素在显著影响着排斥炒作群体对纸币的喜爱程度，而且这三个因素对收藏爱好者影响程度都比较大。最后，对于炒作持无所谓态度的群体，显著影响他们喜爱纸币程度的因素只有纸币升值预期，且要比其他因素的影响程度更高，即每提高 1%的升值预期，喜爱程度增加 0.343%。

在这里，我谈到了受访者对纸币收藏目的的认知，虽然它不会显著影响受访者对纸币的喜爱程度，但纸币收藏目的是会随着一些外在因素发生变化的。具体来看，受访者对收藏目的选择的分值越大，他们越倾向于从事纸币交易。为了探究影响纸币收藏目的的可能性，我结合计量测试，归纳出受访者的收藏经历长短以及他们对炒作的态度两个影响因素（见图 8.14）。模型将根据受访者对网络平台的信心进行分组检验。

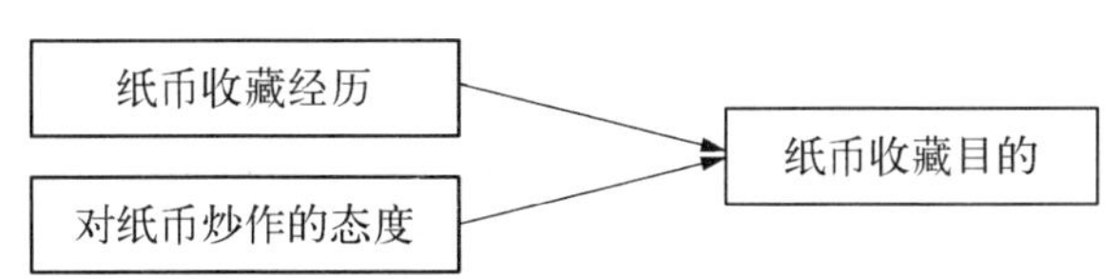

图 8.14　影响纸币收藏目的的简要模型

表 8.21 的结果显示，全部样本组和对网络平台有信心组的统计结论情况完全一致。一方面，纸币收藏经历的延长可以显著加强受访者以个人喜爱为目的的纸币收藏信心。从数值上看，在“对网络平台有信心组”，这个因素的影响程度更大，即收藏经历时长在原有基础上每提高 1%，将引致收藏爱好者减少 1.852%的交易动机。另一方面，对纸币炒作的态度会促进“以

交易为目的”的纸币收藏，在两组样本（全部样本组和有信心组）之间，这个因素影响程度差别不大，即对纸币炒作喜爱的程度每提高1%，就会促进收藏爱好者朝着交易目的方向迈进0.083%—0.094%。然而，这两个因素在“对网络平台无信心”一组却没有通过检验，均显示出显著性不够的情况，也就是说这两个因素不能解释纸币收藏目的的变化。这说明，当受访者认为网络平台未来很可能无人问津的时候，个人收藏目的将只能由自己的好恶决定，无关任何外部诱因。

表8.21　影响纸币收藏目的的计量结果

全部样本		对网络平台有信心组	对网络平台无信心组
	回归系数	回归系数	回归系数
常数	1.519 (8.761***)	1.852 (7.311***)	1.265 (5.319***)
纸币收藏经历	−0.080 (−1.800*)	−0.187 (−2.849***)	0.003(0.051)
对纸币炒作的态度	0.083 (2.199**)	0.094(1.721*)	0.076(1.461)
样本量	214	88	126
R^2	0.036	0.111	0.017
调整 R^2	0.027	0.090	0.001
F值	F(2,211)=3.970 P=0.020**	F(2,85)=5.292 P=0.007***	F(2,123)=1.069 P=0.347
因变量：您收藏纸币的主要目的是（　　）（分值1—3，分值越大，交易目的越强）			
D-W值：2.007		D-W值：2.022	D-W值：1.787
** $p<0.10$　** $p<0.05$　*** $p<0.01$　括号里面为t值			

2. 是什么因素引起了受访者对纸币升值预期的不同态度

对问卷选项进行综合评议后，我认为应该有六个因素需要重点关注，预设的作用方向如表8.22所示。但具体计量结果显示（见表8.23），对纸币升值预期发挥关键影响作用的只有四个因素，按照影响程度高低排序依次为：纸币收藏爱好者规模预期（0.329）、对纸币圈健康程度的判断（0.2460）、对纸币收藏的爱好程度(0.222)、对细分品种的态度(0.163)。其含义是,纸币收藏爱好者规模预期数值每提高1%,升值预期会提升0.329%。其余类推。比较有意思的是,对纸币炒作的态度对纸币升值预期的影响不显著,但作用方向为负,表明炒作并不利于受访者作出纸币长期升值的判断。

表 8.22 预设的影响纸币升值预期的因素及其作用方向

	对纸币收藏的爱好程度	对纸币圈健康程度的判断	纸币收藏爱好者规模预期	对细分品种的态度	对纸币炒作的态度	对号码币的态度
升值预期	+	+	+	不确定	—	+

表 8.23 影响纸币升值预期的计量分析

OLS 回归分析结果(n=214)							
	回归系数	标准误	t	p	R^2	调整 R^2	F
常数	0.221	0.312	0.709	0.479	0.471	0.456	F(6,207)=30.715 P=0.000***
对纸币收藏的爱好程度	0.222	0.056	3.931	0.000***			
对纸币圈健康程度的判断	0.246	0.063	3.884	0.000***			
纸币收藏爱好者规模预期	0.329	0.051	6.455	0.000***			
对细分品种的态度	0.163	0.043	3.744	0.000***			
对纸币炒作的态度	−0.046	0.042	−1.098	0.274			
对号码币的态度	0.024	0.045	0.536	0.592			
因变量:您对纸币今后升值的预期是( )(3分以上是乐观,3分以下是悲观)							
D-W 值:2.088							
* p<0.10 ** p<0.05 *** p<0.01							

进一步，我按受访者收藏经历时长再次进行计量分析，重点选择了收藏经历为1—3年的人群，样本共有54个受访者。表8.24的计量结果显示，对号码币的态度成为影响升值预期的显著因素(10%)。这说明，收藏经历越短的藏友，越容易对流行玩法产生一定的信任感。

表8.24 收藏经历为1—3年的群体中纸币升值预期影响因素的计量分析

OLS回归分析结果（n=54）							
	回归系数	标准误	t	p	R^2	调整R^2	F
常数	−0.906	0.537	−1.687	0.098	0.649	0.604	F(6, 47)=14.490, P=0.000***
对纸币收藏的爱好程度	0.359	0.101	3.56	0.001***			
对纸币圈健康程度的判断	0.358	0.124	2.891	0.006***			
纸币收藏爱好者规模预期	0.236	0.105	2.251	0.029**			
对细分品种的态度	0.144	0.085	1.697	0.096*			
对纸币炒作的态度	−0.03	0.078	−0.388	0.7			
对号码币的态度	0.169	0.088	1.928	0.06*			
因变量：您对纸币今后升值的预期是(　　)(3分以上是乐观，3分以下是悲观)							
D-W值：2.088							
* $p<0.10$　** $p<0.05$　*** $p<0.01$							

3. 是什么影响着评级币中文标的态度

评级币中文标是中国收藏市场的“特有物种”，但不是所有人都对其情有独钟，至少有62%的受访者对中文标没有明确表达喜爱(见表8.7)。为了探求是什么因素影响了收藏爱好者对中文标的态度，经过定性探讨和计量试验，我发现了四个影响PMG中文标态度的关键因素(见表8.25)，依次排序分别是：①“会不会向不玩收藏的人推荐纸币”。按理来说，“推荐纸币与否”和我喜不喜欢中文标似乎不应该有必然联系，但其实不然。原因是，受访者越是会向小白推荐纸币，就越具有出售纸币的倾向，这时候自然影响到他对评级币的判断。这个因素的回归系数是−0.282，意味着如果受访者越是经常向别人推荐纸币(该指标数分越小)，他就越喜欢 PMG 中文标。②“对细分品种的态度”。这个因素的回归系数是 0.256，意味着越是喜欢细分品种，就会越喜欢中文标。③“对纸币圈健康程度的判断”。这个因素的回归系数是 0.247，表明当受访者眼中的纸币圈健康程度每提高 1%水平时，对 PMG 中文标的喜爱程度就同向提高 0.247%。当然，反过来说，如果大家认为纸币圈很不健康的时候，PMG 中文标也就不受欢迎了。④“纸币收藏经历”。这是一个具有显著负向关联的因素，即受访者收藏经历时长每增加 1%，他们对 PMG 中文标持厌恶态度增加 0.171%。

表 8.25　影响受访者对 PMG 中文标态度的因素回归

OLS 回归分析结果（n=214）							
	回归系数	标准误	t	p	R^2	调整 R^2	F
常数	2.799	0.474	5.906	0.000***	0.153	0.137	F(4，209)=9.473 P=0.000***
纸币收藏经历	−0.171	0.077	−2.204	0.029**			
对细分品种的态度	0.256	0.071	3.593	0.000***			
对纸币圈健康程度的判断	0.247	0.093	2.663	0.008***			
会不会向不玩收藏的人推荐纸币	−0.282	0.143	−1.975	0.050**			
因变量：您对 PMG 中文标的态度是(　　)(1 是非常讨厌，3 是无所谓，5 是非常喜欢)							
D-W 值：2.035							
* p<0.10　** p<0.05　*** p<0.01							

进一步，我将样本划分为"纯收藏型"(110个)和"非纯收藏型"(104个)两类，同样按照上述模型进行回归。可以发现(见表8.26、表8.27)，在纯收藏型受访者样本中，"对纸币圈健康程度的判断"是影响受访者对PMG中文标喜欢程度最大的显著性因素(0.277)；在非纯收藏型样本中，"对细分品种的态度"则是决定他是否喜爱PMG中文标的最关键因素。这种变化突显了受访者收藏类型的心理特征，即以收藏为目的受访者选择PMG中文标是因为他们认为纸币圈是健康的。反之，以交易为目的受访者选择PMG中文标，乃是因为他们更看重细分品种的交易价值。

表8.26 影响受访者对PMG中文标态度的因素(纯收藏性)

OLS回归分析结果 (n=110)							
	回归系数	标准误	t	p	R^2	调整R^2	F
常数	2.964	0.637	4.656	0.000***	0.127	0.094	F(4, 105)=3.830 P=0.006***
纸币收藏经历	−0.161	0.107	−1.504	0.136			
对细分品种的态度	0.169	0.098	1.720	0.088*			
对纸币圈健康程度的判断	0.277	0.127	2.185	0.031**			
会不会向不玩收藏的人推荐纸币	−0.218	0.192	−1.132	0.260			
因变量：您对PMG中文标的态度是(　　)(1是非常讨厌，3是无所谓，5是非常喜欢)							
D-W值：1.793							
* $p<0.10$　** $p<0.05$　*** $p<0.01$							

4. 是什么因素影响了受访者对纸币炒作的态度

炒作属于纸币收藏绕不开的话题，虽然适度炒作有助于市场热度的维持，但在表8.24的计量结果中，炒作虽然不显著，但它的回归系数符号为负却验证了它是制约纸币升值预期的因素。那么，是什么推动受访者对纸币炒作预期的看法呢？

表 8.27　影响受访者对 PMG 中文标态度的因素(非纯收藏性)

<table>
<tr><td colspan="8">OLS 回归分析结果 (n=104)</td></tr>
<tr><td></td><td>回归系数</td><td>标准误</td><td>t</td><td>p</td><td>R^2</td><td>调整 R^2</td><td>F</td></tr>
<tr><td>常数</td><td>2.366</td><td>0.724</td><td>3.269</td><td>0.001***</td><td rowspan="5">0.201</td><td rowspan="5">0.169</td><td rowspan="5">F(4, 99)=6.236, P=0.000***</td></tr>
<tr><td>纸币收藏经历</td><td>−0.158</td><td>0.114</td><td>−1.395</td><td>0.166</td></tr>
<tr><td>对细分品种的态度</td><td>0.349</td><td>0.104</td><td>3.353</td><td>0.001***</td></tr>
<tr><td>对纸币圈健康程度的判断</td><td>0.258</td><td>0.140</td><td>1.847</td><td>0.068*</td></tr>
<tr><td>会不会向不玩收藏的人推荐纸币</td><td>−0.312</td><td>0.216</td><td>−1.444</td><td>0.152</td></tr>
<tr><td colspan="8">因变量：您对 PMG 中文标的态度是(　　)(1 是非常讨厌,3 是无所谓,5 是非常喜欢)</td></tr>
<tr><td colspan="8">D‑W 值：1.793</td></tr>
<tr><td colspan="8">* $p<0.10$　** $p<0.05$　*** $p<0.01$</td></tr>
</table>

对此,我选择了六个有可能引发并加剧炒作预期的因素进行讨论,通过回归分析得到表 8.28 的结果。① 受访者越倾向于出售纸币就越喜欢炒作,在数值上表现为每增加 1%的出售纸币意愿,对炒作喜爱的程度就增加 0.221%。② 受访者最近 1 年在纸币收藏方面花费越多,对炒作越是偏爱。这种现象可以解释为“进套”,原因是最近一年花费越多,他们就会希望炒作继续下去,只有这样才能让自己手里的纸币增值。从数值上看,最近 1 年购买支出的档次每跃升一个台阶,对炒作的喜爱程度就会提高 22%。③ 细分品种也是影响炒作的显著因素,两者的关系可以归纳为,对细分品种的喜爱程度每提高 1 个数值,对炒作的喜爱程度就提高 21.2%。④ 微信朋友圈出现超高收购价时,往往是炒作的前期准备,这一猜测在我们的模型中得到了印证。即,当受访者对微信朋友圈超高出价的喜爱程度提高 1%时,他们对纸币炒作的喜爱程度提高 0.134%。⑤ 受访者花费越多的时间使用网络搜寻纸币信息,他们就越会对纸币炒作产生反感,表现为每天使用网络搜寻纸

币的时间增加1%，对炒作的喜爱程度将降低0.178%。这或许因为通过网络比价，看到炒作者丑恶贪婪面目，进而对炒作产生厌恶感。⑥ 对号码币的态度对收藏者喜爱纸币炒作程度的影响不显著，换句话说，号码币已经成为市场广泛接受的一种趋势，它不再被收藏爱好者视为价格“泡沫”原因。

表 8.28　影响受访者对纸币炒作态度的因素分析

OLS 回归分析结果(n=214)	
	回 归 系 数
常数	0.671 (1.428)
对细分品种的态度	0.212 (3.034***)
对微信朋友圈超高出价收购的态度	0.134 (1.979**)
最近1年在纸币收藏上的花费	0.220 (2.715***)
对号码币的态度	0.011 (0.148)
每天使用网络搜寻纸币的时间	−0.178 (−2.055**)
倾向于出售纸币藏品的强度	0.221 (2.633***)
样本量	214
R^2	0.145
调整 R^2	0.12
F 值	F(6, 207)=5.844, P=0.000**
因变量：您对纸币炒作的态度是(　　)(分值越大越喜欢)	
D-W 值：2.149	
* p<0.10　** p<0.05　*** p<0.01	

5. 什么样的人喜欢微信竞拍或App直播

微信竞拍或App直播，是一种比较流行的纸币购买方式。特别是App直播，让广大收藏爱好者有了很好的视频体验感，通过视频不仅可以清楚地观赏纸币，而且还可以在主播讲解过程中与之全方位互动交流。我身边有许多类似的玩家，他们最初只是搞一些微信拍卖，但现在都转战于平台直播。那么，是什么样的人喜欢这种方式呢？根据我对问卷的整理、统计分析，发现有三个关键因素决定了受访者对这种方式的喜爱程度(见表8.29)。

表 8.29　影响受访者对微信竞拍和 App 直播态度的显著因素

<table>
<tr><th colspan="10">线性回归分析结果（n=214）</th></tr>
<tr><th rowspan="2"></th><th colspan="2">非标准化系数</th><th>标准化系数</th><th rowspan="2">t</th><th rowspan="2">p</th><th rowspan="2">VIF</th><th rowspan="2">R^2</th><th rowspan="2">调整 R^2</th><th rowspan="2">F</th></tr>
<tr><th>B</th><th>标准误</th><th>Beta</th></tr>
<tr><td>常数</td><td>1.259</td><td>0.398</td><td>—</td><td>3.161</td><td>0.002**</td><td>—</td><td rowspan="5">0.225</td><td rowspan="5">0.211</td><td rowspan="5">F（4，209）=15.202
p=0.000</td></tr>
<tr><td>对微信宣传新品种的态度</td><td>0.339</td><td>0.059</td><td>0.358</td><td>5.749</td><td>0.000**</td><td>1.046</td></tr>
<tr><td>每天使用网络搜寻纸币的时间</td><td>0.257</td><td>0.085</td><td>0.187</td><td>3.031</td><td>0.003**</td><td>1.025</td></tr>
<tr><td>网上纸币平台今后如何</td><td>0.244</td><td>0.101</td><td>0.153</td><td>2.431</td><td>0.016*</td><td>1.074</td></tr>
<tr><td>是否会找人托价</td><td>−0.166</td><td>0.141</td><td>−0.072</td><td>−1.177</td><td>0.241</td><td>1.01</td></tr>
<tr><td colspan="10">因变量：您对微信竞拍和 App 直播的态度是(　　)(1 分是非常讨厌，5 分是非常喜欢)</td></tr>
<tr><td colspan="10">D-W 值：1.869</td></tr>
<tr><td colspan="10">* $p<0.05$　** $p<0.01$</td></tr>
</table>

第一个因素是受访者对微信群宣传新品种是否喜欢。其影响逻辑是，凡是喜欢新品种宣传的受访者，他们大多会喜欢微信竞拍和 App 直播。第二个因素是每天使用网络搜寻纸币的时间。这个因素比较容易理解，喜欢上网搜索纸币信息的受访者对有人提供这样的信息自然是乐不可支，显著接受是情理之中的。第三个因素是受访者对网上纸币平台未来的预期(数值越大平台越红火)。也就是说，大家对网上平台未来持有的乐观态度越强，他们就越喜欢新型的网上纸币出售方式。最后值得一提的是，在我的预想中，"是否找人托价"也应该是一个影响网络新型销售方式的显著因素，预想的作用方向是"自己越是不会找人托价(该指标的数值越大)，其赔钱的概率就大，便会更不喜欢这些新型的网络售卖方式"。经过统计检验，该因素作用的方向和预期相同，但它并不是影响受访者是否喜欢新型销售方式的显著因素。

总的来说，通过问卷调查及其统计分析，我发现了许多有益的结论。在我看来，纸币收藏，可以养心性，可增雅致趣，但也可滋生贪图心、功利心。在十多年的纸币圈游历中，我见到了琳琅满目的纸币，更结识了很多的人。但对怎样理解和看待纸币收藏以及纸币圈的种种问题，却鲜有深入探讨。其间，有幸结识一些资深纸币收藏爱好者，闲暇之余说起这个问题，总归少不了对"藏道"的讨论。所谓藏道，包括三个方面：① 哲理。为什么收藏？② 技理。怎样收藏？③ 数理。纸币收藏与财富的数字关系。说到底，纸币收藏要深入思考理性、理财、理心的问题。正如本书引论指出的是那样，纸币圈见钱见人更见心见性。那么，这个纸币圈的"心性"该作何解释呢？或许答案很多，但"理"只有一个，这恰恰是每一位纸币收藏爱好者都需认真想一想的问题。

附录 8.1　纸币圈收藏情况调查问卷

尊敬的广大藏友：

您好！感谢您长期以来对纸币收藏的热爱和关心。本人为了更好地研究和反映国内纸币收藏圈的情况、问题和趋势，让正在撰写的书稿得以充分展示收藏爱好者的心声和意见，恳请您在百忙之中完成这份问卷。期待您的反馈和意见，感谢配合。

一、收藏特质

1. 您从事收藏纸币在(　　)

A. 1 年以内　　B. 1—3 年　　C. 3—5 年　　D. 5 年以上

2. 您对纸币收藏的喜爱程度是(　　)(最高分为 5 分)

A. 1　　B. 2　　C. 3　　D. 4　　E. 5

3. 您属于以下哪种类型(　　)

A. 纯收藏型(以买为主)　　B. 币商型(以卖为主)

C. 混合型

4. 您最近 1 年在纸币收藏上的花费(　　)

A. 5 000 元以下　　B. 5 000—10 000 元

C. 10 000—20 000 元　　D. 20 000 元以上

5. 您收藏纸币的主要类型是(　　)(可多选)

A. 第一套纸币　　B. 第二套纸币　　C. 第三套纸币　　D. 第四套纸币

E. 第五套纸币　　F. 纪念钞　　G. 其他(国库券、债券等)

6. 您最初是怎样进入纸币收藏领域的(　　)

A. 个人兴趣　　B. 朋友推荐　　C. 偶然机会

7. 您收藏纸币的主要目的是(　　)

A. 1(个人喜爱)　B. 2(保值增值)　C. 3(当生意做)

8. 您获取纸币收藏知识的主要来源是(　　)

A. 读书　　B. 听人讲　　C. 浏览网站　　D. 实战积累

9. 您每天使用网络(电视、手机等)搜寻纸币的时间(　　)

A. 1(很少)　　B. 2.(一般)　　C. 3(较多)　　D. 4(很多)

10. 您获取纸币行情的信息主要来源于(　　)

A. 币商　　B. 朋友　　C. 网站　　D. 自己判断

二、收藏渠道

1. 您购买纸币的主要渠道是(　　)(可多选)

A. 实体市场　　B. 微信群　　C. App 平台　　D. 朋友转让

E. 民间收购　　F. 其他

2. 您会不会向不玩收藏的人推荐纸币(　　)

A. 会推荐　　B 不推荐

3. 您觉得网上交易给您带来的最大好处是(　　)

A. 交藏友　　B. 比价格　　C. 学知识　　D. 探趋势

4. 您对微信朋友圈超高出价收购纸币的态度是(　　)(1 分是非常讨厌,5 分是非常喜欢)

A. 1　　B. 2　　C. 3　　D. 4　　E. 5

5. 您对微信收藏群宣传新品种纸币的态度是(　　)(1 分是非常讨厌,5 分非常喜欢)

A. 1　　B. 2　　C. 3　　D. 4　　E. 5

6. 您对微信竞拍和 App 直播的态度是(　　)(1 分是非常讨厌,5 分是非常喜欢)

A. 1　　B. 2　　C. 3　　D. 4　　E. 5

7. 您对网络平台拍卖纸币最大的反感是(　　)

A. 托价严重　　B. 炒作品种　　C. 冲动消费　　D. 交易不安全

8. 您认为网上比实体店购买纸币的价格(　　)(1 分是低很多,3 分是持平,5 分是高很多)

A. 1　　B. 2　　C. 3　　D. 4　　E. 5

9. 您的藏品如果送网拍,您会找人托价吗(　　)

A. 会　　B. 不会

10. 您认为和实体店相比,网上纸币平台今后会怎样变化(　　)

A. 1(保持现状或恶化)

B. 2(越来越红火,越来越让人放心)

三、收藏观念

1. 您对评级币的态度是(　　)(1 分是非常讨厌,3 分是无所谓,5 分是非常喜欢)

A. 1　　B. 2　　C. 3　　D. 4　　E. 5

2. 您对 PMG 中文标的态度是(　　)(1 分是非常讨厌,3 分是无所谓,5 分是非常喜欢)

A. 1　　B. 2　　C. 3　　D. 4　　E. 5

3. 您觉得以下哪类纸币价格存在严重炒作(　　)(可多选)

A. 第一套纸币　　B. 第二套纸币　　C. 第三套纸币　　D. 第四套纸币

E. 第五套纸币　　F. 纪念钞　　G. 其他(国库券、债券等)

4. 您对号码币的态度是(　　)(1 分是非常讨厌,5 分是非常喜欢)

A. 1　　B. 2　　C. 3　　D. 4　　E. 5

5. 您对细分品种的态度是(　　)(1 分是非常讨厌,5 分是非常喜欢)

A. 1　　B. 2　　C. 3　　D. 4　　E. 5

6. 您认为多数人把第一套纸币的收藏属性看作是(　　)

A. 收藏品　　B. 商品　　C. 投资品　　D. 投机品

7. 您认为多数人把第二套纸币的收藏属性看作是(　　)

A. 收藏品　B. 商品　C. 投资品　D. 投机品

8. 您认为多数人把第三套纸币的收藏属性看作是(　　)

A. 收藏品　B. 商品　C. 投资品　D. 投机品

9. 您认为多数人把第四套纸币的收藏属性看作是(　　)

A. 收藏品　B. 商品　C. 投资品　D. 投机品

10. 您认为多数人把第五套纸币的收藏属性看作是(　　)

A. 收藏品　B. 商品　C. 投资品　D. 投机品

四、收藏趋势

1. 您认为影响纸币价格的主要因素是(　　)(最多选 2 个)

A. 存世量　B. 号码数字

C. 收藏爱好者规模　D. 币商宣传力度

E. 老百姓收入　F. 社会闲置资金

2. 您认为今后纸币收藏爱好者会(　　)

A. 1(没人)　B. 2(减少)

C. 3(和现在差不多)　D. 4(小幅增加)

E. 5(大规模增加)

3. 您会一直坚持纸币收藏吗(　　)

A. 不会　B. 不确定　C. 会

4. 您对纸币今后升值的预期是(　　)(3 分以上是乐观,3 分以下是悲观)

A. 1　B. 2　C. 3　D. 4　E. 5

5. 您对纸币炒作的态度是(　　)

A. 1(不接受)　B. 2(基本不接受)

C. 3(无所谓)　D. 4(可接受)

E. 5(完全接受)

6. 您发现恶意炒作纸币的情况,会怎样处理(　　)

A. 骂一顿出气　　B. 温和讽刺一番
C. 默不作声　　D. 拉黑走人
E. 趁机购买

7. 您认为现在纸币市场谁是关键风向标(　　)
A. 大币商　　B. 炒作团队
C. 收藏爱好者　　D. 藏家
E. 纸币研究者

8. 您对纸币圈健康程度的判断是(　　)(3 分以上是健康,3 分以下是不健康)
A. 1　　B. 2　　C. 3　　D. 4　　E. 5

9. 您对刚加入纸币收藏的小白会说什么(　　)
A. 赶紧离开　　B. 玩新币种　　C. 玩老精稀　　D. 顺势而为
E. 喜欢就买

10. 您认为判定纸币圈健康与否的关键是(　　)
A. 玩什么币种　　B. 什么心态玩纸币
C. 有没有炒作　　D. 玩的人多不多

余论 闲话第五套纸币收藏

疫情硝烟未散，币市又见狼烟；
币商点纸成金，炒作无关收藏。

2018 年年初时，不知是那位高人最先推广了纸币的荧光和号码题材，纸币界开始风靡“四套玩荧光，五套玩号码”的玩法。很多收藏爱好者对此深信不疑，开始深度拥抱这股热潮。但是，经历两年的潮起潮落，回头一看，玩第四套荧光币者基本血本无归，剩下的只是曾经幻化的泡沫。虽然第五套纸币的号码币热劲头正足，但何为收藏正途，却无人追问，币市中残留的是那些一味推拉忽悠的炒客，有经验的人或者失望的人纷纷退场，前仆后继的新人还在跳坑，各种坊间传说、各种宣传广告、各种拉人诱骗仍在币市继续，币市前景甚为堪忧。因此，作为本书余论，我觉得有必要专门谈一谈第五套纸币的收藏和娱乐问题。

一、存量估算

直到现在，第五套纸币还没有退出流通领域，因此，绝大多数收藏交易平台明确禁止交易第五套纸币，这类纸币的交易大多数是在微信群中进行，或者藏匿在平台中玩“挂羊头卖狗肉”的隐形交易。据我观察，在第五套纸币卖方中，7 成主推 99 版，2 成主推 05 版，1 成主推 19 版。在具体玩法上，后两种群体打着冠号和号码收藏两大旗号，比如补号、狮子号、老虎号等。最复杂的也是炒作力度最大的还是99版，这里聚集了一大批炒作客。对99版的宣传聚焦三大词汇：一是错版币——因为币票上缺少拼音字母“YUAN”；二是流通时间短——发行于1999年10月1日，终止于2005年8，只有6年多；三是独立品种，即99版完全不同于05版和19版。有此三点，99版开始吸引无数投机客的眼球，似乎它就像天生尤物一般，早晚会成为一飞冲天的“摇钱树”。

很多纸币炒作客之所以把99版打上错版和流通时间短两个特殊要素，主要参见央行副行长马德伦所著的图书《中国名片——人民币》。该书披露说，在第五套纸币发行后，央行陆续收到群众来信，反映票面上“个别元素缺少，假币屡有出现”等情况，该书接着指出，第五套纸币的防伪技术是随着时间推移成熟后不断添加的，一些技术在后期发行的小面额纸币上才得以应用，比如拾圆券的双色拼接、壹圆券的手感线，这样的演变导致大面额纸币的防伪效果反而不及小面额纸币，加上国际上为防止假钞而将钞票的更新换代时间缩短为4—7年，人民币在国际市场上的重要性日益体现，缩短更代时间成了必然。

我以为，马先生的说法只是表明99版是第五套纸币的过渡品种，并没有丝毫为其吹捧的含义。对他的关于99版缺少票面元素的说法，我表示完全赞同，但这和后来的错版币说法不可同日而语。要知道，收藏界的错版币意味着孤品，而大量的独特印刷就不能认为是错版币了，只能说明这种印刷设计是该版的一个显著特征。因此，把普遍化的符号说成一个特殊化的称谓，是不符合收藏理念的。那么，99版的存世量到底有多少呢？是不是比第四套纸币还要少？甚至像某些币商认为的只是第四套纸币的三分之一？对此，毫无根据地盲目猜测，有扰乱视听之嫌。我们需要弄清楚货币的流通量，才能够深入探究沉淀到纸币收藏市场的存世量。为此，笔者借鉴宏观经济学中的货币概念加以讨论。

M0是衡量国民经济中流通现金数量的尺度，它是一个居民和单位持有现金余额的指标。央行官网可以查到历史年份的月度 M0 数据,它表示截止到某年某月底全社会流通的现金总量。当然,现金总量不等于全部都是纸币,还包括硬币和支票,但限于缺乏具体数据,我在这里把现金总量统统定义为纸币金额,这种做法将导致后面计算出的纸币金额数据有被放大的问题,但它至少排除了胡乱猜测和编造的数据,所以大家可以将其理解为纸币金额的最高上限。

在我国,人民币收藏始于 20 世纪 90 年代中期,这里以 1996 年为考察起点,重点测算各套系版别纸币的流通数量。另外要注意,由于央行发行新版纸币的时候就会相应缩减正在流通的旧版纸币,因此替换比例会随着时间推移逐渐增加。比如,1987 年刚发行第四套纸币时,次年流通中的第三套纸币还是主体,比如占纸币总额的 90%或更多。此后,第四套纸币逐步替代第三套纸币。假设不同版别间的纸币按年份周期平均替代的话,那么第三套纸币从 1988 年到 2000 年平均每年被新版纸币替换的比例可以确定为 7.7%。在这样的假设下,到 1996 年年底流通的现金中只剩下 30%的第三套纸币现金总量(注：1988 年到 1996 年为 9 年,每年替换第三套纸币的比例是 7.7%,那么到 1996 年累计替换掉近 70%),当年流通中的总现金额(M0)为 10 177 亿元,两数相乘即为第三套纸币的面额金额基数 3 053.1 亿元。

2000 年以后第三套纸币彻底退出流通领域,央行不再有增量的第三套纸币。此时第四套纸币占据流通现金的全部,该年的 M0 为 10 375 亿元,这即是第四套纸币的金额基数。此外,从 2000 年起,99 版纸币开始替代第四套纸币,2005 年又发行 05 版纸币。要注意的是,第四套纸币虽然是在 2018 年彻底退出流通领域,但从 2010 年后,央行就不再印制第四套纸币。因此,我们可以设定第四套纸币从 2000 年到 2009 年逐步被第五套纸币替代,10 年间平均替代的速度为 10%,这意味着到 2005 年底有 60%的第四套纸币被 99 版纸币替代。因此根据 M0 余额乘以 0.6 的计算方法可以得到 99 版纸币的面值金额基数 24 031 * 0.6=14 418.6 亿元。同样道理,05 版纸币从

2006年开始替代旧版纸币(包括第四套和第五套的99版),到2010年第四套纸币不再有新的增量,但此时第四套纸币和99版纸币仍未退出流通领域,因此只能认为2010年流通的全部现金中05版纸币占绝大多数,这里设定比例为70%。特别说明,这个数值是根据当时的实际观测确定的下限比例,因为2010年流通中几乎没有第四套纸币,而05版纸币因为经历了5年的只收不发,所以被替代的程度很高,大致10张纸币中只能见到2—3张的99版。由此,该年05版纸币的面值金额基数至少达到44 628 * 0.7=31 239.6亿元。接下来我将根据纸币流通时间和市场收藏的情况估算纸币全新率和收藏率,最终可以大致计算出各套纸币进入收藏领域的面值金额总量。

表9.1 各版纸币的收藏面值

	全新率	收藏率	金额基数(亿元)	收藏市场面值
第三套纸币	0.001	0.000 2	3 053.1	61 060元
第四套纸币	0.002	0.000 3	10 375	622 500元
第五套纸币99版	0.004	0.000 5	14 418.6	2 883 720元
第五套纸币05版	0.005	0.000 8	31 239.6	12 495 840元

注:上述数据是根据市场调查和收藏经验归纳而来。全新率代表9.5品以上的品相,收藏率代表沉淀到收藏市场的金额。具体解释是,全新率若等于0.001,代表1 000张壹圆纸币中有1张是全新;收藏率若等于0.000 1表示10 000元中有1元流入收藏市场。

根据表9.1前三个指标计算而来的收藏市场面值金额理论上等于沉淀到收藏市场的壹圆纸币的张数。但实践中,由于票面币值不同,如果能够模拟出不同票面沉淀到收藏中比例,就可以换算出各套系版别各面值纸币的收藏存量。在这里,我只是要对比各版纸币进入收藏市场的大致规模,因此,不再做进一步折算。总的来说,表9.1数据反映出当前收藏市场各套纸币的实际存量状况。进一步,也就不难解释一个现象,即第五套纸币为什么会展开市场细分。这当然是由该套纸币的收藏存量规模决定的,如此大量的存货如果不进行细分，根本就卖不出价格。这也印证了前面问卷调查中第五套纸币是投机品的结论。

二、个性之殇

从第四套纸币开始，纸币收藏进入个性化时代。什么是个性化？其含义颇有些量身定制的意思，说得直白点就是“我喜欢什么品种就玩什么品种”。从这时起，个性化的收藏时代已经与第一套纸币、第二套纸币、第三套纸币的收藏时代分道扬镳。因为老精稀品种得到岁月沉淀、市场认可，拥有非常高的知名度，其市场价值牢固，只要你去上网搜寻或者查阅大币市的行情播报，就可以找到相应的明晰价格。相对而言，个性化品种往往具有人为创造稀少进而把稀少普及成为收藏偏好的特征，谁先出价或者谁先发布价格，往往就是后续交易的参考价。这种价格犹如空中楼阁，非常不牢固。如果碰到那种纯粹的炒作者，价格会一下子就脱离市场应有的基础，谁买入就意味着谁受骗，美其名曰交“智商税”。

第五套纸币的个性化玩法被发挥到极点，一点一撇一捺等都会被人关注。更有甚者整日拿着放大镜、荧光灯探求纸币票面上的秘密，一经发现便如获至宝，起一个美丽名字，撰写一篇软文，配上几张经过美修的图，找到三两知己，建立一个小群，接下来就开始忽悠收藏众生。这样似乎还不行，一帮人需要搞个左右手互搏的游戏，制造轰动效应，直到一应小散纷纷加入抢购。待到自己出货完毕，又转战他方，开始重复着昨日故事。

虽然我不否认第五套纸币是过渡品种，也具有一定的受众基础，但不等于这些币种可以被无限拔高。我不排斥 99 版纸币可以作为藏品来收集，但坚决反对那种恶意炒作行为，尤其是过度细分的玩法。截至目前，仅 99 版纸币就有数十种名讳细分，其细分程度正在创造继第四套纸币后的又一个高潮。但凡一个细分品种出现，需要经历研究—挖货—宣传的基本步骤，但第五套纸币中有些品种并非如此，价格却像乘坐火箭一样不断飙升。从最近互联网反映的情况来看,一些人不遗余力地开发新品种,并把个人发现的新的兴趣品种推广成为收藏界主流共识品种,这种做法其实含有很大的投机性质。这里先说一下对当前极端炒作行为的看法:

第一,个性化纸币只是小众玩法,不能夸大其为主流收藏品种。在收藏领域一直有小众玩法和大众玩法的品种差异。一般来说,大众玩法的品种具有群众基础好、藏品特征显著、认定标准共识程度高、纸币信息全透明的基本特点。无论是否喜欢,它们的价值和稀有程度都是客观存在的,不是某些人自说自话得来的,当然也很难操控其价格。相对而言,小众玩法的品种完全来自个人兴趣,甚至每个人都可以制造出一个惟一物。最常见的小众品种如个性化邮票,它是由单位或个人出资发行的纪念性邮票。在纸币方面,个性化特质也很多,如冠字号码序列具有惟一性,虽然极度稀缺,却难以推广普及,自然无法创造出高价值。现在 99 版纸币收藏的扭曲表现就是试图把小众藏品通过人为宣传转换为大众品种,目的当然是为了拔高价格,结果却是制造出无数的细分小众品种,导致收藏市场的极度扭曲和变态。

第二,制造稀缺只是创造投机,与收藏挂不上太大关系。玩第五套纸币的不少人总是把收藏二字挂在嘴边,但过度投机驱使的收藏玩法确实很危险。如今,玩 99 版纸币的人规模不小,但他们主要是源于东西便宜才尝试购买,毕竟老精稀动辄成千上万,门槛太高;花小钱买一个发财的机会,又能够享受一番收藏乐趣,何乐而不为呢? 更为重要的是,主推 99 版纸币的多数人不是因为喜爱,他们心里是把这些纸币当作如同股票一样的东西,至于票面图案、文化内涵、色彩搭配、历史背景等统统不去关注,除非它们有助于升值。说的极端点,哪怕是一张白纸,只要能讲出故事,他们也会去吹嘘和售卖。从时下一些币商的宣传材料不难发现,他们常常用“某次交流会发现”、“据某某人统计发现”之类的模糊用词,有的甚至干脆标上一个极端稀少的存世量,通篇都在喊“稀缺”。试想,如此稀缺的纸币,拥有者藏之还来不及,为什么区区千元就愿意售出呢?

第三,无限细分不是正途,割韭菜或为目的。不论评级标多么炫美,也无法掩盖无限细分不断上标的投机炒作本质。国内评级公司以及国外代理商需要的是大量上标,币商想的是上标后卖高价。最可怜的是不知内情的小散,他们对评级标趋之若鹜,对宣传语的煽动性一概无知,直到纸币无法变现才知道后悔。记得第四套纸币荧光币火爆之时,一夜之间带火了荧光灯,可现在第四套纸币荧光币却无人问津,当初卖第四套纸币荧光币的人也不知了去向。反观第五套纸币,仍有人在做着细分努力,三天一个标,一天一个样,再看当年的某些品种,火爆之时数千元还一币难求,今天却让玩家嗤之以鼻,被人当作玩笑来说。其实,始作俑者已经赚到了盆满钵满,而小散们却望着手中的纸币叹气。就在近几日,我又看到某题材币种的宣传词语,大言不惭地说该币种堪比大黑拾、背绿水印,不知写作者是否自己相信这样的判断,但拉高出货的目的却昭然若揭。他们手里有大量的货,不满足于小赚,于是把币界前辈大黑拾也拉上!

无论宣传的辞藻多么华丽,都要玩家冷静思考;无论始作俑者创造出多么新鲜的品种,都要防范他们割韭菜的风险。纸币收藏的个性化程度不管达到多么高,它都只是个人兴趣的延伸,短时也难以登大雅之堂。通过宣传和炒作方式把个性化品种普及成为全民品种的努力,不可避免地带有人为操作的痕迹,对这些品种必须谨慎对待。再次重申,我不反对适度炒作,也不反对新品种开发,但新品种的价值决不能脱离其所属大类的价值。以995为例,普通国内66—67分评级的每张价格是30—40元,考虑到当前收藏市场热度以及995品种时间沉淀因素(15年),60—80元也是比较合理的价位。如果加入兴趣细分带来的数量缩减,翻上一倍到两倍属于可接受范围,总价也不过在100—200元之间。当然,如果把稀缺冠号(如补号)和特定公认号码(如狮子号等)考虑进来,价格再翻倍也实属正常。除此之外,不应过度追求细分品种,凡是超过这个价位限度或者上涨过猛过快的,就需要当心背后炒作团队的力量。

三、显性题材

最近看到一些人在推出细分品种时,用到了显性题材和隐性题材的称谓。文章说辞中,显性题材被定义为不通过任何工具,肉眼就可以看到的纸币题材。隐性题材就是那些必须借助其他工具,才能看到纸币特征的题材。虽然这种分类看起来颇有道理,但根本不值一提。原因是在评级币流行的今天,无论显性还是隐性题材,币商都会积极寻求第三方评级上标。一旦获得评级标,纸币所有的题材都变成显性的了,根本无须收藏爱好者自己查验。进一步说,纸币最具显性的特征在于所属大类,如 995 不同于 9910,这才是真正意义的显性题材。在同一大类中进行细分,再挖掘出一眼清的红或绿等,无非是概念中制造概念,同类中创造差别,以此激发收藏爱好者的好奇心,同时趁机炒作卖高价。据我所知,这种被发掘出的纸币品种有些已经飙升到几千元一张。真不知道投资者买回后将来卖给谁?何时才能够回本?

说到这里,或许有朋友会说,背绿水印也是从背绿中细分出来的一个珍稀品种,最后成为第三套纸币王。那么,为什么现在的第五套纸币不能细分,不能猎取高价呢?这个思路的确被很多新入行者信奉为"捡漏法宝","不把所有鸡蛋放在一个篮子"的投资理念驱使他们不惜高价换取一个可能的发财梦想。但我要说的是,这些被细分出来的 99 版品种几乎不可能成为币王,越是细分,发财梦距离破灭就会越近。理由如下:

第一,通信和信息交流能力的变化对纸币市场是一把"双刃剑",带来市场活跃力,同时打击收藏爱好者信心。

在第三套纸币流行的时代,炒作也是时有发生,但限于当时通信的能力,炒作规模有限,往往是几个币商联合囤积一些货,然后联合订立一个攻守同盟,就算是炒作了。反观今天的第五套纸币流行时代,通信非常发达,纸币细分后能够很快改变收藏爱好者的偏好,进而无障碍跨地域炒作,制造纸币市场的虚假"繁荣"。然而,信息通信水平带来的感染传播能力也会在今后改变甚至颠覆收藏爱好者的偏好。比如今天的人们喜欢尾8或尾6，但10年后呢？谁能保证这些数字一定会被后继者持续喜爱。数字文化往往和地域文化连在一起，广东、香港的藏家喜爱这些数字，加上这些地方的藏家具有购买能力，结果导致纸币市场“8”、“6”等数字文化的泛滥。过度追求数字号码，会透支未来的价值增值。一旦这些地方人退出纸币领域或者其他地方的藏家占据主导地位，数字文化也可能随之而变。这种变动速度在互联网即时通信时代里会不断加快。所以，信息流动速度加快后，既可能短时期里营造出一种细分热点，也可能迅速打压旧的热点。这种频繁变化的结果会让真正的收藏爱好者无力应对。信心没有了，何来收藏市场的长远发展？

第二，在一个全民注重收藏、全民挖掘品种的时代，市场被过度细分，很难对某一品种形成统一共识。

纸币收藏群体规模的壮大，并不意味着高度达成共识局面。现如今，各种套系细分品种都依附着一批纸币收藏爱好者，在同一细分品种内大家相互认同，相互鼓励，没有大的分歧。但不同品种之间的收藏爱好者就可能互不认可，甚至相互抵斥。当然，这种情况对新入币市的收藏爱好者不是坏事，毕竟它比联合炒作带来的伤害更小。但细分之后的纸币市场，收藏爱好者分流却成为必然，最终大家无法形成对收藏品种的共识。资深玩家往往不会受到这种市场分流的影响，因为他们对收藏知识的储备可以把一些炒作玩法看得很清楚。但纸币小白的问题就大了，他们或许一开始偶然踏入某个细分品种圈子，发现被套之后又加入另一个细分的币种小群体，然后再一次经历失望……几次下来，他们对纸币收藏就没有了热情，退出将成为他们的最后选择。所以，纸币市场的后继无力很可能是细分时代的最大麻烦。这种情况在第四套纸币荧光币种方面已经上演了一次，当下第五套纸币正在续写这场大戏。

第三，未退市品种需要经历时间沉淀和价值发现的历程，价格过度透支，损害的只能是未来的成长空间。

尽管99版只收不付，但它毕竟是未退市品种；尽管第五套纸币目前具有“一套四版”的特征，但票面尺幅以及画面图景基本没有变化，四种年份体的同源同宗性质没有变。因此，第五套纸币的收藏价值还需要时间检验和市场考验。然而，目前的第五套纸币尤其是99版的许多细分品种已经成为溢价很高的品种，这是不正常的现象。虽然细分有助于创造稀缺，但这不过是“瘸子里找将军”的玩法，所谓精品乃至孤品掩饰不了其炒作的目的。虽然我无法断定某些玩法会不会成为纸币收藏界的一股长期趋势，但大幅度溢价透支了价值预期的力量，这不由得让我想起资本市场中弱势炒新的惯用伎俩。当未退市品种的价格远远超越已退市的优秀品种时，收藏二字变了味道，倒有些赌的意味。只不过这种赌局中，有人出老千，跟庄或许可以赚些蝇头小利，但稍有不慎就会赔个精光。从个人角度来讲，我对第五套纸币的感觉应了那句“爱也不能爱，恨也不能恨”的歌词。市场里有那么多的人在赌第五套纸币，存在就是合理的经验法则让我一度怀疑是不是应该跟一下风，但理智却告诉我在投资与收藏之间做好平衡的最好办法就是选择“性价比”高的品种，那种市场热炒、动辄数千以及整天广告宣传的品种，大可不必去追求。简而言之，在第五套中投资中要坚定“低价求前景，高价必套牢”的游戏准则。

总而言之，我认为，自第五套纸币开始，纸币收藏市场进入群雄割据、个性挥发、资本为王的时代。只有那些没有被短期拉升或者缺乏团伙炒作的品种才有可能获得健康成长的机会，也才可能扩大此类收藏品种的市场基础。相反，那些提前过度透支价值的品种，尽管比较稀缺，尽管前期推广的效果比较好，但被套牢的人多了，市场信心没了，就再也难以成长起来。比如，一些被挖掘出来的纸币种类原本是一个很好的题材，但动辄数千的价格不仅让购买者望而止步，也让高价购入者手中的纸币难以增值。我相信，后续还会有类似荧光币这样的细分品种被发掘出来，价格也会扶摇直上，但这些终究不会成为币王，因为在一个注重短期价格、注重快进快出的投机时代，只有好的投机品，不存在收藏意义的币王。所以，投机就是投机，噱头就是噱头，莫再拿出“前辈币王”对比说事。与此同时，我也祝愿那些目前仍旧处在价格低洼区的 99 版品种，请持有的大佬们适度给予其价值成长的实践，这样才能换来收藏界的长盛不衰。虽然我的想法有些理想化，在一些人眼里或许显得幼稚，但我仍然真诚地希望投机币商们慎重思考，为今后的收藏群体留下念想。

附录 A　第一套纸币常见品种

品　　种	图　　示
壹圆 正面工厂，背面花球，主色浅蓝、红蓝，无水印，1949 年 8 月发行	 
伍圆 正面帆船，背面花符，主色蓝，无水印，1949 年 1 月发行	 
伍圆 正面经纱（纺织），背面花符，主色黄、棕，无水印，1949 年 8 月发行	 
伍圆 正面牧羊，背面花符，主色绿，无水印，1949 年 2 月发行	 
拾圆 正面火车站，背面花符，主色茶，无水印，1949 年 5 月发行	 

（续表）

品　　种	图　　示
拾圆 正面木工，背面花符，主色黄、粉红，水波纹水印，1949年2月发行	 
拾圆 正面灌田与矿井，背面花符，主色绿、深绿，无水印，1948年12月发行	 
拾圆 正面工人和农民，背面宝塔，主色浅绿、深绿，无水印，1949年8月发行	 
贰拾圆 正面打场，背面花符，主色深蓝、浅蓝，1949年9月发行	 
贰拾圆 正面万寿山（甲），背面花符，主色浅蓝、蓝，无水印，1949年7月发行	 
贰拾圆 正面推车，背面花符，主色绿、蓝、咖啡，无水印，1949年2月发行	 

(续表)

品　　种	图　　示
贰拾圆 正面立交桥和工厂，背面花球，主色蓝绿、黑黄，无水印，1949 年 8 月发行	 
伍拾圆 正面工人和农民，背面花球，主色浅咖啡，无水印，1949 年 8 月发行	 
伍拾圆 正面列车(乙，七位号码)，背面花符，主色黄、蓝、黑，无水印，1949 年 3 月发行	 
伍拾圆 正面火车、大桥(乙)，背面汽车，主色深蓝，无水印，1949 年 2 月发行	 
壹佰圆 正面红轮船，背面大花座，主色藕荷红，无水印，1949 年 8 月发行	 
壹佰圆 正面工厂(红)，背面花符，主色藕荷红，无水印，1949 年 3 月发行	 

（续表）

品 种	图 示
壹佰圆 正面万寿山（甲），背面火车，主色绿，无水印，1949年2月发行	 
壹佰圆 正面北海桥（乙），背面花符，主色黄、黑、紫、灰、蓝，空心星水印，1949年7月发行	 
壹佰圆 正面北海桥（甲），背面花符，主色蓝、紫、黑，星水印，1949年3月发行	 
壹佰圆 正面运输（驮运），背面花符，主色深黄、栗茶、黑，无水印，1949年11月发行	 
贰佰圆 正面排云殿，背面花符，主色黄、紫、绿，菱花水印，1949年5月发行	 
贰佰圆 正面排云殿，背面花符，主色黄、紫、绿，星水印，1949年5月发行	 

（续表）

品　　种	图　　示
贰佰圆 正面割稻，背面花符，主色黑蓝，无水印，1949 年 10 月发行  	
贰佰圆 正面钢铁厂，背面花球，主色黄、蓝、咖啡，无水印，1949 年 9 月发行  	
贰佰圆 正面长城，背面花符，主色绿、茄紫，1949 年 8 月发行  	
贰佰圆 正面颐和园，背面花符，主色黄、蓝，无水印，1949 年 3 月发行  	
伍佰圆 正面收割机，背面花符，主色豆绿，无水印，1949 年 10 月发行  	
伍佰圆 正面种地，背面花符，主色绿、紫、黑、酱红，无水印，1951 年 4 月发行  	

（续表）

品　种	图　示
伍佰圆 正面起重机，背面花符，主色浅咖啡，无水印，1949 年 10 月发行	 
伍佰圆 正面农民与小桥，背面花符，主色深茶，无水印，1949 年 9 月发行	 
壹仟圆 正面钱塘江桥，背面花球，主色墨绿、蓝黑，无水印，1950 年 1 月发行	 
壹仟圆 正面秋收，背面花符，主色浅蓝、浅黄，无水印，1949 年 10 月发行	 
壹仟圆 正面三台拖拉机，背面割麦，主色蓝黑，无水印，1949 年 11 月发行	 
伍仟圆 正面耕地机（单拖），背面花符，主色浅蓝、葱绿、黑蓝，菱花水印，1950 年 1 月发行	 

（续表）

品　种	图　示
伍仟圆 正面拖拉机与工厂，背面花球，主色深茶，菱花水印，1950 年 1 月发行	 
壹万圆 正面双马耕地，背面牧牛羊，主色黄、深棕，空心五星，1950 年 1 月发行	 

注：第一套纸币背面年号为多数是“1949 年”，少数是“1948 年”。由于当时特殊历史条件的限制，很多品种纸币没有防伪水印，但票面图案中多数也有暗记存在。

附录B　第二套纸币

品　　种	图　　示
壹分(长号) 正面汽车,背面国徽等,主色茶、米黄,无水印,1955 年 3 月发行  	
贰分(长号) 正面飞机,背面国徽等,主色蓝、浅蓝,无水印,1955 年 3 月发行  	
伍分(长号) 正面轮船汽车,背面国徽等,主色墨绿、浅翠绿,无水印,1955 年 3 月发行  	
壹角 正面拖拉机,背面国徽等,主色棕、黄、浅草绿,有空心五星水印和无水印两个品种,1955 年 3 月发行  	
贰角 正面火车,背面国徽等,主色黑、绿、浅紫粉,有空心五星水印和无水印两个品种,1955 年 3 月发行  	

（续表）

品　　种	图　　示
伍角 正面水电站，背面国徽等，主色紫、浅紫、浅蓝，有空心五星水印和无水印两个品种，1955 年 3 月发行	 
伍角 此为早期人工染色，是一个趣味品种	 
壹圆（红） 正面天安门，背面国徽等，主色红、黄、粉紫红，空心五星水印，1955 年 3 月发行	 
壹圆（黑） 正面天安门，背面国徽等，主色蓝黑、橘红，空心五星水印，1961 年 3 月发行	 
贰圆 正面宝塔山，背面国徽等，主色深黑、土黄、灰蓝，实心五星花纹混合（俗称“海鸥”）水印，1955 年 3 月发行	 
叁元（绿叁） 正面井冈山龙源口，背面国徽等，主色深绿，实心五星花纹混合（俗称“海鸥”）水印，1955 年 3 月发行	 

（续表）

品　　种	图　　示
伍圆 正面各民族大团结，背面国徽等，主色深棕、米黄，有空心五星水印和实心五星花纹混合（俗称“海鸥”）水印两个品种，1955 年 3 月发行  	
伍圆（红伍） 正面各民族大团结，背面国徽等，主色酱紫、橙黄，实心五星花纹混合（俗称“海鸥”）水印，1955 年 3 月发行  	
拾圆（大黑拾） 正面工农联盟，背面国徽等，主色黑，国徽固定水印，1957 年 12 月发行  	

附录C　第三套纸币

品　　种	图　　示
壹角（背绿） 正面教育与生产劳动相结合，背面国徽和菊花，主色深棕、浅紫，有空心五星水印和无水印两个品种，1966年10月发行	 
壹角 正面教育与生产劳动相结合，背面国徽和菊花，主色枣红、橘红、蓝绿，空心五星水印，1962年3月发行	 
壹角 正面教育与生产劳动相结合，背面国徽和菊花，主色深棕、浅紫，无水印，有蓝字两冠和蓝字三冠两个品种，1967年12月发行	 
壹角 正面教育与生产劳动相结合，背面国徽和菊花，主色深棕、浅紫，两罗马红冠，无水印，有凹版和凸版印刷两个品种，1967年12月发行	 

（续表）

品　　种	图　　示
壹角 正面教育与生产劳动相结合，背面国徽和菊花，主色深棕、浅紫，三罗马红冠，有无水印和五星水印两个品种，1967年12月发行	 
贰角 正面武汉长江大桥，背面国徽和菊花，主色墨绿，无水印，有两罗马红冠、三罗马红冠胶印和凸版印刷共三种，1964年4月发行	 
伍角 正面纺织车间，背面国徽和菊花，主色青莲、橘黄，三罗马冠，有正面凹印（五星水印）、正背胶印（无水印）和正背胶印（五星水印）共三种，1974年1月发行	 
壹圆 正面女拖拉机手，背面国徽和菊花，主色深红，五星水印，有红字两冠和红字三冠两种，1969年10月发行	 
壹圆 正面女拖拉机手，背面国徽和菊花，主色深红，古币水印，1969年10月发行	 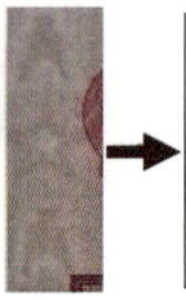 水印形状

（续表）

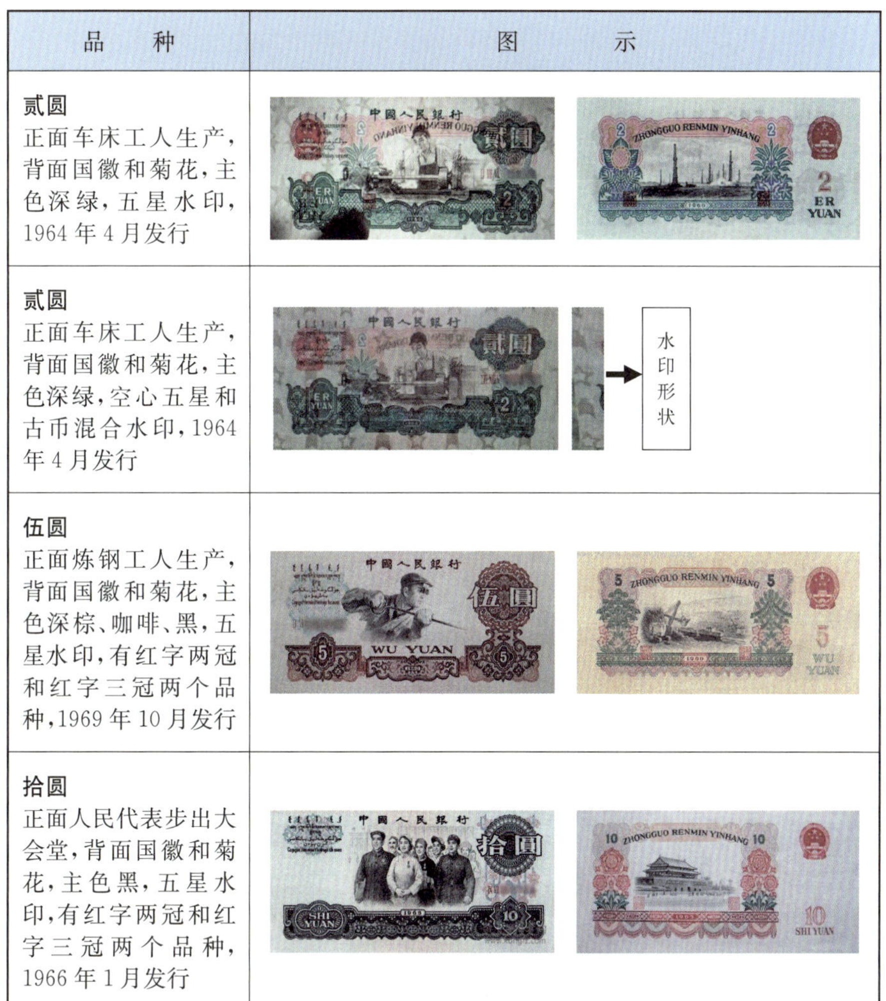

品　　种	图　　示
贰圆 正面车床工人生产，背面国徽和菊花，主色深绿，五星水印，1964 年 4 月发行	
贰圆 正面车床工人生产，背面国徽和菊花，主色深绿，空心五星和古币混合水印，1964 年 4 月发行	水印形状
伍圆 正面炼钢工人生产，背面国徽和菊花，主色深棕、咖啡、黑，五星水印，有红字两冠和红字三冠两个品种，1969 年 10 月发行	
拾圆 正面人民代表步出大会堂，背面国徽和菊花，主色黑，五星水印，有红字两冠和红字三冠两个品种，1966 年 1 月发行	

注：本表没有列示无号码数字的壹、贰、伍分纸币。另外，第三套纸币最显著的特征是印刷版式多样化。

附录 D　第四套纸币

品　　种	图　　示
壹角 冠年印 1980，俗称 8001。正面高山族、满族人物头像，背面国徽图，主色深棕，无水印，有英文两冠和三冠等品种	 
贰角 冠年印 1980，俗称 8002。正面朝鲜族、布依族人物头像，背面国徽图，主色蓝绿，无水印	 
伍角 冠年印 1980，俗称 8005。正面朝苗族、壮族人物头像，背面国徽图，主色紫红，无水印，有英文两冠和三冠等品种	 
壹圆 正面侗族、瑶族人物头像，背面长城，主色深红，方圆古钱四方连续水印，有冠年印 1980、1990、1996 三个品种	 

（续表）

品　种	图　示
贰圆 正面维吾尔族、彝族人物头像，背面南海南天一柱，主色绿，方圆古钱四方连续水印，有冠年印 1980、1990 两个品种	 
伍圆 冠年印 1980，俗称 805。正面藏族、回族人物头像，背面长江巫峡，主色棕，方圆古钱四方连续水印	 
拾圆 冠年印 1980，俗称 8010。正面汉族、蒙古族人物头像，背面珠穆朗玛峰，主色黑蓝，陕北农民头像水印	 
伍拾圆 冠年印 1980，俗称 8050。正面工人、农民、知识分子头像，背面黄河壶口，主色棕，炼钢工人头像水印	 
伍拾圆 冠年印 1990，俗称 9050。正面工人、农民、知识分子头像，背面黄河壶口，主色黑茶，炼钢工人头像水印	 

（续表）

品　　种	图　　示
壹佰圆 冠年印 1980，俗称 80100。正面四伟人头像，背面井冈山主峰，主色蓝黑，毛泽东侧面雕塑头像水印	 
壹佰圆 冠年印 1990，俗称 90100。正面四伟人头像，背面井冈山主峰，主色蓝黑，毛泽东侧面雕塑头像水印	 

注：由于第四套纸币的年号版本比较多，所以本表没有列示发行年份。另外，该套纸币最大的特征是荧光油墨使用非常普遍。

附录E 第三套纸币小全套手绘稿票样首次公开

根据“初识钱币”公众号发布的信息，笔者罗列了第三套纸币手绘稿票样（除贰圆券“天山军民骑马保卫边疆”和“石油工人王进喜”）。

1. 1973 年壹角设计色稿

2. 1973 年贰角设计色稿

3. 1973 年伍角设计色稿

4. 1972 年壹圓设计色稿

5. 1973 年贰圓设计色稿

6. 1973 年伍圆设计色稿

7. 1972 年拾圆设计色稿